湖南师范大学附属中学原副校长
湖南省中学语文特级教师

结婚照 (1966 年 12 月 27 日)

在和平花园 (2010 年 5 月)

与昀昀合影（2008 年爷爷高兴地戴着昀昀的奖牌）

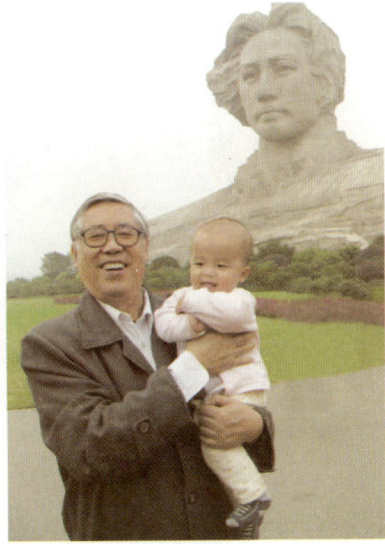

与东东合影（2012 年 10 月 7 日）

姐弟合影（2012 年 11 月 12 日）

全家福（2012 年 11 月 12 日）

指导学生课外阅读（原载《少年作文辅导》1986 年 1 期）

1986 年文科党支部获师大优秀党支部合影

参加在成都市召开的全国中语会第六届年会上与会长刘国正（左 4）等合影

邓日教育文选

邓日 ◎ 著

湖南师范大学出版社

图书在版编目（CIP）数据

邓日教育文选／邓日著 . —长沙：湖南师范大学出版社，2015.5
ISBN 978 - 7 - 5648 - 2124 - 1

Ⅰ.①邓…　Ⅱ.①邓…　Ⅲ.①教育工作—文集　Ⅳ.①G4 - 53
中国版本图书馆 CIP 数据核字（2015）第 079324 号

邓日教育文选

邓　日　著

◇责任编辑：曹爱莲
◇责任校对：张晓芳
◇出版发行：湖南师范大学出版社
　　　　　　地址/长沙市岳麓区　邮编/410081
　　　　　　电话/0731 - 88873071　88873070　传真/0731 - 88872636
　　　　　　网址/https：//press. hunnu. edu. cn
◇经销：湖南省新华书店
◇印刷：永清县晔盛亚胶印有限公司
◇开本：787mm×1092 mm　1/16
◇印张：20.75
◇字数：346 千字
◇版次：2015 年 6 月第 1 版　2024 年 8 月第 2 次印刷
◇书号：ISBN 978 - 7 - 5648 - 2124 - 1
◇定价：68. 00 元

邓日简介

邓日，男，中共党员，1936 年 5 月 7 日生于湖南桂阳洋市镇界牌洞。1951 年底郴州适存中学初中三年一期肄业。1954 年底毕业于郴州师范中师，到桂阳教小学语文，曾任学区主任兼中心小学校长。1956 年考入湖南师院（今师大）中文系本科，1960 年毕业后分配到该校附中，先后担任初、高中语文教学、班主任、年级组长、教研组长，1989 年 1 月任主管教学的副校长、党委宣传委员，直至 1996 年 10 月退休。曾任三届湖南中小学系列高级职称评委会副主任、湖南特级教师评委、湖南省重点中学检查评估组组长、全国作文研究中心研究员、全国中语会阅读研究中心学术委员、语感研究中心副主任、湖南中语会副理事长兼作文教学研究中心主任、长沙市中语会副理事长。1987 年 8 月评为湖南首批中学高级教师，1989 年被选为长沙市西区人大代表，1991 年 4 月，被授予"中学特级教师"称号。

著述 250 万字，其中发表论文 60 多篇，独著、主编、合编著作 26 部，如《高中作文》、《中学语文教育实验与研究》、《作文灵感屋》等。参加过中央教育科学研究所语文实验教材和人民教育出版社全国统编高中语文课本的编写，参加过全国高考语文命题。在中学语文《阅读》、《作文》分科教学实验中，编著了阅读教材和作文教材，学生的会考和高考平均成绩均为全省第一，内容被载入全国第一部语文教育通史、被称为影响中国 20 世纪的教育大著《中国语文教育史纲》和《新中国中学语文教育大典》。"中学自能作文分项训练法"产生广泛影响，曾成为国内中学作文训练体系的重要流派之一，获长沙市教委首届"课堂教改评优一等奖"，湖南省教委"首届基础教育教研成果二等奖"，内容入选《语文教育学》、《现代教学论》、《初中语文教材教法》等高校教材，并以"分项训练体例"

为词条入编上海《写作大辞典》。主持或以主要成员参加的四项教育实验课题，获省教委基础教育教研成果一、二等奖和国家教委首届教育科学优秀成果二等奖。

曾被评为长沙市优秀教育工作者、湖南师大先进工作者、优秀教师、优秀党员，湖南省直机关优秀党员，湖南省优秀教师、湖南教育系统劳动模范、全国优秀教师并被授予全国优秀教师奖章，2009 年荣获"新中国课堂教学的开拓者"荣誉。

其事迹载全国中语会会刊《语文教学通讯》和《中学语文》"封面人物"、教育部主管的《基础教育课程》"新中国成立六十周年纪念专刊"、《湖南教育研究》"三湘名师"、《桂阳县志》"人物专记"、《语文报》、《湖南教育报》、《湖南教育》杂志、《长沙晚报》、《中学著名语文特级教师教育思想精粹》、《中国当代知名学者辞典》、《中国当代著作家大辞典》等 20 多种书刊中。

名校名师名校长 湖湘教苑竞风流
——《邓日教育文选》序一

周庆元

《邓日教育文选》正式出版了。这既是邓日老师个人的大事，也是湖南师大附中的大事，还是中学语文教育界的大事，真是可喜可贺！作为邓日老师的晚辈与同行，我感到由衷的高兴，表示热烈的祝贺！正式出版之前，邓日老师和师大附中谢永红校长先后分别约我为本书写一篇序言，令我感到允之不当，却之又不恭，真是左右为难，邓老师是我老师辈，岂有晚辈给长辈作序的呢？思考再三，还是应承下来，就算是向邓老师学习交一篇作业吧。

邓日先生的这部文选，既非普通的经验总结，亦非一般的学术著作，更非肤浅的应景之作，这些，它都不是。它是一位三湘名校名师名校长教学业绩、治校方略、做人品格的真实记录，是一位"新中国课堂教学的开拓者"教育教学改革特色的生动写照，是一位老一辈优秀知识分子代表人物成功之路的精彩折射。

作为一位三湘名校的名师、名校长，邓日同志的事业与人生无疑是璀璨辉煌的。倘若从三大领域作一个总体的观照，本书至少闪耀着这样三大亮点：

教学，他是卓有成就的特级教师。邓老师1954年郴州师范毕业即从事小学语文教学，1960年湖南师范学院中文系本科毕业即进入师院附中任教中学语文，直至1996年10月退休，长达43年，终身以语文教学为职业，教书教了一辈子。期间，先后当过学区主任兼中心小学校长，师大附中班主任、年级组长、语文教研组长、主管教学副校长，长沙市中语会副理事长，湖南省中语会副理事长兼作文教学研究中心主任，全国中语会阅读研究中心学术委员、语感研究中心副主任、作文研究中心研究员。著述250万字，其中发表论文60多篇，独著、主编、合编著作26部，比如《高中作文》、《中学语文教育实验与研究》、《作文灵感屋》等。参编过中央教育科学研究所语文实验教材和人民教育出版社全国统编高中语文课本，参加过全国高考语文命题。深入开展中学语文阅读、作文分科实验，编有阅读教材和作文教材，学生的会考和高考平均成绩均为全省第一，内容载入全国第一部语文教育通史《中国语文教育史纲》和《新中国中学语文教育大典》。1987 年被评为湖南省首批中学高级教师，1991 年被授予"中学特级教师"光荣称号。

治校，他是劳苦功高的学校领导。邓日同志在教学之余，长期从事教学行政管理工作。他当过小学校长，长期担任中学语文教研组长，最后还连续 8 年担任师大附中主管教学的副校长。他当副校长，常规教学抓得扎实，教学改革搞得红火，超常教育实验成效显著，学科奥赛金牌纷至沓来，学校知名度与美誉度与日俱增。他的全身心投入和出色工作，获得了广大师生和学校领导的一致好评。在他退休前的谈话中，湖南师大党委副书记、副校长蒋冀骋教授代表学校党委和校长所作的评价是最有份量的："你是附中的功臣，为附中的建设和发展做出了重大的贡献。你是抓教学的，这是学校的中心工作，贡献是很大的。附中在全国的影响比师大还要大，这是附中领导老师的努力，也与你的努力分不开。"

做人，他是受人尊敬的良师益友。邓日同志对人宽厚，待人诚恳，为人正直，处事公平。他和同事坦诚相待，融洽相处；对年轻教师奖掖提携，无私帮助；担任语文教研组长 17 年，带领大家建设了一个团结凝聚、和谐奋进、开拓创新的优秀集体。他特别热爱学生，至今保存着 100 多篇学生作文。他恪守"一要正己、二要敬业、三要爱生、四要奉献、五要上好课"的高标准，兢兢业业当好班主任，所带班级无不优秀。1963 年，他任初 75 班班主任，使该班连续 6 个学期被评为年级唯一优秀班集体。历经半个世纪，该班学生至今仍然和他来往密切，学生为他多次祝寿，他也和学生集体做 60 大寿，同时还推出一本《我们同学一辈子》的纪念册，同学们都说邓老师是我们一辈子的班主任。对外如此，对内亦然。修齐治平，乐聚天伦，夫恩妻爱，子孝孙贤，请看邓日先生夫人李求秀老师情笃意重的一席话吧："我与邓日是夫妻、是同事、是挚友，我们甘苦共尝，白头偕老，我已足矣！"邓日老师以自己的美德懿行、高风亮节赢得了世人的赞誉，社会的认同，他多次被评为附中、师大、长沙市、湖南省乃至全国的先进个人、优秀教师、优秀党员、或劳动模范，还当选为长沙市西区第十届人大代表。

作为"新中国课堂教学的开拓者"，他的过人之处何在呢？从学术上考察，本书至少反映了邓日老师教育教学改革的四大特色，可谓异彩纷呈。

第一，作文教改创新独树一帜。"自能作文分项训练法"是邓日老师作文教学的原创性改革，效果显著，影响深远，在 20 世纪 80 年代那个火红的改革岁月，蜚声三湘四水，传遍神州大地，简直与闻名遐迩的常青作文"分格教学法"、刘朏朏"观察—分析—表达"三级训练体系等并驾齐驱，不仅成了邓日的教改符号，而且成了附中的教研名片。

第二，课堂教学改革有声有色。邓老师进行语文课堂教学改革可谓一以贯之，持续推进，并且是分阶段、有重点、全方位、递进式的。20 世纪 60 年代，总结过课文教法及文道关系；70 年代，着重探讨以写带读和初中作文教学序列；80 年代以后，推向语文以及多科协同整体实验研究与改革。他的改革既有宏观、也有微观，既有综合、也有单科，既有教材、也有教法，既有理论、也有实践。在这一领域，案例众多，著述丰富，成效显著，成果迭出，比如《中学语文分科教学六年的实验报告》、《还给学生"三权"》、《论语文教学中开发学生右脑的尝试》等，更是耳熟能详。

第三，超常教育实验成就斐然。上个世纪八九十年代，超常教育实验在全国范围内搞得热火朝天，大学办少年班，重点中学办超常班、奥赛班，就是普通中学也办快班、尖子班。尽管这种做法后来受到质疑，但是从特殊历史背景下的特定国情来看，为了挽回文革造成的损失，快出人才、多出人才、出好人才，当时的初衷还是可以理解的。湖南师大附中面对名校云集、强手如林的态势，走自己的路，进行"一种高素质教育的探索"，取得一系列丰硕成果，学科竞赛捷报频传，优秀人才成批涌现，使之成为饮誉全国的名校，而这一时段，也正是邓校长主管教学的关键时期，他的劳绩是有目共睹的。

第四，常规教学管理大胆探索。邓校长一手抓改革，一手抓常规，两手都抓，两手都很硬，只要读读《优化常规深化改革强化管理——谈谈我校提高教学质量的几点做法》也就一目了然。这是长沙全市中学教学工作会议的一个主体报告，既是师大附中办学思路与管理经验的全面总结，也是普通中学常规教学管理规律的系统归纳，是科学系统、行之有效的，其中许多内容，放到当下，也并不过时。由此也可以看出，邓日这位教学校长，是有思想、有智慧、有胆略的。

正因为如此，人们不禁会问，一位优秀的语文特级教师，一位名校名师名校长是怎样炼成的呢？沿着作者人生的足迹，探寻作者成功的路径，细读本书，可圈可点之处实在不少，字里行间至少折射出他悟道修为、立业成名的三大奥秘。邓日老师是一个本真、本分的人，他这一辈子之所以能够修炼成功，离不开这样三"本"：

一是朴实宽厚的人格本色。邓日出生偏僻山村，从小还读过私塾，又幸得良师指教，乡村的淳厚民风、农民的朴实性格、童蒙的纯正教育和优秀的传统文化，多种元素熔铸而成的家庭、社会与学校教育的"合金"，为他的个性发展打下了忠厚老实的精神底色，使他逐步养成了朴实厚道的个性特征，这是他成长、成人、成才、成功的人生基础。

二是爱岗奋发的职业本能。邓老师从小胸怀大志，力图有所作为。一旦选择了教师岗位，就把这个职业当成自己毕生为之奋斗的事业，既仰望星空，也脚踏实地，心无旁骛，奋勇向前。邓日钟爱于事业，事业成就了邓日。正如他的老伴李老师所说：（本书）"记录了邓日从教四十多年坚持不懈的追求和奋斗，是他教改实践、学习思考、探索教书育人规律的总结，凝注了他的智慧、汗水和心血，也充分说明了他对教育事业的忠诚和奉献。"

三是开拓创新的学术本质。恕晚辈不敬，窃以为，邓日老师是个特别聪明的人，是个天赋聪颖、富于大智慧的人，不然，一个穷乡僻壤的乡村子弟，何以成长为三湘名校的一代名师？不然，一门人人喊难学、个个愁难教的语文课，他何以"能将现在看起来不过是二三流的文章，讲得激情四溢，神采飞扬，培养了我们一生受用无穷的人文情怀"？邓日先生就是把他天生的聪明才智，转化成工作与生活中开拓创新的巨大潜能，由此练就了敢于创新、善于创新的学术品质，"苟日新，日日新，又日新"。"守正维新"成为他教学与研究的主旋律，因此，改革常新，成果迭出。这就是邓日先人一步、高人一着的奥秘之所在。

作为先生的晚辈和学生，我们衷心祝贺先生功德圆满，德艺双馨！热忱祝愿先生健康长寿，青春永驻！今年是先生的八十大寿，我们真诚祝福先生福如湘江水，寿比岳麓山！赞曰：

八旬烟雨写春秋，卅载扬帆争上游。

名校名师名校长，湖湘教苑竞风流。

2015 年 1 月 25 日于岳麓山下桃子湖边

（作者系湖南师范大学教育科学学院二级教授，博士生导师，享受国务院特殊津贴专家，曾任湖南师范大学教育科学学院院长兼党委书记，现任中国高等教育学会语文教育专业委员会会长。）

守望麓山的青翠

——《邓日教育文选》序二

赵尚志

《邓日教育文选》久置案头。清晨或午后，我喜欢沏一壶铁观音，慢慢品味那些凝聚岁月的文字。这时候，麓山就在身边，而与我同事几十年的邓日先生，也像与我相对而坐，镜片上泛着冬阳的光点，话语里夹着些许湘南口音，且声如洪钟。

四十多年，弹指一挥。邓日在湖南师大附中教语文，搞作文教改，做班主任，当教研组长，做教学副校长，兼湖南省中语会副理事长。这一切，都成了历史，成为过往，成为传说。然而，不被那"雨打风吹去"的是智慧与思想。邓日先生从其250多万字的著述、60多篇论文中含英撷华，以这一册厚厚的"文选"，记录他个人的教育心史，实在令人感佩。尤其于我，亦师亦友，知人读文，更平添一份亲切，唤醒一种能量，表达一种力量。这样的力量里，有守望，有使命，有创造，更有一种超越庸常的教育幸福和人生觉悟。

一生做好一件事

一生做好一件事，卑之无甚高论。然而，在生活中，这样的人并不多，我很敬重这样的人生。

邓日进湖南师大中文系之前已经是一名小学教师，毕业后即分配到附中教语文。由初中，而高中，一头扎进语文课堂，恍然抬头，就是三十多年。后来，尽管他做过学校副校长，有过一些社会兼职，但他真正念兹在兹的还是"语文"。退休之后，他说过，他这一生似乎是为语文教育而来。

因为专注，所以投入；因为投入，所以创造。时至今日，邓日的学生还能记得他提出的那些"狡猾"的问题。他始终信奉，"教学的真谛在于导"。课堂上，他最擅长的就是制造一些"事端"，让孩子们提出不同的看法。他说，教语文，我的拿手好戏无非两个：一个叫阅读与作文的分科教学，一个就是"自能作文"。他一直是那种不安分、想创新的人。记得他曾教过一个初高中六年连贯制的整体实验班，这个实验班是有名有实的"实验"。他将语文分为阅读和写作两大体系，以期系统地培养学生听、说、读、写能力。他自己动手编著作文教材和阅读教材，创建"自能作文分项训练体系"。在当时的中国语文教改版图上，邓日的自能作文体系如湘水流波，深有影响。

我是一个教物理的，也做过学校管理。多年来，总会不断听到语文教师抱怨：语文不好教。可是，从邓日那里，我能感受到的却是一种行胜于言的"定力"。他的语文教学，因为专注而创造，因为创造而幸福。当他两鬓染霜的时候，他说，这辈子，这件事，他已尽心了，做到了自己能够达到的"最好"。

变"语文教学"为"语文教育"

在人们的观念里，"教学"可能更多地指向学科与课堂，指向专业；而"教育"呢，更多地指向人的成长，指向身心发展的每一个方面。邓日的身份是语文教师，可是，从上世纪80年代起，他就深刻地意识到，"经师易得，人师难求"。他总是自问亦问人：语文仅仅是教那些字、词、句、篇，语、修、逻、文吗？不，语文的育人视界在于价值和信仰的传递，在于对孩子们心性的涵养，审美的开发，在于对青少年人格的塑造。倘若是"目中无人"的语文教学，学生失去内心的浪漫和人生的诗意，他们没有真正的大爱情怀和人生的悲悯意识，"画地为牢"的语文课堂还会有多大的价值呢？变语文教学为语文教育，成为邓日教学改革的思想基点。

于是，邓日特别喜欢带领或鼓励学生自己走出"小课堂"，走进大自然，走向生活的"大课堂"。近则带学生到岳麓山看枫树、拾红叶，到岳麓书院领味千年学府的底蕴与风味；远则登临岳阳楼，泛舟洞庭湖，漫游君山岛……

从"语文教育"的视角看"语文教学"的课堂，邓日明确提出要给学生以"三权"。何谓"三权"？看书权、思考权和讨论权也。

邓日对语文教育的探究始终关注的是"人"——基于人，为了人，成全人。因此，他思想、视角与路径总是与众不同，出人意料。如他倡导在语文教学中开发学生右脑的研究，着重开发的就是学生的想象力与形象思维力。

从"学科本位"到"学生本位"，从关注学生的知识、能力、效率、分数，到关注学生的情感、态度、价值观，邓日的语文教育思想里总有一个鲜明的"人"字坐标。

探索，始终在路上

邓日在中学语文教育研究中，何以几十年都乐此不疲？一个重要的原因，就是他的思想始终敞向时代，敞向未来，敞向学生的内心。

教育家吕型伟先生说到教育改革时曾说，我们要摸着石头过河，问题是，石头在哪里呢？邓日的回答是：理性精神。

在他看来，理性精神就是独立思考，科学探究，不追赶"时髦"，更不是简单地照搬别人的方法。理性精神还是善于反思，勇于批判，让人沉着的精神。因为，一切教育改革的本质都是教育者对自己的革命，都是用改革的精神超越人生的束缚，以平静的心灵屏蔽现实的喧嚣，以期找到让中国教育安静前行的方向和力量。理性精神还应该是一种海纳百川的精神。因此，每个人都应该是改革的参与者，不应该是教育改革的"看客"和旁观者。

几十年来，邓日就是以这种理性精神来引领自己的行动。一是坚持理论和实践的紧密结合，做到教学、研究、改革的"三合一"。唯其如此，他的实践始终有明确的理论指导，而他的理论又始终有深厚的实践根基。由此，六年一轮的"实验"下来，他未曾落下一堂课；大小作文、学生剪报、生活速记、预习本、课堂练习本等，他的办公桌上总是那么"几大堆"，而他都一丝不苟地认真处理。甚至，他还收集保存了100篇附中学生的作文，成为了他日后研究作文教学的一手素材，并写成专业论文，惠及全国语文界同行。二是坚持宏观研究与微观研究的有机统一。他的教育以邓小平同志的"三个面向"为大前提，从培养创新型人才着眼，而又基于语文学科的特点，着力于诱发学生写作的情趣和才思，并以勾点圈画的训练培养学生的阅读能力，从而深度契合了现代社会对人才读写能力的要求。

一辈子，一件事，一条路……

岳麓山下的邓日，如夸父逐日，奋蹄迈步。从青年而壮年，由青丝而白头。人如其名，他做了自己的太阳，每日照着麓山下的那些青春笑脸，守望着麓山的千年青翠。

（作者系湖南师大附中原校长、党委书记，中学特级教师。）

目　录

教育论文

中学教学管理实践与研究

中学语文教育实验与研究

散　记

诗歌 对联

附 录

◎ 教育论文

中学教学管理实践与研究

前　言

1989 年 1 月至 1996 年 10 月退休前，我任湖南师范大学附属中学副校长，主管教学。我深知中学教育是基础教育，要为人的发展打下坚实的基础，教学是学校工作的中心，是学校的生命线。我也深知，教书育人爱当先，教学真谛在于导，担子重、责任大。为了提高教学质量，我认真学习、努力贯彻执行党的教育方针政策，聚精会神谋发展，跟同事们在"优化常规、深化改革、强化管理"上下工夫，学校教学取得了显著成绩：

教学规范、制度健全。1991 年在长沙市教委常规教学全面检查评估中，我校列全市优秀单位第一名；此后，省教委多次派检查评估组来校检查，教学常规都得到很高的评价。

科研兴校、实验先行。本校教改教研成果先后获国家教委（教育部）和省教委（教育厅）奖 12 项次，为全省第一。

勇攀高峰、夺金摘银。1991 年至 1995 年，本校 10 位学生参加国际奥林匹克学科竞赛，获金牌 8 块、银牌 2 块。金牌数为当时全国第一。

实施素质教育、教学质量一流。我校学生参加湖南省会考和全国高考，成绩一直名列全省前茅。我校 1993 年和 1994 年，会考和高考成绩均为全省第一。师大附中被誉为"教改先锋"、"金牌摇篮"。

湖南师大党委副书记、副校长蒋冀聘教授，代表湖南师大党委和校长，专程来校跟我谈我退休问题时说："你是附中的功臣，对附中的建设和发展做出了重大贡献。""你在语文教学，特别是作文教学方面做出创造性贡献，在全省有名，在全国也有影响，这是难能可贵的。"这是勉励性的话，也是对我工作的肯定，令人欣慰。

优化常规 深化改革 强化管理

——谈谈我校提高教学质量的做法

党的十一届三中全会以来，我校广大教职员工为办好重点中学，全面提高学生素质，坚持以改革为主线，以育人为根本，朝着"争一流、创名牌、出特色，育英才"的目标，积极开展了整体教育改革，对学校内部各个要素和整体结构，进行比较全面的、系统的、有层次的设计和改革，促进了"应试"教育向"素质"教育的转轨和教育质量的提高，使学生的德、智、体、美及个性得到生动、活泼、主动的发展。经过十多年的艰苦奋斗，学校面貌发生了深刻的变化，出现了欣欣向荣的局面。

下面，着重谈谈我校提高教学质量的做法。

一、优化常规教学

教学质量是学校的生命线，它是评估一所学校办得好与差的主要标志，而抓好常规教学则是提高教学质量的基础工程。

1. 建立健全并认真落实符合学校教学规律的各项规章制度。

学校早就制定了教学中的规章制度，经过几年的实践，从 1991 年起，又从学校的实际出发，遵循教学规律，对规章制度做了重新修订，如《教师备课要求》、《教师授课要求》、《课堂规则》、《作业规定》、《培养青年教师建立师徒合同的办法》、《优秀教研组评比条例》、《保送工作实施细则》、《学生参加学科竞赛获奖的奖励条例》等等。各教研组也根据自己学科的特点制定了相应的制度。如在执行严格的作业制度方面，数学坚持每课留作业，作业均批改的办法。语文每期除了 7 篇大作文，还有小作文，有的还有资料摘抄、剪贴、办手抄报等训练。

教学常规制度，是学校教学中的"法"。没有"法"，大家无所适从，有了"法"，就必须严格执行，无论是教师也好，领导也好。只有这样，才能出现一个团结协作的教职工集体，才能使校内外教改信息畅通，顺利完成教学任务。我校严格按"法"办事，每期都要进行严格检查、督促、使其落实。

2. 扎扎实实抓好教风和学风。

教师的教学过程一般包括：备课、上课、作业布置与批改、辅导、考核、讲评。其中上课是中心环节，是提高教学质量的关键，抓好上课这一环节的管理便会带动和影响其他环节。为此，我们集中力量抓课堂教学，分三个方面抓。第一，抓备课。要上好课，必须备好课。我们要求教师在个人备课的基础上搞好集体备课，集体备课做到"三有"、"四备"、"四统一"（"三有"：有中心发言人、有研究专题、有备课记录；"四备"：备教材、备大纲、备教法、备学生；"四统一"：统一教材、统一进度、统一习题和作业）并写好教案，为上课做好充分准备。第二，抓上课。提出上课的要求，做到"严"、"精"、"实"、"活"、"清"。"严"，严谨，规范，课堂传授知识准确无误。"精"，讲课的内容要精炼，突出重点、难点、基点。"实"，实实在在，让学生有所得。"活"，教学方法灵活多变，有启迪性、诱导性。"清"，教学语言表达清，板书条理清楚。第三，抓评课。主要依据"四看"：一看教学思想是否正确，二看教学方法是否恰当，三看教学基本功是否过硬，四看教学效果是否最佳。经过长期的教学实践，学校已经初步形成了严、精、实、活、清的良好教风。

学生的学习过程一般包括：预习、听课、练习、复习、应考、学习小结。为了保证学生的学习质量，我们向学生提出了"课前有预习，听课有目的，课后有复习，积极完成作业"的学习方法，并对学习过程的每一环节都提出具体明确的质量要求。如预习，要求学生做到"全"，即新课教材全部通读；"懂"，基本掌握新课内容；"疑"，是能提出问题。又如听课，我们要求"四思"，即思想集中，积极思考，抓住教师讲课的思路，学习思考问题的方法，从而提高了听课的效率。目前，我校学生已初步形成刻苦、踏实、主动、多思的良好学风。

3. 按国家教学计划制定"三表"和合理安排教学人员。

"三表"是指课程表、课外活动表、作息时间表，我们完全按国家教学计划制定。做到开足课时，开全科目。课时不挤、不占、体音美课不到考前不停。同时还规定学校开展各项活动不停课，无论来自哪方面的会议、活动都不能影响教学工作的正常进行，教师不经领导批准不得自行串课，以保证教学在学校工作中的中心地位。

在教学人员的安排上，做到从工作需要出发，任人唯贤，充分照顾教师的特点，用其长，避其短，老中青结合，各年级力量基本平衡，实行整体优化并基本上实行高、初中分段小循环，少数学科的部分教师，实行中学六年大循环。学校从不组织高三、初三教师"专业队"。学校有一条重要的教学经验是：全体教师，尽可能地都从起始年级带班到毕业，这样做的好处是任务明确，责任落实，还能建立起一种师生相互理解，相互信任、相互爱护，互相激励的情感，形成为实现共同的教学目标而努力的统一意志。

4. 通过计划、实施、检查和总结四个环节，去实现学校教学的各项目标。

教学工作要忙而不乱，有条不紊，就必须加强工作的计划性。我们每期都要根据教育方针的要求，做出学校教学工作计划、课外活动计划、教研组要做出组的计划，教师个人也要做出个人计划。教导处对每月的工作中心，每周的具体工作都要做精心的安排，使教师对完成的工作心中有数。工作安排要尽量做到张弛适度，统一步伐。

检查是实现教学计划的重要手段。检查以单项检查和全面检查相结合，平时检查和阶段检查相结合，领导和同行检查及自我检查相结合。检查的方式多种多样，如学校检查的方式有随堂听课，查教案本、查作业本，召开学生座谈会，向学生问卷调查，查教学效果，查课外活动等。通过检查，掌握了常规教学各个环节的情况，及时对教学过程的各个环节进行控制与协调，使检查不仅成为推动工作的手段，更重要的使之成为教师互相促进不断提高的动力。

除了学校全面总结中有教学总结外，我们每个学期段考后要安排一次教学小结，小结内容包括从开学以来教导处、教研室、教研组、备课组、教师教学的各个环节，学生学习质量以及实验、电教、图书等方方面面的成绩、经验和问题，其目的是鼓舞士气，明确方向，以利再战。此外，各个教研组以及教师个人，也有各自的总结。

为了进一步提高教学质量，我们还在优化常规教学方面做了如下工作。

（1）明确各年级的教学任务。一年级、二年级、三年级抓好全程教学。要在注重当年收效上下工夫。在抓好高三年级、初三年级的同时，要抓好基础年级。我们在初一、高一强调加强基础，严格教学程序。教师要吃透教学大纲，教材，分析学情，注意教学信息，充分利用课堂45分钟。在初二、高二强调把好关，查漏补缺，扬长补短，克服"跛腿"，以便做到整体推进，大面积提高教学质量。教师教法要讲科学，讲效率，各具特色。初三、高三年级，要分析学情考情，研究高考动态，抓两头带中间，不加班加点，为高一级学校输送更多的优秀学生。我们提出要"扎扎实实抓会考"，"理直气壮抓高考"。

（2）突出"双基"教学。在全程教学中，要做到：抓纲务本，按照大纲要求，加强基础知识和基本功训练。教师在教学上要达到一定的深度，及时解决难题，精通课本知识，每课力求使学生听得清、记得牢、会做题、会应用。对典型题目，教师要讲得透彻，学生要反复做；对学生作业中出现的具有普遍性的错误，教师在课堂上要重点分析，予以纠正。要充分重视和加强实验教学。教师通过物理、化学、生物实验课，培养学生基本操作能力，使学生懂理论，会操作。每堂实验课先要了解实验的目的、方法和步骤，最后独立写出实验报告。我们坚信，不管中考高考题如何变化，不管各种复习资料如何名目翻新，在教学中始终抓住"双基"不放，交给学生学科知识和方法，训练学生的基本能力，养成良好的学习习惯，这就是一个以不变应万变的"法宝"。

我校在长沙市教委1992年常规教学检查中名列优秀单位第一名。

优化常规教学，促进了教学质量的提高。近几年，我校会考、高考成绩，一直名列全省前茅。1993年，我校为全省高中毕业会考9科人均总分第一名（各科平均分、优秀率全省共18个第一，我校占7个）。高考自然上线率为全省第一名（如按正常录取的学生计算，升学率为93.4%）。

二、深化教学改革

为办出学校特色，培养"合格加特长"的跨世纪的人才，就必须遵照邓小平同志"三个面向"的指示精神，深化教学改革。我们主要抓了下面三个方面。

（一）优化课程结构体系

课程改革是中学教学改革的核心，只有改革课程，才能促进教学领域的改革。只有构建合理的课程体系，才能为加强素质教育创造条件，促进学生的全面发展。课程改革重点要克服的弊端为：课程体系以应试为中心，教材内容偏深偏难，机械强调本学科知识的系统性，学生负担过重；重理轻文，知识结构不大合理，忽视人文因素；课程模式单一，忽视培养能力、发展个性。

针对这些情况我校课程改革主要围绕以下几方面进行。

1. 大力改革必修课。

必修课改革的方向要达到三突破：减轻负担，提高质量；加强基础，培养能力；提高素质，发展个性。在各科教学中强调贯穿"三主"的教学思想，即教师主导，学生主体，思维主线。提出课堂教学中必须归还学生的看书权、思维权、讨论权，教师不仅注重学生学习的结果，更要注重学生学习的过程。引导学生掌握获取知识的方法。把思维训练作重点，寻求各科思维训练的序列，既重视逻辑思维训练，又重视形象思维训练；既重视同一性思维训练，又重视发散性思维训练。提倡在教改的实践中形成教师的教学特色和教研组的教学风格。经过多年的探索，我校摸索出一套行之有效的提高必修课效果的教学方法，如语文学科的"自能作文分项训练法"，数学学科的"引导探索法"，英语学科的"综合训练，阶段侧重法"等。这三种教法先后获省教改优秀成果二等奖，在省内外产生了积极的影响。

2. 努力上好选修课。

我校从 1988 年 9 月起，先后在两届高中"全面打基础，发展个性特长"的实验班试开了汉语、数论、英语听说训练、音乐欣赏、美术欣赏、微机等选修课。为贯彻国家教委《现行普通高中教学计划调整意见》，1990 年秋，从新的高一年级开始全面实施改革学科课程计划，完全按照《调整意见》规定的课时开设必修课和选修课。从我校实际出发，先后开出了诗歌鉴赏、英语听说训练、创造学基础知识、科学技术发展简史等 11 门课程。各门选修课都有切实可行的计划，做到时间、地点、教师、考核落实。从当年起，进一步明确规定：除了少数经过学校认定学习基础较差的学生外，学校要求高中一、二年级必须选学 2 至 3 门课，考勤、考绩不合要求的，不能评"三好学生"，不能成为保送生。选修课的教师以本校为主，兼任为主的办法，大部分由学校必修课教师担任。实践证明，在普通中学开设选修课有利于因材施教，拓宽知识面，发展学生的兴趣特长。

3. 切实加强劳动技术课。

我校于 1985 年开辟了劳动技术教育室，配有两名专职教师，开设了"自行车修理"、"照明电路"、"英文打字"、"家电维修"等劳技课。学生的劳技课分两部分，一部分上劳技课，一部分到校办工厂参加劳动。1991 年元月，学校正式成立劳动技术教研组，全组专职教师 5 人，还聘请了几名兼职教师，由一名物理高级教师担任组长。增添了英文打字机、缝纫机、制图设备、金工设备、电工无线电器材。劳技课教室由原来的 2 间扩为 6 间，并结合本校实际，参照国家教委劳技课大纲的要求，制定了我校从初一到高三开设劳技课的初步规划，把劳技课分为 7 类 25 门，即：缝纫类（手工缝补、缝纫基础、服装剪裁、服装制作、剪纸）、电工类（照明电路、家电维修、无线电技术）、金工类（钳工基础、自行车修理）、生化类（食用菌、园艺）、打字类（英文打字Ⅰ、英文打字Ⅱ、电脑打字）、构成类（视图制图、平面构成、立体构成、色彩构成、航模）等。先后开出了 21 门课。同时，根据不同年级学生的年龄特点和知识水平，对各年级开设的课程作了安排。每个班每学期集中安排三天到劳技课教室上课，每次每个学生选学一门劳技课。通过劳技教育，学生初步养成了热爱劳动和劳动人民的思想感情，学会了一些劳动技能。

4. 全面开展课外活动。

我校坚持将课外活动列入课表，做到活动的时间、地点、内容和人员（含参加成员和辅导教师）四落实。学校组织安排课外科技、文艺、体育活动，充分考虑教育教学的客观规律和课外活动的特点，发挥学校优势，突出城市中学特色。课外活动的形式多样，主要有：（1）科技活动。如微机、航模、摄影、无线电、课件制作，撰写科学小论文等。为满足广大微机爱好者的要求，全校成立了计算机协会。（2）学科活动。主要包括学科兴趣小组活动、学科讲座和学科培训。（3）社团活动。主要包括文娱、艺术等学生团体活动。全校成立了艺术团，下设歌队、舞队、乐队。（4）体育活动。我校是省田径传统项目和长沙市乒乓球重点校。从 1986 年起，学校每年都要过"三大节"：4 月的科技节、9 月的体育节、12 月的艺术节，深受学生欢迎。丰富多彩的课外活动，给学生提供了一个自由、健康发展的天地，为培养学生的兴趣特长、增长学生的才干、陶冶学生的道德情操起到了很好的作用。

（二）积极开展教育科研

中学开展教育科研是真正克服"片追"弊端的良方，是实现"应试教育"向素质教育最终转轨的突破口，是学校全面提高教学质量、办出特色的必由之路。从十一届三中全会以后，我校便走向了以教育科研带动教学改革的新路。我们的具体做法如下：

坚持三个三结合。

1. 教学、教研、科研三结合。

我们坚持教育科研要为本校教学工作服务。教学是学校工作的中心，也是开展教研、科研的基础。而教研活动开展得越活跃、越深入、越有利于形成思考讨论的研究气氛。教研中迫切需要解决的问题便自然成为科研的课题。通过教研科研探索教学中某些规律，进一步把握学生认知特征，这便能促进教学效益的提高。实践表明，坚持从教学实际出发，向教育科研要质量，是大面积提高教育质量的有效途径。

2. 总结经验、专题探讨、教育实验三结合。

经验总结是科研的一项最基本内容，也易于着手、易于见成效的科研活动，这是教育科研的尝试或基础阶段。专题探讨是在总结的基础上，教师按学科教育任务和学校工作需要，在教育教学中探讨各自有兴趣的问题。这是微型科研，课题可大可小，时间可长可短，可以一个人或几个人承担，也可以由教研组集体出马。教育实验是一种高层次的研究方法，要进行系统的研究和改革，周期也比较长。我校采取办实验班的办法进行整体改革。从 1980 年起，学校先后办了 5 种类型的 21 个实验班。第一种类型，"初高中六年连贯的整体教育实验"，实验课题是针对当时国内单科实验的局限性，根据教育本身的特点提出来的。整体实验主要是探讨中学生身心全面发展的规律：语、数、外、体四科教材教法改革；中学德育的序列和方法；中学体育的目标和评价。从实验的设计、预备、保护、调节、评价等方面探讨中学进行教育实验的方法。学校于 1980、1981、1982 三年各办一个班。第二种类型，超常发展教育实验班。初高中学制四年。1985、1988、1989、1991、1993 五年各办一个班。确定实验的背景是：在整体教育实验的基础上，探讨学生超常发展的规律，以适应超常儿童教育和大学少年班教育的需要，为"四化"早出人才。实验着重探讨：在现代科学技术和物质文明的发展的背景下，在实行计划生育、优生优育的国策后，少年儿童的质量潜力有多大；德、智、体、美、劳的最优组合，对加速学生发展的效应；合理的知识、智能结构，对充分发展学生智力的作用；如何培养超常儿童的个性品质等。第三种类型：高中阶段"全面打基础，发展个性特长"实验，学制三年。这个实验主要探讨高中学生如何"全面发展，基础扎实，个性优良，学有特长"。实验试图摆脱片面追求升学率的影响，探索构建重点高中的模式，并在培养具有一定专业性向的人才方面有所突破。学校于 1987、1988、1989 三年各办一个班。第四种类型，由省教委主办，我校承办的"高中理科实验班"，学制三年，主要培养数学、化学的拔尖人才。1990、1991、1992、1993 四年，各办二个班。这是在高中《调整意见》后理科适当降低难度而大学理科系和中学生世界奥林匹克竞赛选手对理科要求更高的背景下进行的，实验试图探索为重点大学培养优秀新生和培养奥林匹克选手以及科学教育的基本规律和方法。第五种类型，"心理教育实验班"，1992 年下期在两个班开展。教改试验中运用心理研究成果是教育科研一个重要方面。实验的目的是开展心理教育，发掘学生的心里潜能，优化心理素质，促进学生主动发展，以探索中学生心理健康发展的规律及其培养方法。

3. 干部、教师、专业理论工作者三结合。

要开展好教育科研并取得积极成果，务必有一支热心教育科研的队伍，他们必须具有良好的科研素质。毫无疑问，处在教学第一线的广大教师是教育科研的主力军，他们富有教学实践经验，掌握了鲜活的实践素材，也有尝试改革的心理需求，但不容讳言，有些教师还缺乏理论修养和科研方法，迫切需要专业理论工作者的指导与配合。学校的干部对科研的开展起组织、指导、协调的作用。这样的人员结构能够优势互补，有利于出科研成果。全校先后参加各种教改实验的教师、干部近80人。在省、市、校立项的课题有上百个，并有4项成果在全省部分地区和学校推广。1项成果获全国首届教育科学成果评比二等奖（省一等奖）、5项成果获省二等奖，2项获省三等奖，1项获长沙市一等奖、1项获长沙市三等奖，还有22个课题分获长沙市课堂教改评优活动一、二、三等奖。

（三）重视培养和发展学生个性特长

发展学生个性特长，是我国经济和社会发展的需要，也是基础教育深化改革的必然趋势。我校正在进行的超常发展教育实验，高中理科班实验，实际是英才教育，是重视发展学生个性特长的，学校对实验班以外的其他普通班，也是重视培养发展学生个性特长的。我们的具体做法是"五要"。

1. 要在学生的"合格"上加"特长"。

对于中学生的要求，应该是全面发展、基础扎实，学有特长，或者概括地称它为"合格加特长"。所谓"合格"，就是要德、智、体、美、劳全面发展，学习上要达到中学生各科教学大纲所要求的一般教育目标。所谓"特长"，就是要让学生的个性（或兴趣、爱好）得到充分的发展，在某一学科或某种技艺方面特别拔尖，具有较深的知识或擅长的本领。任何一个优秀的特长生都是在"合格"的基础上发展起来的，离开了"合格"，离开了基本素质的全面提高去发展某一方面的特长，那便是一个"跛子"，是不合格的学生。当然，及格并不等于"合格"，合格的"格"也不能要求过高。

2. 配备敬业精神强、业务功底深的教师。

"名师出高徒"。培养特长生，要求教师要有较高的业务水平。如奥林匹克学科竞赛，涉及的知识面广，难度大、综合性、技巧性强，而且一般都能反映现代科学的发展。国内学科竞赛，也都力求与国际学科竞赛接轨，如果培养奥林匹克选手的教师仅仅只掌握中学教科书上的知识显然是远远不够的。他们必须在熟悉本学科中学全部教材的基础上，钻研学科竞赛内容，收集、整理并占有国内外各级各类学科竞赛的资料，研究各类题型的解题方法和技能。如果教师没有业务功底能胜任这项工作吗？不可能。此外，教师还要有强烈的事业心，勤勤恳恳的工作态度和无私奉献精神。所以说，配备优秀教师是培养特长生的重要条件。

3. 要加强非智力因素的培养。

非智力因素是指智力因素以外的一切心理因素，包括动机、兴趣、意志、性格等因素。发展学生特长固然要加强智力因素，但是，也不可忽视非智力因素的培养，我们要求一个学生具有正确的学习动机，热烈持久的情感，稳定浓厚的兴趣，坚忍不拔的意志，独立自主的性格，以及能经受起挫折敢于竞争的良好心理素质。这样的人，才能把学习搞好，才能发展自己的特长，培养起来才会有前途。

4. 要给学生发展特长的时间。

首先学校要开出选修课，开展丰富多彩的课外活动，让学生有时间选修自己喜欢的课程，参加有兴趣的课外小组。其次，要严格控制课外的作业，减轻学生负担，让学生在课外（包括星期天、寒暑假）有充裕的时间去生动、活泼、主动的发展，或阅读自己喜爱的书籍，或学习自己感兴趣的技艺，或开展有益活动。

5. 特殊学生要加以特殊培养。

学习基础扎实，心理素质好而又对某一学科或某种技艺有着特殊兴趣、爱好的学生，我们认为是特殊学生。对这样的学生要因材施教，以特殊的方法培养。第一，要培养他们的自学能力。高层次的学科竞赛和精湛的技艺，绝不是单纯从课堂上可能掌握的，这就需要培养他们的自学能力和自学习惯。据了解，我校在国际奥林匹克竞赛夺奖牌的学生，他们在高中阶段自学有关奥林匹克竞赛的书籍一般都在 20 本以上，有的甚至达 40 本。第二，给政策。如可让特殊学生到学生阅览室自由借书，甚至向师大图书馆借书，开辟培训室，给予一定的经费买书等。第三，给特殊学生在学习上加大难度，加快速度。如超常班四年完成中学六年的任务，高中理科实验班一年多一点的时间学完要发展特长的那门学科的基础内容。第四，加强个别辅导。

几年来，学校在教学质量普遍提高的基础上培养了一批学业成绩优秀的学生，为高校保送了 321 人。学科拔尖人才脱颖而出，参加各级举办的学科竞赛成绩斐然。连续三年学生获市级以上奖励达 693 人次，获省级以上奖励的 302 人次，获国家级奖励的 60 人次，有 35 人次进入全国冬令营，16 名学生进入中学生数、理、化、生奥林匹克国家集训队。1991 年和 1992 年先后两名学生在国际中学生数学和物理奥林匹克竞赛中分别获得银牌和金牌，1993 年有 3 名学生获得数学金牌和化学金牌、银牌。

三、强化教学管理

提高教学质量，还必须强化教学管理。强化教学管理，首先要建立强有力的教学管理指挥系统。我校该系统是在校长领导下，由主管教学的副校长、教导主任、教科室主任、教研组长和各年级组长构成。它的主要职能是加强计划、组织、控制、协调、检查和总结教学工作。

其次要抓好三个"注意"。

1. 注意分级管理与纵向切入相结合。

我校的教学分三个层次：①决策计划——即教学指挥中心，由校长全面负责统一指挥。②组织管理——分两个部门，教导主任根据校长的决策主要负责全校的常规教学管理；教科室主任根据校长的决策负责全校的教改实验。我校于 1979 年成立了教科室，教科室工作的基本指导方针是"立足学校，应用为主，服务教学，重在育人，整体构思，小处起步，分层开展，逐步落实"，开展一些具备条件的有创新意义的研究和实验，并具体负责抓实验班的工作。现有三个教研人员。③具体实施——教研组长负责组织教师开展教学研究活动，抓好本组的常规教学管理，教师业务进修管理，青年教师的培养管理等。年级组长对本年级教学工作起协调作用。备课组长负责集体备课和本年级本学科日常教学工作。为使教学工作更扎实，又采取纵向切入的方式，由校长、教导主任、教科室主任分别深入各学科、各年级和一些班级，实行面对面的领导和全方位的管理。

2. 注意定向分析与量化评估相结合。

对教学质量的评价，实行定性分析是非常必要的。我校每个学期都有家长开放日，请每班的一些家长到班上听课、座谈，每班每期还要进行一次评教评学，听取学生的意见。最后教导处把收集的意见进行分类、汇总，通过适当的途径传达有关教师，作为教师改进教学，提高质量的参考。学校也根据学生意见，对教学工作进行适当调控。同时，对教师教学工作实绩，尽可能进行量化评估，如对教师的年度考核，对教研组工作的评估，我们分别制定了量化考评表格和教研组工作考评表，这对促进教师提高教学质量起到了积极作用。

3. 注意正面激励与纪律约束相结合。

正面激励能调动教师的积极性、主动性、创造性。激励教师的方式是多种多样的：①评优表彰。每学年度评优秀教研组，教师节前评教学优秀奖。②开展比赛。如普通话比赛、青年教师赛课、优秀教案展览、青年教师微型课堂教学录像评比等等。③评十佳新闻人物。每年的 12 月进行，成绩突出又有新闻性的教职工和学生都可评选。④低职高聘。去年有 5 个一级教师被聘为校内高级教师，聘期内，在校内享受高级教师待遇（不含住房条件）。⑤目标激励。如我们过去提出要把附中办成高质量有特色的全省第一流学校。当年又提出要积极创造条件，争取首批进入全国 100 所重点中学的行列。⑥考评激励。如为了使从大学分来的青年教师迅速成长，除对青年教师实行导师制外，还实行了"一、三、五工程"，即一年内一堂研究课、一堂汇报课、一堂主题班会课，一篇教学总结；第三年一堂优秀课，一本优秀教案，一篇优秀论文；第五年争取获青年教师优秀教学园丁奖，成为教学骨干，这都要进行考评。⑦榜样激励。几年来，我们培养了一批典型，他们中间有全国优秀教师、全国优秀班主任、省优秀教师，劳动模范，市优秀教师、优秀班主任等。⑧物质激励。如实行校内结构工资制，近几年来，教师福利待遇有较大提高。

在注意正面激励的同时，对于违反纪律的，也要进行与人为善的批评，甚至进行纪律处分，以端正教风，促进工作。

（1994 年 3 月长沙市教委在我校召开全市中学教学工作会议，140 多位中学校长和主管教学的副校长到会，这篇文章是这次会议的唯一材料，在大会上宣读。部分内容以《向常规教学要高质量》为题，在《湖南教育报》1994 年 6 月 8 日第三版上发表。）

我校总结的几种课堂教学方法

提高教学质量的关键是提高课堂教学水平，而要提高课堂教学水平，就必须改革教学方法。近几年来，我校教师在课堂教学方法的改革上进行了不懈探索，摸索出一些行之有效的课堂教学方法，现简介几种如次。

一、语文的"自能作文分项训练法"

它是按中学生作文的心理特点和一般过程，以思维训练为中心，成序列、分项目按单元地训练学生各种写作能力，达到"自能作文"为目的的一种教学方法。其具体做法：

1. 建立分项训练程序。

作文分项训练程序分两条线：一是培养学生作文全过程所需要的一般能力的线；二是写作不同文体的线。然后由易到难，分成项目系列，确定初、高中的训练重点。以初中为例，初一的训练重点：文体训练是记叙和描写；构思能力的训练是观察与想象；写作能力训练是立意与选材，对作文内容与表达的要求是言之有物，通顺清楚。初二的训练重点是：文体训练为记叙与说明，构思能力训练是观察与分析；写作能力训练是布局与谋篇。对作文的内容和表达的要求是言之有序，结构完整。初三的训练重点是：文体训练是记叙与议论，构思能力训练是分析、综合与联想；写作能力训练是语言运用与修改。

2. 改进作文命题、指导、批改与讲评的方法。

在命题方法上是教师命题与学生自拟题目相结合，以学生自拟题目为主。在指导学生作文时以讨论为主，重在一个"导"字，引导他们从不同角度去立意、选材和布局谋篇，发挥学生的创造性。在作文的批改中采取教师批改与学生批改互改相结合，并以学生自改为主。在作文讲评中，采用对比剖析的方法，抓住每次作文的两个极端，根据写作的要求，做解剖麻雀式的分析，让学生从对比中知其所以然，从而更好地掌握写作规律。

运用"自能作文分项训练法"，教学目的明确，重点突出，能加强教学的系统性和科学性，克服随意性和盲目性，符合学生的心理特点；能激发学生写作的积极性，使学生爱写、会写，从而全面地提高学生写作能力。

二、数学的"引导探索法"

它是把教学内容设计为若干合理的问题，从而引导学生进行探索的课堂教学方法，一般分为五个步骤。

1. 提出探索课题。

数学中的概念和命题是多种多样的，条件和结论也是千变万化的。要启发学生从特殊图形、特殊条件出发，得到某种结论，再运用直觉探索变化，论证结论是否成立，或作出新的猜想，探索出新的结论。

2. 创造探索条件。

学生能顺利进行探索，要有先决条件，这就是围绕探索新问题而选择的必须是学生已具备的若干项已有知识和已有经验，这个条件的作用是承前启后的。教师可通过让学生回答问题或进行课堂练习，为探索新问题创造知识条件。

3. 指明探索方向。

通过学生猜想和推测，得到了某些可成立的结论，要辨明真伪，往往需要教师进行帮助。这时教师应向学生指明方向，控制学生的思维朝着正确的方向发展，但又不受拘束地自由交换意见，营造创造性的气氛。

4. 开展集体探索。

探索法研究问题，需要经过一连串的探索过程，对所提出的猜想、假设、结论、概括，找出全部推理的依据，并作出评价，这是学生在教师帮助下创造能力和才干得到发展的最重要阶段，教师应当鼓励全体学生参加探索，开展集体研究，互相启发，互相补充，克服力所能及的困难，寻找最自然最简单的或独创的解法，最大限度地调动学生的主动性和积极性。

5. 总结探索结果。

通过探索得到的结论，还须回顾探索过程，找出思维规律，将获得知识、掌握技能与提高能力统一起来。获得某种结论固然是重要的，但更重要的是获得这种能力的思维规律。

运用"引导探索法"，有利于调动学生学习的主动性和积极性，促进学生独立思考，培养学生独立获取知识的能力和独立探索的能力。

三、英语的"综合训练，阶段测重"法

《中学英语教学大纲》提出了六条教学原则，其中一条是"综合训练，阶段测重"。我们贯彻这一原则的整体设计是：将中学全过程分做听说教学、过渡教学和阅读教学三个阶段，以听说读写的横向有机结合贯彻始终，做到阶段重点鲜明，纵向发展要求具体明确。

第一阶段（初中一、二年级），把听说训练放在最突出的位置，要求"听说领先，读写跟上"。其教学特点如下：第一是充分重视语音的听、说训练。因为这是教好英语的基础，必须一开始就抓好抓紧抓扎实。第二是以听说为主线来组织课文教学。从教字母阶段起，就要有计划有步骤地结合教学内容把课文后面的单词、句型、习用语等提前教给学生，只要口头会就行，防止"读写为主"。第三是最大限度地使用直观教学法，扬弃汉英对译的教法。无论教词汇还是教句式和课文，都充分利用实物、图片、简笔画、动作、表情等进行直观教学。第四是课堂形式多样化，防止形式注意力分散。课堂教学要围绕教学目的变换花样，做到有听、有说、有读、有写，有演、有唱、有画、有动、有静。这样做，教师教得有"趣"，学生学得有"味"，不但课堂气氛活跃，而且集中了学生的注意力，教学效果大大提高。第五坚持"读写跟上"，做到与听说有机结合。

第二阶段（初中三年级）由"以听说为主向阅读为主过渡"，这一阶段的教学特点包括：①加强课文导读，培养良好的阅读习惯。②继续听说训练，促进阅读理解。③开始写作练习，通过写作促进阅读。

第三阶段（高中）"以阅读训练为主，提高学生的自读能力"。高中一、二年级的做法是：一是选好同步阅读教材，扩大阅读量。学好英语只靠课本上的读物是不够的，因此选好同步阅读教材就显

得特别重要。二是采用课文整体教学法，进一步培养学生良好的阅读习惯。同时，开展专题讨论，提高口语水平。高三年级主要是"处理好泛读与总复习的关系"，加强听、说、读、写综合训练。

（载《湖南教育研究》1992年第10期。这三种教学方法，先后获湖南教委基础教育教研成果二等奖）

中学理科特长生培养初探

中学的理科包括数学、物理、化学、生物等学科。所谓理科特长生，是指在全面发展的基础上，对理科中的某门学科有特殊的爱好，且学习效果突出，竞赛成绩优异的学生。培养理科特长生是发展学生个性的重要内容之一，是全面贯彻教育方针的内在要求，是我国经济社会发展的需要，也是基础教育深化改革的必然趋势。

近十年，特别是近几年，我校在全面提高学生素质的同时，积极进行培养理科特长生的教育，出现了一批理科成绩突出的拔尖学生。就以学科竞赛成绩而言，从 1991 年至 1995 年，我校学生获数学、化学、生物、计算机全国竞赛湖南赛区一等奖 114 人次，进入全国冬令营（或参加全国决赛）的 37 人次，进入国家集训队的 17 人次，入选国家队的 10 人次。1991 年郭早阳获第 32 届国际数学奥林匹克竞赛银奖；1992 年李翌获第 34 届国际物理奥林匹克竞赛金牌；1993 年刘炀获第 34 届国际数学奥林匹克竞赛金牌，周彪和袁泉分别获第 25 届国际化学奥林匹克竞赛金牌和银牌，被评为湖南省十大新闻之一；1994 年黄永亮、李帅格双双荣获第 26 届国际化学奥林匹克竞赛金牌，黄永亮还获得理论竞赛最佳成绩奖，彭建波以满分成绩获第 35 届国际数学奥林匹克竞赛金牌。1995 年又有骆宏鹏获第 27 届国际化学奥林匹克竞赛金牌，倪彬获第 26 届国际物理奥林匹克竞赛金牌，使我校在国际奥林匹克竞赛中获奖牌数达到八金二银。

国际奥林匹克学科竞赛，是世界级的中学生智力角逐，是参赛国基础教育水平的较量，也是一个民族优秀人才潜质的展现。我校一批学生在学科竞赛中走向全国，走向世界，标志着我校在发展学生学科特长，办出学校特色方面有了新的突破，整体办学水平有了新的提高。它引起了世人的瞩目，许多人在问：成功的奥秘何在？我认为有以下几点：

一、提高学校整体办学水平

俗话说，水涨才能船高。整体发展是个性成才的重要条件，没有学校教育教学整体水平的提高而想出现一批又一批学科特长生，是难以办到的。

近十年来，我校坚持以"三个面向"为指针，以改革为主线，以育人为根本，坚持整体实验。这项整体改革以"面向全体学生，注重全面发展，培养个性特长，提高整体素质"为目标，以"加强德育，改革课程，增加活动，优化环境，开展科研"为途径，促进了"应试教育"向"素质教育"的转变和教育质量的大面积提高，学生德智体及个性得到主动的、生动活泼的发展。多年来，高中毕业生的会考和高考成绩在全省名列前茅。1993年高中毕业生会考成绩人均总评为全省第一，参加高考的自然上线率为全省第一，1994年二者仍为全省第一。1985年至1994年向全国高校保送了德智体一贯优秀的学生400名，21名年龄小的学生考入了中国科技大学等高校的少年班。

教育质量大面积提高，使"产品"质量的档次相应上升，一批批学科特长生就是在这块沃土上发芽、生长、开花、结果，脱颖而出的。

二、注重全面打好基础

"全面发展、基础扎实、学有特长，个性优良"，这是我校育人的标尺。

对于一个理科特长生来说，首先要"合格"，即"全面发展，基础扎实"，在此基础上"学有特长"，我们概括称它为"合格"加"特长"。

所谓全面发展，就是要求德、智、体、美、劳全面发展。要有坚定、正确的政治方向，深厚的爱国主义感情。要有理想、有道德、有文化，守纪律。要养成良好的卫生和体育锻炼习惯，身体健康，体育达标。要有高尚的审美情操。要掌握中学劳动教育应学的劳动技能。

所谓基础扎实，就是学习上要达到中学各科教学大纲所要求的目标，能比较系统地掌握高中阶段应学的自然科学和社会科学知识，特别要把语文、数学、外语的基础打扎实。

我们认为，中学是基础教育，任何一个优秀的学科特长生都应是在"合格"的基础上发展起来的，离开了"合格"，离开了基本素质的全面提高去发展某一学科特长，那便是一个"跛子"，是不合格的学生。当然，"及格并不等于"合格"，合格的"格"也不能要求太高。

由于追求"合格"加"特长"，我校的一批理科特长生，首先他们都是合格的。他们德智体全面发展，大都是"三好学生"，参加过学校业余党校的学习，高中毕业会考成绩优秀，高考成绩优异，体育达标，身体健康。

正因为是全面打好了基础，他们在学科竞赛的激烈竞争中才能崭露头角，一马当先，才能以坚强的意志，为国争光的爱国情感和扎实的基础，在国际竞赛中战胜群雄，摘金夺银。如国际奥林匹克竞赛数学金牌获得者彭建波，德智体全面发展，是学校三好学生，爱好文学，语言表达能力强，高中一二年级为语文课代表，他的英语也学得很好。当他参加第 35 届国际奥林匹克竞赛时，摆在他面前的试题是以两种文字出现的，一种是英文，一种是从英文翻译过来的中文。他是按中文做的，做着做着，他发现有一道题的意思有歧义，到底是哪一个意思呢，他又仔细看看英语题，英语题的意思只有一个，他终于明白了题意，圆满地做完了试卷，以满分成绩获得了金牌。试想，如果他的基础不扎实，要得满分就不可能了。

正因为全面打好了基础，我校理科特长生进入高校后也是佼佼者。如奥林匹克竞赛金牌得主李翌，随后就读于北京大学物理系，表现很好，1993 年在我国北京举行的 25 届国际物理奥林匹克竞赛中，他被聘为开幕式和闭幕式主持人。又如数学金牌获得者刘炀，高三时曾获得湖南省物理竞赛一等奖，年年是三好学生，他乐观直爽，勤奋踏实，后就读于上海交大实验班，1994 年获上海交大最高奖学金。

三、优化课程结构体系

我校改革教学，形成了与学科特长教育相适应的课程结构——

必修课、选修课、课外活动。

改革必修课。必修课是发展学科特长的基础。必修课改革的方向要达到三突破：减轻负担，提高素质；加强基础，培养能力；开发智力，发展个性。在教学内容上不以单纯的知识传授为目标，鼓励学生积极提问和敢于发表新见解。在教学方法上坚决废止注入式，采用启发式。在教学结构上变单平面的信息传递为双向主体的信息交流。既要学生获得知识，又要注意培养学生的能力，既要发展学生的求同思维，又要发展学生的求异思维。尊重学生在学习中的主体地位。

开设选修课。先后开出了数学选修、化学选修、物理选修、英语听说训练、诗文鉴赏、计算机初步、创造学基础知识、科学技术发展简史等 10 门课程，要求每个学生选修 2～3 门，不合要求的，不能评三好学生，不能享受保送资格。这些选修课侧重培养能力，训练思维，拓宽知识面，发展学生兴趣、特长。

积极开展课外学科活动。课外学科活动，包括学科兴趣小组。学科讲座和学科培训。每个学科都成立了兴趣小组，数、理、化、语、外还是按年级成立兴趣小组的。多年来，我们坚持将学生课外活动列入课表，作为培养学生兴趣和特长的主渠道加以落实，做到参加活动的时间、地点、内容和人员"四到位"。我们还尽可能让学生参加省、市举办的各种数理化培训班、夏令营、竞赛等。各学科举办的讲座，基本上由我校优秀教师和外请名师、学者主讲。丰富多彩的学科活动，给学生提供了一个自由、健康发展的天地，学生可以根据自身的个性特长培养自己的能力，这样既巩固了已学的知识，又开阔了视野，增长了才干。

四、努力培养学生的自学能力和动手能力

自学能力是学生智能发展的基础，也是独立获取知识的必要条件。学生要发展学科特长，所需要的知识不是单纯从课堂可以满足的，这就需要培养他们的自学能力和自学习惯。有了这种能力，学生才能广泛获取知识，见多识广。根据我们的了解，我校的学科特长生，他们在高中阶段自学有关书籍一般都在 10 本以上，个别的甚至达 40 本。如数学特长生刘炀，他博览群书，自学了一些高等数

学，如高等代数、数学分析、高等几何，还广泛阅读了数学报刊。他自己整理的数学题，就有 5 大本。又如化学特长生周彪，他在高一、高二两年内至少读了 30 本化学书，有一本叫《有机化学学习指导》，是复旦大学教授王乃聚编写的，他认为很好，到书店买不到，就写信给王教授求教，王教授看到周彪求教心切，很受感动，主动寄了一本给他。

要创造条件培养自学能力。首先要严格控制课外作业，减轻学生负担，让学生在课外（包括寒暑假，星期天）有充裕的时间去生动活泼、主动地发展，去阅读自己喜欢的书籍。其次，允许特长生到学校图书馆借书，甚至向师大图书馆借书，开辟特长生阅览室，并在学校有限的经费中拿出一些钱，买有关书籍，由教师发给特长生。

自学能力培养，离不开教师的指导。教师要因材施教，根据学生的实际。指导学生制订自学计划，教给学习方法。有的教师当学生自学完一个单元后作一次辅导，进行小结，然后由学生写出学习笔记，把知识网化。对学生应该重点看哪些书，看书的哪些重点，教师都需要仔细指导。

培养动手能力，包括理科的实验能力和计算机的操作能力，这是物理、化学、生物和计算机几个学科教学的重要内容之一。因此，在加强理论教学的同时，还必须重视对学生动手能力的培养。否则，学生就可能成为只会理论，不会实践，只能动口，不会动手的人。我们的做法，第一，对从实验仪器的识别到简单的常规操作，都要严格训练，高中三年除做完高中三年课本上规定必需的实验外，还根据需要补充做一些实验。第二，要让学生登台做演示实验，调动学生学习的积极性。第三，开放实验室，让学生动手做实验，甚至让学生自己设计实验，以培养浓厚的兴趣。第四，在实验过程中，注意培养学生沉着、冷静、细心等品质。由于我们重视培养学生动手能力，我校学科特长生，不仅学到了一定的学科知识，而且掌握了必要的操作技能。如我校化学特长生，于 1993 年、1994 年、1995 年，连续三年，先后有 5 人代表我国中学生参加国际奥林匹克化学竞赛，夺得了 4 块金牌 1 块银牌的好成绩，这是与他们的动手能力强分不开的。

五、建立一支敬业精神强，业务功底深的教师队伍

"名师出高徒"，培养学科特长生，需要教师有学科特长。我们在培养学科特长生的实践中，经过多年努力，初步建立了一支敬业精神强，业务功底深的老中青结合的辅导教师队伍。

花甲之年的特级教师朱石凡，其数学"引导探索法"效果好，受到国内同行的推崇。他为培养特长生废寝忘餐，常常在数学草稿堆里冥思苦想。

化学特长生辅导老师李安，已到"知天命"之年，善于教给学生掌握归纳和演绎的方法，帮助学生总结提高，举一反三。他还经常给学生买各种参考书，并把自己用的参考书等资料借给学生阅读、钻研、再跟学生一起探讨，逐步培养学生较高层次的自学能力和分析解决问题的能力。他带学生做实验，有时在实验室一泡就是十多个钟头。

特别要提出的是，在培养学科特长生的过程中涌现了一批勤勤恳恳、任劳任怨、思维活跃，并能积极培养学生创造思维能力，勇于奉献的青年教师。如37岁的青年教师冯跃峰，他坚持教研教改，出版过4部专著，在20余家专业刊物上发表论文130多篇，他自订杂志20种，还能读英语原版书籍。他辅导数学特长生自有一套方法，一天到晚忙得不可开交。又如31岁的青年教师肖鹏飞，为了更好地辅导化学特长生，他和学生一起听师大老师和国内知名教授讲课，广泛涉猎知识，全面收集资料，坚持业余在师大化学系攻读硕士学位。他常对人说："要当好老师就得当好学生，自己贮备多了，水平高了，才能教好学生。"化学金牌获得者黄永亮，李帅格都经过他的精心辅导，可以说，金牌是心血和汗水浇铸的。

培养学科特长生，要让这些学生参加国内和国际学科竞赛，由于竞赛的内容多，涉及的知识面广，难度大，综合性、技巧性强，仅仅依靠学校自己的力量是不够的，于是我们聘请了高等学校和省学会的有关教师和国内知名学者、教授，为学生授课，以传授新知识，拓宽知识面。

（载《湖南教育研究》1996年第6期，选入《素质教育与主动发展》一书，湖南教育出版社2000年出版）

论超常儿童个性心理品质的培养

一、个性心理品质应包括哪些因素

个性心理品质是个体所有的比较稳定的心理特征的总和，它是在个体自然素质的基础上通过自身的活动与社会影响的交互作用而形成的。有心理学家把个性心理品质划归非智力因素范畴。那么超常儿童个性心理品质应包括哪些因素呢？目前学术界尚无统一认识。根据平时对超常儿童的观察和测试，我们认为对学生的智力因素能起约束和促进作用的，主要有以下 6 种个性心理品质因素：

1. 动机。

学习动机是促使学生去达到一定目的的动因。一些超常儿童，一旦产生了某种求知动机以后，这种动机就会积极地支持他废寝忘食地去获取知识，我们认为这种动机效能高。例如超常儿童周铮铮，他对于学习，对于探索大自然的奥秘，都有强烈的动机，三年中学生活，他读了大量的课外读物。第三年考上了中国科大少年班。

2. 独立性。

这里指的是在智力活动中的独立性。即这些超常儿童在学习中不盲从，不迷信权威，敢于独立思考。在完成课程任务或完成作业时，不是依靠别人，而是通过自己积极思考、探索去解决问题。

3. 好胜心。

是指一个人的逞强、好胜、不甘落后。他们不论是学习还是参加各种智力竞赛，总是想胜过别人。一般儿童也有好胜心，但一经挫折往往会产生失望情绪，而超常儿童的好胜心，是以自信为基础的，是在充分估计了自己的力量后产生的，所以这样的好胜心带有更大的自觉性。

4. 坚持性。

是指一种坚持不懈的进取精神和坚忍不拔的毅力。超常儿童在解决一个困难问题时，表现出超越他们年龄的惊人毅力，正是这种可贵的毅力，使超常儿童在完成一个又一个智力活动的任务中，其智力得到迅速发展。

5. 求知欲。

这是人们渴求获得知识的一种需要，它是在人的智力活动过程中产生的一种意向性活动，是人们认识事物，获得知识的强大动力。超常儿童对学习知识的积极性主动性特别高，对各种知识都感兴趣，有强烈的探索精神。他们好奇，好问，许多问题都想打破沙锅问到底。

6. 自我意识。

是指儿童自我认识、自我体验、自我评价的能力，这一能力常常使超常儿童胜不骄、败不馁，善于找原因，以利再成功。

二、个性心理品质在超常儿童发展中的作用

现代心理学家告诉我们：在人的心理活动中，智力因素和个性心理品质，是紧密结合和相互作用的，智力因素可促进个性心理品质的发展，良好的个性心理品质也可以促进智力因素的发展。在学生的学习活动中，智力因素起认识作用，个性心理品质则起动力作用，良好的个性心理品质以其动力作用促进智力活动的活跃，并强化认识的效果，智力活动得不到良好的个性心理品质的配合时，学习就会受到限制。事实正是如此，如我校超常教育实验班 163 班的学生的个案。

个案 1，曹某某，智商为 135，有很强的接受能力，上课反应快，理解力强，小学读书不费力气，成绩拔尖，进入中学后，由于他自我意识差，对自己估计不足，总认为自己聪明，不需要努力就可以达到别人努力所达到的水平。还经常跟人说："如果我像他们一样努力读书，一定会比他们强"，"像我这样聪明的人考上大学本科绝对没问题。"他学习随随便便，甘居中游。上课不专心，常常违反纪律，人家批评他，他反问道："违反纪律又不是我一个人，为什么要批评我？"去年高考前夕稍有好转，高考成绩未上本科线。继续读一年，最后 1993 年由大专线自费到大学。

个案 2，张强，其智力因素在班上算中上，进入中学起，就有明确的学习目的，他立志好好学习，成为一名大学生，将来在科学领域中创造优异的成绩，真正做到无愧于民族，无愧于祖国。他在一次以"我的理想"为主题的班会上说："我今后要成为一名数学家或物理学家，为我们的民族做出大的贡献，使我们的国家强盛起来。"由于他有明确的学习目的，学习非常认真，上课专心听讲，提出疑难问题，课后及时复习功课，从不拖欠作业，晚自习在座位上学习专心致志，几乎两个钟头不走动一下，由于他个性心理品质好，不用说他平时爱好的数学和物理，成绩一直在班上领先，就连他平时写得很费劲的作文，由于他认识了作文的重要性，不断练习写作，作文也有很大的提高。

上述个案表明：无论是开发学生的智力，还是提高学生的学习质量都必须重视个性心理品质的培养，提高个性心理品质的水平。

三、个性心理品质的培养

实践证明，凡是智力水平相等或相近的学生，学习效果主要是由个性心理品质水平的高低决定的，也就是说，在智力水平相等或相近的条件下，个性心理品质水平的高低决定着学生学习效果的优劣。因此必须重视学生个性心理品质的培养。那么如何在教学中培养学生的个性心理品质呢？

1. 创建一个能加速学生个性心理品质发展的班集体。

这个班集体应以蓬勃向上的价值观念、好的人际关系、生动活泼的学习风气、催人向上的良好班风来影响每一个学生，从而达到推动他们学习超前，智能超常发展的目的。我们知道，良好的个性心理品质的发展，除了教师的个别教育外，主要依靠集体的力量。因为学生的价值观念、兴趣情感、个性的发展倾向，比起成人来说，在更大程度上受他们生活在其中的群体价值观念和风气的制约。

为了建立这样的集体，我们做了如下工作：（1）在"四有"教育中反复用超前发展的期望来激励学生。教育者的殷切期望会激发孩子们为了不辜负教育者的期望而追求实现理想的积极性，产生良好的学习动机。怎样进行这种期望教育？一是不断提出期望目标。如"学习与发展"讲座的第一讲"迅速成长为全面发展的人"，由校长主讲，提出超前发展的期望。以后每个学期的主题班会，又专门结合理想教育，爱国主义教育、集体主义教育、纪律教育、品德教育，不断提高集体的赶超目标。二是采用多种方式让学生看到自己超前发展的条件。（2）开展丰富多彩的活动来促进学生个性心理品质的成长。（3）通过建立班上的和谐人际关系来消除一些情绪不稳定因素。建立和谐的人际关系，一要利用各种活动机会来增进同学间的友谊，如有一次去岳阳楼旅游，为6个同一天生日的学生举行"同庚庆祝"活动。要教育学生处理好学习上的竞争和互助，一方面鼓励学生定期、定目标地竞争，另一方面也要教育学生，竞争的目标能否达到，关键又要互相学习、互相帮助、克服嫉妒心理。

2. 在各科教学中采取符合学生个性心理品质的教学方法来促进个性心理品质和智力因素的发展。

如语文教师采取了如下方法：（1）顺乎学生自信、自强的特点设法将课堂变为学生参与竞争，表现才能的天地。如在学生中收集教案，学生主讲课文。（2）凭学生好奇心和好动手的特点组织学生自制教具和学具。（3）利用学生好胜心的特点结合学生思想实际举行辩论会，组织学生写稿、发言，既提高思想认识，又把议论文的教学渗透到实际运用中。（4）根据学生接受快，但易满足的心理特点，加大课堂信息和思维活动量。（5）根据学生求知欲强的特点，组织学生阅读大量课外书。

3. 在生动丰富的日常生活中，因势利导，因材施教，调动学生个性心理品质中的积极性。

如第一届超常班，第一学期班上的一名女生，期终考试名列32名，她伤心流泪，情绪低落到不能自拔的地步。因为在小学阶段，她曾是区三好学生，学校的学习标兵，眼前的挫折的确太大了。她这种表现正典型地反映了超常少年儿童进取心强，好胜心强，荣誉感强，而又情绪不稳定的心理特征。我们的做法是，指出"荣誉"在一个班级总是处于流动的状态，关键在对待挫折有百折不挠的精神，这种因势利导，不仅帮助了该女生从情绪极度低落中自拔出来，全班学生也受到了挫折教育。

4. 充分发挥榜样的作用。

学生是富于模仿的。他们对自己崇敬的人，有一种积极追求的心理，并且积极地去模仿。如模仿老一辈革命家、科学家、英雄模范和文学作品中的先进人物，以及学生身边的典型。榜样的力量是无穷的，要充分利用这些能激励人的榜样，教育和引导学生发展良好的个性心理品质。如帮助学生树立正确的学习动机，语文教师把哥白尼、布鲁诺、李大钊、恽代英、李少石、闻一多等的追求真理，至死不渝的英雄主义；鲁迅先生弃医从文，朱老总的尽忠于民族和人民，女排姑娘的顽强拼搏以及韩麦尔先生和小佛朗士等的爱国主义；梁生宝、郭全海、于长水、林部长的艰苦奋斗、大公无私、永葆青春的优良品质等都渗透到教学之中，给学生以榜样，为学生树立起革命理想，培养美的情操起了积极作用。例如十二岁的蔡颖在语文学习小结中这样写道："我不再是在妈妈面前耍娇的小孩，我已确立了自己的理想，有了新的起点，我将通过精思去探索、去追求、去奋斗……"

（载《湖南教育研究》1994 年第 2 期）

一种高素质教育的探索

——湖南师大附中超常教育实验报告

原编者按：湖南师大附中从 1985 年起，进行超常教育实验，取得显著成效。其实验报告荣获湖南省中小学教研成果教改经验二等奖。因篇幅限制，仅摘要刊登，供读者参考。

一、实验总则

以提高学生的整体素质为目标，以思想政治教育为灵魂，以培养非智力因素为前提，以知识技能传授为基础，以培养能力、开发智力为核心；以学生发展为主轴，开展课程结构的调整、课堂教学的改革。

二、实验的实施

（一）精心鉴别挑选

1. 报名。报名对象为长沙市城区、郊区小学四、五、六年级中不满十二周岁的学生。

2. 初试。采用集体测查的方式进行。内容为语文、数学两科笔试，检测学生综合运用小学毕业程度的基础知识和基本能力，从中挑选 100 人。

3. 复试。分集体笔试、单个面试、体格检查和体育测试四道程序。集体笔试仍考语文、数学两科，但侧重于检测学生的基本能力和智力。单个面试则检测考生的智力、观察力、记忆力、思维能力、想象力和口头表达能力、即兴口头作文。体格检查主要有身高、体重、视力、色觉、病史调查等项目。体育测试项目为立定跳远、60 米跑、投实心球等。

4. 学习潜力和个性品质考察。学习潜力的考察主要是采用上新课、学生从未接触过的新内容、当场作业、当场考试的方式进行，根据课堂表现及考试成绩作为考察指标；个性品质考察主要是通过"琢园第一日"活动进行，观察学生一天活动的全过程，配以问卷调查和测试，对每名考生的个性品质作出初步评价。最后将初、复试的考试成绩按一定比例折算后累计总分，再结合单个面试、体格检查、体育测试、学习潜力和个性品质考察等结果进行综合评定后，排出名次，择优录取。同等条件下优先录取学科竞赛优胜者，市、区三好学生和有音乐、体育、美术等特长的学生。

（二）适当缩短学制

超常实验班的学制定为初高中共 4 年。

（三）科学设置课程

超常实验班的课程设置，既要有利于学生的全面发展，凡属中学应开设的课程都要开设，又要有利于突出语、数、外三门基础工具课和物理课程，这样做是从思维发展的角度和学生将来学习现代自然科学知识、参与国际竞争的角度来考虑的，还要有利于学生发展个性特长。因此，除了必修课，还开设了系列选修课，开展了丰富多彩的课外活动，让学生突出自己的优势，发挥自己的特长，主要是指学科特长。与普通班相比，超常班课程设置有如下特点：

（1）超常班的总课时比普通班总课时减少了1/3；

（2）为了加强素质教育，坚持四年都开设音美课，坚持在一年级、三年级开设计算机课，坚持开设劳动技术教育课，每学期集中一周时间进行劳动技术教育，坚持在假期开展系列社会实践活动。

（四）改革教材教法

超常实验班以统编教材为基础，除繁琐除重复，加强基础知识和基本理论教学，突出重点、难点，按各学科的知识结构、内在规律将初、高中知识相互渗透，重新编排。另外有些学科，如语文、数学、外语等，还补充了一些教材，多为实验教材，作为辅助教材。

教法改革突出表现在如下几点：（1）注重双基的掌握，强调打好基础；（2）注重学生心理特点的研究，在课堂上充分调动学生的积极性，发挥学生的主体作用。如在数学教学过程中，顺乎学生自信、参与欲很强的特点，设法使课堂成为学生参与竞争、表现才华的天地。如在教"平方表、平方根表、立方表、立方根表的使用"

这一内容时，开展"比谁查得快、查得准"的竞赛活动。结果，全班的同学对这一内容掌握得很好。顺应学生好奇和好动手的特点，组织学生自制教具和学具，办数学小报等。利用学生好胜的心理特点，要求学生突破模仿，提倡独创，鼓励学生课内、课外展开讨论，发表独到见解，解题探求新法和妙法，引导学生不满足于一题多解，而要主动寻找最新、最简解题思路，提高学习效率，发展思维能力；(3) 注意学习习惯和自学能力的培养。从纠正学生的书写格式，做好预习笔记等小处着手，强化训练，促使学生养成良好的学习习惯。自学能力的培养，各科教学都很注重。现以语文学科为例进行简要说明。语文学科的"自读课文"，甚至包括一些"讲读课文"，都采用"学生自学在先，自学为主，老师检查自学效果"的方法来培养学生的自学习惯和自学能力；(4) 注重创造力的培养。学生创造能力的发展，依赖于良好的智能结构的形成，而良好的智能结构又是由良好的知识结构转化来的，这是超常教育各科教学的基本指导思想之一。根据这一指导思想，首先根据各科各自的特点来构建和完善学生的知识结构，并促使它向智能结构转化。然后探索发展学生发散思维和独创能力的方式方法。如语文的多角度作文，数学的讨论探索课，物理的实验引导探索活动都是这方面的尝试；(5) 注重因材施教，有意识地让一部分学习潜力大的学生超前学习。具体做法是：①鼓励学生就自己的特长科目去进一步超前自学。组织他们参加单科独进的教学训练，以求加深、拓宽，增强学生在某一学科的整体智能结构；②组织学生参加省市和全国学科竞赛，发展他们的学科特长；(6) 注重教学艺术，培养学生浓厚的学习兴趣。语文老师充满感情、动人的朗读，外语老师标准而又流畅的口语，数学老师启发思考时的动作暗示，物理老师的实验探索等，是他们教学艺术的具体体现。在培养学生学习兴趣方面，外语教学下了不少功夫。组织学生表演对话，扮演课文中的角色，演课本剧，让学生当小老师执教，让其他同学评教，讲英语故事，收听英语电台的英语节目，听外籍教师的口语课等。

(五) 进行学法指导

教法改革了，学法必须跟上去。开展学法指导的措施有二：一是重视自学能力的培养、自学方法的指导。首先抓课前预习。务必养成"先预习后听课"的习惯。其次抓课堂的自读方法指导。如数学教师在初一年级就大胆采用教语文的方法，指导学生如何读定义、定理、命题，促使学生把注意力集中到书本上来，引导学生钻到教材中去，扎扎实实打好基础。二是用初步的创造性学习方法来武装学生。具体做法是从一年级上学期起，就举办系统的"学习与发展"专题讲座，一直延续到三年级下学期。每个专题都是针对学生在学习上普遍存在的问题提出来的。如初一刚入学，针对学生一时不能适应中学学习的状况，提出"养成良好的中学学习习惯"这一讲题。"创造性的读书方法"这一专题是针对学生读书只知阅读一遍满足于表面上理解的毛病提出来的，不但讲了精读与略读相结合的必要性，还给学生介绍"点面结合读书法"、"比较读书法"、"预测读书法"、"评价读书法"等几种读书方法。在学生进行了初步的逻辑思维、发散思维的训练后，老师们及时推出"创造性思维的几种思路"这一讲题，给学生们很大启发。进入高中后，学生面临着考试和竞争的巨大压力，于是在三年级下学期开设了"复习的技巧"、"应考的心理及调整"等讲题，引导学生较为科学地复习，放下包袱，调整心态，集中精力搞好学习。

三、实验的效果

（一）为高校输送了一批合格的少年大学生

前三届超常实验班共有学生 116 人，除 1 人（学校无法联系）外，全部考入大学，进入重点大学 80 人，占三届学生总人数的 69%。其中 16 名学生提前考入重点大学少年班，这些学生考上大学时均未满 16 周岁，小的才 14 岁。他们在大学学习期间，绝大多数是学校的优秀生，毕业后继续攻读学位，都表现出了较大的潜力。如首届超常班的学生现有 18 人（截止 1994 年年底的统计）继续攻读学位，其中 13 人攻读硕士学位，5 人在国外攻读博士学位。

（二）发展了学生的个性特长

超常教育实验的开展，使学生们的学科特长得到了较为充分的发展。前三届实验班的学生参加数、理、化、计算机等学科竞赛，55 人次获市级奖，16 人次获省级奖，13 人次获国家级奖。

前三届实验班学生共发表作品 26 篇，先后被《少年作文辅导》、

《中学生文苑》、《初中生》等书刊杂志收编。多次获全国中学生作文竞赛团体和个人奖。第二届超常班的李蓓同学，参加全国"心里有祖国，心中有他人"演讲联赛，荣获省、市一等奖、全国"小新星"奖。还有的同学在艺术方面表现出才华，刘佳同学被省艺术学校特招，很快成为该校学生骨干。

第四届实验班开始，学生在发展学科特长方面更为主动，取得了更为突出的成绩。第四、五届实验班的学生参加数、理、化、计算机学科竞赛，126 人次获市级奖，28 人次获省级奖，2 人次获全国一等奖。两班学生共发表作品 30 篇。第四届超常班的罗迟雁同学，以全国中学生物理竞赛第 4 名的好成绩，入选参加国际奥林匹克物理竞赛的国家集训，现已提前保送到北京大学深造。

湖南师大附中的超常教育实验历时 10 年，已取得了初步成效。《中国青年报》、《湖南日报》、《湖南教育》等报刊杂志及长沙电视台、湖南电视台都先后报道了学校超常教育的发展情况及已取得的初步成绩。最近，反映学校教育改革成果含超常教育实验的电视专题片还将在美国播出。

（载南京《现代特殊教育》1995 年第 1 期，入选《素质教育和主动发展》一书，2000 年湖南教育出版社出版。邓日、赵尚志、黄月初 执笔）

高考与语文教学

去年"三南"高考语文试卷是实行高中毕业会考后的高考试卷，与全国其他省、市、自治区所使用的不同。

这套试卷的特点是：1. 注重双基、突出能力，基础知识覆盖面大，而这些基础题的设计又主要是从考查语文能力方面着眼的。2. 紧扣大纲，取材课外，课外取材占了93.3％，比例之高是历届高考语文试卷所无法比拟的。而试题的答案又都能在课内找到。这就是所谓"试题在课外，答案在课内"。3. 标准化程度高。第一卷50分机评题都是标准化题目，第二卷人评题，除作文外，其他各题也是标准化试题。与历届相比，其标准化程度是最高的。4. 作文题体现了对学生语文能力的全面综合考查。

这套试卷，考生考得怎样？从"三南"30万考生中，随机抽样6996份试卷，进行统计分析的结果是：平均分为88.38，难度为0.59，标准差为16.90。

根据考生答题情况和语文教学现状，对今后的中学语文教学有下列几点建议。

一、要抓"纲"务"本"，注重基础知识的掌握，培养学生语文的实际运用能力

因为语文教材是学生学习语文的工具，教材中提供的各种语言现象，我们不仅应该知道，而且还要会运用这些现象来解决课外所遇到的语言问题。语音，小学生就学了拼音方案，一直学到高中，可是试卷第一小题要求考生找汉字声母相同的一组，照说是很容易的事，却只有0.29的通过率，因为"三南"考生方言重，相当多的考生普通话说得不好，拼音读不准。考生在中学学了语法，第八小题要求考生从四个选项中找出没有病句的一句，照说也是容易的事，

可是通过率只有 0.28。这说明大部分考生的语文实际运用能力还比较差。有些语文教师看到语文试卷中直接出自课本的内容很少，就想舍"纲"抓眼，舍"本"求末。其实，中学语文课本是由专家们精心选出来的文章，这些文章为学生学习语文知识、提高语文能力提供了典型的例子，具有很强的代表性，所以，以"大纲"为指导，认认真真学好课文是非常重要的，问题是要能够学会举一反三，具有知识的迁移能力。

二、要注重文道统一

以去年的作文题为例，去年那道看图作文题，既考了考生的语文水平，又是对考生思想品德的一次检验。不少考生能联系实际，抨击社会上"不孝之子"，揭露人与人之间赤裸裸的金钱关系；能从韩信的"一饭千金"，谈到每个"喝黄河水"长大的人都应回报伟大的祖国——母亲。但是也有个别考生认为母亲关心儿子是自然天理，儿子给母亲吃鱼头是理所当然；甚至把谈"回报"写成了谈"回扣"，其观点是"任何交易没有回扣都将以失败告终"。由此可见，加强对学生的思想教育，切实地把思想教育渗透到教学之中，不断提高学生的思想认识水平，无论今天，明天，都将是一个重要任务。

三、要进一步加强现代语文阅读能力的培养

现代语文阅读这道大题考生得分通过率为 0.54，比全卷考生得分通过率 0.59 要低，这说明考生现代文阅读能力仍然较弱。语文教师普遍感到现代文范围较广，难得教。其实，现代文阅读能力并不复杂，关键是对字、词、句子和文章的理解和分析。例如去年"三南"试卷第 33 小题，考的是对"方法"一词含义的理解。这个词放在不同的句子中含义也就不同，从上下文分析，"方法"这个词在这里是指书写时的笔法运用。可是对这种语言现象大多数考生都不会从上下文的关系中去分析，把错误选项当做正确选项，得分通过率仅为 0.23。又如第 29 小题，这道题要求学生阅读《水乡行》这首诗后，把从诗中抽出的句子填入原诗中相应的地方，回答这种题不可忽视三个要素：①明显的已知条件；②暗含的已知条件；③要求

作答的未知成分。暗含条件和未知成分都可以从试题中找到。《水乡行》的行迹由远至近，走近村庄的时候，看到的是"渔网挂满树"，房屋被遮住了，所以要"走近才见几户人家住"，再去找人，才见"渔家门前锁一副"。"一把橹"和"一把好橹"应放在什么地方好呢？很显然"一把好橹"是赞扬解缆送客的儿童的，无疑是放在"儿童解缆送客"后面最好，这样分析、推理就很容易找到正确的答案。可是这道题也有44%的考生答错了。这说明平日对他们在这方面的训练是很不够的。现代文阅读教学应加强学生独自阅读分析能力，让他们有意识地观察各种语言现象，挖掘语言的深层含义，从而有效地提高阅读能力。

四、要在作文教学中加强对学生思维和语言能力的培养

从考试的结果可看出，一些考生的作文水平不高，高水平的作文凤毛麟角，主要有两个问题，一是一些考生拿到试题后，不能很快地把握题目的要求，根据这些要求，很快地从自己的生活经验和知识中提炼相应的内容，形成表达中心，展开成思路。具体表现在一些考生作文偏离题意，条理不够清楚，不善于组织材料，不能深层次地阐述观点。存在这种现象，关键是思维能力差。二是一些考生作文语言不够通顺，病句较多，即使有的考生作文内容好，也因为不能根据内容和表现方法的特点，熟练地进行表述，考分也不高，这是语言问题。因此，只有我们在作文教学中针对学生的实际，加强思维和语言的训练，才能使学生的作文水平得到提高。

（载《招生通讯》第159期）

如何提高复习效率

复习的任务可以概括为四句话：强化记忆，使知识牢固化；查漏补缺，使知识完整化；融会贯通，使知识系统化；综合运用，使知识转化为能力。要提高复习效率，应从以下三方面入手：

第一，要制订切实可行的保证重点的计划。所谓重点，一是自己学习中的弱科，学科中知识、能力上的薄弱环节；二是知识体系中的重点，如普遍的原理、公式和定理、实验结论、词汇与规则、历史顺序与历史事件的原因、文章体裁、理论与事实等。复习时一定要集中时间、集中精力攻重点。

第二，必须认真听复习课。老师上复习课一般都能提纲挈领，注意教材的重点、大纲的考试要点、学生的难点和忽视点。因此不能漏掉老师在课堂上提到的任何问题。

第三，按复习的中心问题，抓好"看"、"理"、"练"、"熟"四个环节。

看，就是认真地去看书，看笔记，看作业和试卷等。看的主要目的是抓一个"懂"字，也就是着重于理解。看书前，可以采用尝试回忆的方法，自己考自己，想一想，再看一看，把思考和阅读结合起来。

"理"，就是整理，把学过的知识整理一番，使之形成一个系统。如语文课，把每课中学到的零散的语文知识，按照字、词、句子、篇章、语法、修辞、阅读知识、写作知识、文学常识等类别分门别类地整理，理出一个系统来。整理知识的过程，既是复习课本的过程，又是把学过的知识条理化、系统化的过程。

"练"，就是做练习。通过做各种练习题，既要检查自己学习的效果，又要掌握自己尚未掌握的知识。通过实践，将知识转化为能力。做练习，不要不顾自己的实际，想什么就做什么，而要有目的地练习，重点突出。

"熟"，就是要熟悉、记得。凡是关键性的内容，都要通过练习牢牢记下来，前人总结出来的基本题型，一定要熟悉、理解、掌握，以便举一反三。

（载《湖南广播电视报》1992 年 4 月 28 日第 679 期）

做师德高尚的教师

古人云："师者，人之模范也。"教师这个职业对人们的品行风范要求最为严格，因为教师的工作对象是活生生的人。"无德无以为师。"师德修养不高，不仅给学生的身心健康带来负面影响，制约着学生的全面发展，而且使学生从心理上疏远老师，他们的说教也会在学生心目中"贬值"，因此教师必须有高尚的师德。正如李岚清同志说的："高尚的师德就是一本好的教科书，就是一股强大的精神力量，对青少年潜移默化的教育往往是巨大的、深远的、甚至是终生的。"那么，一个教师怎样做才称得上有高尚的师德呢？根据我40年从教经验，认为有下面几点：

正己。"正人先正己"，正己是师德的基础。因为教师在学生的心目中，就是真、善、美的代表，教师的言行举止、品格性情，往往成为他们效法的榜样，所以，教师应严于律己。要求学生做到的，教师首先要做到。要求学生在升国旗、唱国歌时要肃立，你教师就不能随意讲话、走动。要求学生注重仪表、礼貌待人，你教师就不能衣冠不整、口吐脏话。要求学生按时上课，你教师迟到了，那是绝对不行的。要求学生按时完成作业，你教师备课不认真，学生就不会听你的。要求学生诚实，你教师就不能撒谎。教师己不正就不能正人，也就不可能有教师的垂范。这就要求教师加强自身的道德修养，完善自身的人格，力求自己的言论、情感、行为举止都符合道德规范。正己，还表现在有错必纠上。经常可看到，一个教师在课堂上接受学生的批评，及时纠正一个错别字或一个拼音符号，学生都会啧啧称赞。纠正一个错误的处理，公开作出诚恳的自我批评，被批评者都十分感动；从严检查自己，学生会肃然起敬，佩服老师坦率的行动。这说明教师敢于在学生面前公开承认并认真改正自己的过失的正己行为，不仅不会降低教师的威信，反而会更好地树立

教师的威信，反而会更好地树立教师的形象。

敬业。高度的敬业精神是师德必备的根本。所谓高度的敬业精神就是从热爱教育事业、热爱学生这种强烈的情感出发，对事业忘我地全身心地投入。教师的责任十分重大，人类的重大创造莫大于创造一代新人。教师正是创造一代新人的"灵魂工程师"。许多作家、科学家、企业家、劳动模范的成长过程，都融入了教师的心血。只有教师热爱自己的职业，才能一心一意，不怕麻烦，不怕困难，想方设法地把工作做好，才能在平凡的工作中为培养下一代尽心尽力，做出贡献。在教师队伍中，许多名师良师之所以在培养学生中做出了卓越成绩，虽然有不同的教艺和育人风格，但有一点是共同的，就是他们都具有崇高的敬业精神，把从事教育事业当成自己生活的第一需要，把育人当成自己人生的最大快乐。深受人民爱戴的教育家徐特立18岁从教，献身教育，献身革命，他以自己切身的体验谈到："教书是一种很愉快的事业，你越教就越爱自己的事业，当你看到你教出的学生一批批地走向生活，为社会做出贡献时，你会多么高兴啊！"老一辈教育家吴玉章说过："人生在世，事业为重。一息尚存，绝不松动。"这应成为我们教师的座右铭。

爱生。教师爱学生，这是师德的核心所在。师爱不是溺爱、偏爱，投其所好的爱，而是从祖国人民的根本利益出发，造就一代社会主义新人的爱，它体现的是党和人民对下一代的关怀。所以这种爱是比母爱更高、比友爱更广、更具有时代意义的爱。

师爱主要表现在：一是对所教的全体学生，不管是男生还是女生，不管是长得好看的还是长得不好看的，不管是好学生还是后进生，都要一视同仁地爱，都要把他们看成是祖国的希望和未来。对好学生能以更高的目标激励他们，对后进生能给以厚爱，"一分严格之水，加上九分感情之蜜"。一是要从多方面关心学生，不只是学习上，而是要关心学生的德、智、体等几方面全面发展。只有这样，才能培养出我们所需要的社会主义事业的建设者和接班人。此外，要十分重视保护学生的自尊心、尊重学生的人格、重视激发学生的进取心。师爱还表现在毫无保留地贡献自己的全部精力、才能和知识，并把对学生的爱和合理的严格要求结合起来。

教师对学生的爱既是一种重要的教育手段，又是一种巨大的教育力量。爱能点燃学生心中的火炬，爱能激发学生向上的热情，爱是打开学生心扉的金钥匙，爱是鼓起学生智力、情感、个性顺利发展的风帆。爱还有助于学生学习积极性的调动。一般来说，教师的爱能吸引学生喜欢他的课，听从他指导，思考他的话，模仿他的做人。师爱更有助于学生良好社会感情的形成。学生可能把对教师的爱迁移到自己对老师、对同学，以至上升到对集体、对祖国的爱上去。

由此可见，一个好的教师必须有爱心，爱学生是教师的天职。正因为有了教师无私的爱，才铸就了教师在人们心目中的崇高形象。假如一个教师讨厌学生，对学生讽刺、挖苦、训斥，甚至谩骂、变相体罚，那他不但教育不好学生，而且还有损于教师的形象。让我们牢记教育家陶行知先生的格言"爱满天下"吧。

当然，要做一个师德高尚的教师，还要有不计得失的奉献精神，刻苦钻研的探索精神，勇于开拓、自强不息的奋斗精神，等等。

（载林崇德主编的《师德通览》一书，2000 年山东教育出版社出版）

中学语文教育实验与研究

中学语文分科教学六年的实验报告

从 1980 年秋起，我担负了我校首届整体教育实验班的语文教改实验任务，从初一到高三，整整六个年头。语文教改实验分两科进行：一是阅读课，二是作文课。语文基础知识放在阅读课内，集中时间教学。按照"分科独进，各成体系，相互照应，注重自学，提高能力，发展智力"的原则改革教材教法。分科教学实验的总目的是探索提高语文教学效率的途径和规律，克服语文教学中少慢差费的现象，比较全面迅速地提高学生听说读写能力，以适应社会主义现代化对人才培养的要求。分科教学着重探索的任务简列如下：

1. 阅读课，探索该如何培养和发展学生的自能阅读能力。在这一课题下面具体摸索阅读能力的构成、阅读能力的训练项目和程序，提高阅读能力的方法和途径。

2. 作文课，探索该如何培养和发展学生自能作文的能力。在这一课题下面具体摸索写作能力的构成、写作能力的训练项目和程序，提高写作能力的方法和途径。

3. 探索语文基础知识教学的内容和有效方法。

贯穿在上述任务中的是探索掌握知识和培养能力、发展智力的关系问题。

一、阅读课的实验

（一）改革教材

阅读课的主要任务是培养和发展学生自能阅读能力，当然，也要兼顾听、说、写能力的培养。学生阅读能力大致包括认读能力；

理解、概括、分析能力；对各种文体的文章进行朗读、默读、背诵的能力；精读、泛读的能力；以及在规定的时间内，迅速地掌握文章脉络和要点的能力；鉴别和欣赏能力；能借助工具书阅读浅易文言文的能力。

培养和发展学生自能阅读能力的关键，是要编一套具有科学化的阅读教材。实现阅读教材的科学化，一要目的明确，二要内容和分量适当，三要有明确的系统性和阶段性。依照这些标准，吸取了全国统编教材和60年文学、汉语分科教材编选的优点，根据培养学生阅读能力的规律，以能力为顺序，以知识为基础，以训练为中心，编选了阅读教材。具体措施是：

第一，适当扩大阅读量。

在初中阶段，我采用了全国统编和另外三所实验学校编的四种教材，重新组编课文。初中一至五学期每期选编教材45篇至50篇，第六学期25篇，一至四学期每期选读诗词30首至35首。初中三年共选教材265篇，选诗词150首，选警句、谚语、歇后语200条。高中阶段，以全国统编教材为主，一至二年级每学期编35~38篇课文，三年共选课文210篇。

第二，注意教材的阶段性和系统性。

分文体按单元组织教材，初中各年级各有侧重。初一以阅读记叙文为主，着重解决阅读一般文章的基本能力。初二，阅读各种常用文体，着重培养理解和分析文章的能力。初三继续培养理解能力，并在这个基础上培养学生欣赏文艺作品的能力。高中阶段以文学史体系编排大单元，除统编高中1~6册课文外，重点补充反映社会生活、城乡改革和科普等方面的作品。在具体安排上，又根据各年级的训练重点，拟定了训练项目、单元内容与要求，力求兼顾听说能力的培养。每册都安排了听说训练的单元，如说的训练，初一以朗读、复述、讲故事为主；初二以概述、说明为主；初三以论辩为主；高一以演讲为主；高二以专题报告为主。

第三，注重阅读指导和训练。

一是阅读指导，重在培养自学能力。包括指导阅读的方法，训练阅读的能力，掌握阅读的技能。如圈点勾画、查阅字词典、分段概括、朗读默读、提要摘要、评点评析、精读泛读、读书笔记等项目，都分别在各册内安排单元训练。学生掌握了阅读方法，就能举一反三，加快阅读速度，提高自学能力。

二是安排了培养阅读记叙、说明、议论能力的单元。这些单元，尽可能与写作教材配合。以初二第二学期说明文单元为例，阅读教材共选编了18篇说明文，并结合课文讲了三章知识。写作教材则对应地学习了如何写说明文的知识，并配以写说明文的单项练习和综合练习。这样以读促写，以写促读，就把学习写作知识、借鉴范文和写作练习结合起来了。

三是每册都安排了培养阅读文言文能力的单元。初中三年共编文言文85篇，采取集中安排或与白话文穿插结合进行的方法。后者有利于对文体的理解，前者便于结合文言语法知识，归类比较，掌握文言虚词、实词、句法特点，以提高阅读浅易文言文的能力。高中采取集中安排的方法，一共70课，并系统编排常见的古汉语知识。文言文在语言文字上有一定的难度，增加文言文，对扩大学生的知识面，提高认读、理解能力和运用祖国语言文字的能力都有好处。

四是从初中第三册起，每册都安排了培养阅读欣赏文学作品能力的单元。这一单元包括诗歌、散文、小说。目的在于传授一点文学知识，扩大视野，陶冶性情，给学生以美的教育，以提高鉴赏能力。

此外，重点单元都有知识短文，教材分精读课文、略读课文、独立阅读课文。每篇课文按预习题、正文、注释、思考练习这个体例编写，以便自学。

第四，系统讲授一点语文基础知识。

初一文字、词汇；初二语法；初三逻辑；高一文言知识；高二文学知识。力求做到"精要、好懂、有用"，每期集中一段时间讲授。

（二）改革教法

教材改革了，教学方法也必须相应地改革。我经常采用的有以下几种方法：

第一，单元教学法。

传统的语文教学是一篇一篇地教，这种方法已不能适应改革后的分量较大的教材。同时，教材设计是以一个个单元为教学单位的。

因此，语文改革实验的教学必须采用单元教学。单元教学是根据阅读教学的某项具体任务，组织题材相近或体裁相同的若干篇课文，分精讲、略讲、阅读三种类型，有计划、有重点地进行讲读和基本功训练。这样的单元教学目的鲜明，要求具体。譬如讲以写景为主的游记时，围绕"泰山"这一题材选编四篇文章为一单元。其中精讲课文是姚鼐的《登泰山记》，略讲课文是杨朔的《泰山极顶》，独立阅读课文是李健吾的《雨中登泰山》。我在阅读指导时设计了一些思考题，运用比较法，只用了三课时，学生就在比较中弄清了每篇课文的个性特点，教学效果比较显著。

第二，自学辅导法。

自学辅导法的着眼点在于培养学生的自学能力，即检索能力（包括使用工具书和搜集参考资料），阅读时圈点批注能力，摘录能力，理解分析能力，语感和联想、想象能力，快速阅读能力，捕捉重点的能力，发现问题的能力，鉴赏评价能力等；培养学生良好的阅读习惯，如默读的习惯，勤查字典的习惯，读报的习惯，不动笔墨不读书的习惯，发言议论、思考问题、背诵摘录等习惯；指导学生自学的方法，比如，如何辨析词义，如何划分段落层次，如何归纳中心思想，如何提炼素材，如何从不同角度发现问题、提出问题，等等。

"自学辅导法"的教学过程，一般可分为预习、质疑、讨论、评价、练习。这里着重谈谈预习和评价两个环节。

预习。这是自学辅导法最基础的一环。预习的质量决定整个教学过程的质量。因此，六年来，我始终抓了预习这一环节，每人都有预习本，并建立了预习常规。我首先是激发学生预习的积极性，使学生保持强烈的好奇心和旺盛的求知欲，从而自觉地、主动地去探求新知。其次是根据教材的特点和学生的实际，提出预习的任务，明确预习的要求。再次是交给学生预习的方法：初读课文，结合看注释标记生字新词，然后查字典，注音解释，搞清字、词、句；再读课文，给课文分段，找出课文的重点段落和全文的中心句子，给课文的佳句、关键词加圈加点；细读课文，认真考虑教师在预习前布置的思考题，提出疑难问题。

评价。主要是老师总结归纳，点化提高。点化提高就是要使学生在现有水平上提高一步，这是学生自学能力提高的关键。我认为，如若每一课提高一步，通过一课一课的教学，学生的自学能力也就会随之一步一步提高。

此外，我在教学中还广泛运用了比较教学法。经常运用的有综合比较和单项比较两种。所谓综合比较，就是把几篇文章放在一起进行全面的比较，找出相同点或不同点。如论六国灭亡原因不同作者作品比较，写白杨不同文体的作品比较等。所谓单项比较，是指在不同的文章之间或同一篇文章，就某一个共同的方面进行比较。如比较字的形、音、义，比较词的不同色彩，比较句子的不同表达方式，比较文章的结构、写法、风格等。通过比较，发现差异，从而掌握规律性的知识，掌握学习方法。

二、作文课的实验

改革作文教学，摸索中学作文教学的规律，提高学生作文水平，是语文教改实验的任务之一。在作文教学改革实验中，我采取了自能作文分项训练法。

所谓自能作文分项训练法，是按照学生的心理特点和认识能力的发展规律，对学生进行思想语言文字的系统训练，引导学生从积累生活素材入手，经过加工、表达、修改等方面分项目循序渐进的写作练习，从而初步达到以"自能作文"为目标的一种作文教学方法。

具体做法是：

第一，建立教材体系。

作文教材分项训练的程序，分为两条线：一条线，以学生作文全过程所需要的一般能力训练为线索。这一条线索包括三个阶段（准备材料阶段、加工阶段、表达阶段）和11种能力（观察、积累、联想、想象、分析、综合、立意、选材、布局谋篇、语言运用、修改等）。

另一条线，以文体训练为主，基本上按培养记叙、说明、议论能力的内容（物、景、事、人、情、理，解决"写什么"的问题）和技能（驾驭各种文体的基本能力，解决"怎样写"的问题）要求，由易到难地分成一个个训练项目。而每个训练项目是根据各类文体的特点和社会主义建设的需要，以及在训练过程中可能遇到的问题而确定的。如说明文，其训练项目和序列如次：说明事物的外观、说明事物的结构和用途、综合说明一个实物、综合说明一类实物（以上为实物说明）；使用方法的说明、制作方法的说明（以上为程序说明）；说明事物的一个或几个道理，说明一类事物的一个或几个道理（以上为事理说明）。

以上两条线，第一条线，能力训练贯穿于写作训练的全过程；第二条线显示了各类文体训练的步骤。为了加强作文能力的培养，除把第一条线的每一种能力作为一个训练项目安排外，还在第二条线的每个项目的训练中，突出第一条线的某一种能力的训练。

基于上述认识，遵循中学生作文能力形成的一般规律，按照先易后难、螺旋反复的原则，确定了初高中各年级的训练重点和训练序列，初中阶段安排了以文体基本能力、思维基本能力、表达能力交叉进行的训练序列；高中阶段在初中作文的基础上、着重议论能力的培养，一年级以思维基本能力和通讯报道的训练为主，二年级和三年级上学期选用若干实用文体为训练点，以培养写作全过程的各种能力，三年级下学期培养综合运用记叙、说明、议论的能力。列表如下：

初中训练的重点

内容 年级	文体训练	思维基本 能力训练	表达基本 能力训练	对作文内容与 表达的要求
初一	记叙描写	观察想象	立意选材	言之有物 通顺清楚
初二	记叙说明	观察 分析综合	布局谋篇	言之有序 结构完整
初三	记叙议论	分析综合 联想	语言修改	言之有理 内容充实

高中阶段的训练重点

学期 年级	上期	下期
高一	观察想象	分析综合新闻报道
高二	科学论文讲演稿	思想评论、调查报告
高三	文艺评论经验总结	综合训练

作文教学以训练项目为单元，一个单元教学，初中一般是一次或两次作文，高中一般有好几次。如高一年级，观察能力训练有景物特征的观察、环境概貌的观察、事物差异的观察、人物表里的观察。想象能力训练有根据文字材料进行扩展的想象、由此及彼的想象、由抽象化为具体形象的想象、从具体到抽象的想象、合成想象。每个训练项目的编写，由训练要求、写作指导、示例评点、练习设计、习作讲评等五部分组成。每个训练项目具体地提出了训练点，通俗明了地介绍有关指导学生写作的知识。每个训练项目根据训练点和介绍的知识，力求精选新颖典型的例文，给予恰当的评点。而设计的练习题，注重形式多样，使学生练有兴趣，学有所得。习作讲评突出重点，富有启发性，给学生作文时以启迪。

第二，改革教法体系。

为了培养学生自能作文的能力，在教学方法上，采取了如下措施。

一是结合范例传授知识。教作文，要在不同的文章写作中找出大体一样的规律性的东西，同时依靠传授这些东西，使学生写出不同的东西来。语文教师要善于在纷繁复杂的写作现象中找出规律性的东西，并把这些规律性的东西科学地传授给学生，真正达到提高他们作文水平的目的。这些规律性的东西，最好是从学生学过的课文、例文中抽出来，从学生作文的实践中归纳出来。我向学生讲授的知识，有的是现成的，有的是自己探索的。

二是注重练习多样化。练习是实践"知识"、借鉴范例的重要手段，是培养作文能力的重要方法。练习实验的种类，分单项和综合、思维与语言、模仿与创作三大类。如议论文的单项练习便有一事一议、一画一议、一言一议、一文一议、一戏（或电影）一议、一物或一景一议等。练习的次数适度，不能不加控制。重点练习项目，往往一项多练或一题多做。

三是研究学生作文心理，讲求实效。文艺创作有创作心理，学生作文自然也有种种心理活动，要根据学生在作文过程中各阶段的心理活动规律采取有效措施。

根据学生乐于写自己熟悉而又感兴趣的心理特征，激发他们作文的主动性和自觉性。作文是以学生为主体的一项艰苦劳动，它要求学生进行独立的创造性活动。鉴于中学生的知识水平和心理活动，他们一般不会产生创作冲动，往往需要外界的影响。如教师的启发诱导或用布置任务的方式，才去作文。在作文前，他们一定要考虑"写什么"，如果写的是他们熟悉的事，就能引起作文的兴趣，调动起积极性，使其充分利用头脑中原有的知识作文。如果他们感到无话可说，无从着手，就会感到厌烦，增加心理压力，挫伤作文的积极性。因此、在教学时要因势利导，创造条件，让学生有话可说。我的办法是多写生活速记。引导学生热爱生活、观察生活、捕捉"生活的浪花"，随时把生活中看到的、听到的、想到的记下来。一个学期，有的学生能自觉地写上四五十篇。我要求学生积累书面资料，主要采取下面几种方法：①抄剪法：每个学生备有"摘抄笔记"本和"报刊剪贴"本。一般抄书中精彩的描写、动人的抒情、精辟的议论及好的成语、警句、典故等。剪贴以报刊上的大段或整篇文章为主，如"杂论随笔"、"述评"、"通讯"等。时间越长，积累越多，据统计，初中三年，全班每人摘抄十多万字。②索引法：把书刊报纸中的项目或内容抄下，是书上的，每条下注明书名、页码，是报纸上的可写"载于某年月日某报某版"，像古今中外名人传记、要闻轶事、考据资料等等，都可作写作的材料，都可写进索引，用时便于查阅。③材料交流法：要求学生围绕一次作文命题，搜集材料，然后采用集体讨论，人人提供材料或把搜集的材料张贴在墙上的办法。

要在培养学生观察能力时，充分发展有意注意。有意注意是有预定目的、自觉的、需要人们做出努力的心理活动。中学生，特别是初中学生以无意注意为主，注意力容易分散，而观察是具有选择性的活动。如果学生观察目的不明确，或者他本人对此观察不感兴趣，他就不会集中注意去观察，也就谈不上留下深刻印象。所以，注意是观察的首要因素，有意注意才能仔细观察，才能仔细分析观察的事物，从而把感性的东西上升到理论的高度，储存在记忆中，才能更好地培养学生的观察力。为此，我按照观察力的培养过程，设计多种训练观察方案，如对事物的色彩观察，形态观察，变换距离的观察，定点观察，多角度观察，动态观察，比较观察，结合活动指导学生有目的的观察。如登岳麓山观察红枫，赴岳阳市观察岳阳楼，让学生选择自己最感兴趣的事物进行观察。由于注重发展学生的有意注意，学生对周围事物留心多了，有时看到一些有趣的事物，就不自觉地观察起来。

要注意向学生揭示事物之间的内在关系，启发其思维，促进学生联想力的发展。

为了提高作文教学的实效，还必须注意学生作文过程中的心理差异，加强训练中的个别指导，注意"因人而异"，"因材施教"。

三、实验的效果和体会

第一，调动了学生学习语文的积极性和主动性，培养了学生对语文的爱好和兴趣。

阅读课教材内容的选篇，古今中外都有，体裁多种多样。这样的语文课，学生如同进入一个丰富多彩的知识世界，增长了见识，从而激发了学生学习语文的积极性。作文课，一个项目一个项目的依次训练，使学生对训练进程保持一种新鲜感，激发了学生学习写作的兴趣。

学生对课外的读写活动也很积极。他们积极地开展了订阅报刊和课外读书活动。

第二，学生语文水平提高明显。

初中毕业时，学生已具备一定的自学能力，思维比较活跃敏捷，分析理解文章的能力较强。学生拿到一篇相当于统编初中教材那样深度的文章，借助字典和注解，从字词的解释到段落的划分以及文章中心思想的总结概括，基本上能独立完成。

第三，培养了一些写作苗子。

据不完全统计，占全班2/5的学生先后在北京、上海等省市的省级或全国出版的期刊上发表了43篇习作，有九个学生获得全国或湖南省、长沙市的作文比赛或征文的一等奖、二等奖。

六年来的教改实验，使我更加认识到阅读课和作文课分科教学头绪单一，有利于教材建立严格的科学体系，有利于探索语文教学的规律性和加强知识的系统性。因为分科教学可使教学目的任务明确，教学内容相对集中，它符合语文知识结构的规律，更好地体现了语文学科的特点，有利于教材教学的改革，使听、说、读、写能力，特别是读写能力得到有效的训练。由此可见，分科教学的好处很多，但也不是绝对的，需要处理好语文教学中许多"配合"问题，否则就不能发挥分科的优势。

（载北京《课程 教材 教法》1989 年第 1 期。获湖南中学语文教学法会优秀论文奖，内容编入《中国语文教育史纲》，收入《湖南省特级教师经验选集》和《教育实验与全面发展》一书，该书获国家教委首届教育科学优秀成果二等奖）

语文教学科学化的有效途径
——初中阅读、作文分科教学实验三年的初步体会

为了探索提高语文教学效率的途径和规律，促进语文教学的科学化，我校从 1978 年秋季开始，在初中进行了语文教改实验。第一轮实验采用的是以写为顺序的综合教学，即根据写的顺序，将阅读、写作、语文知识结合在一起进行教学。1980 年秋，从初中一年级选定一个班，在改革数学、外语、体育教学的同时，我们又开始一轮新的实验，采用分科教学，即把语文分成阅读、写作两科。语文知识放在阅读一科内，集中时间教学。按照"分科独进，各成体系，注重自学，提高能力，发展智力"的原则改革教材教法，提高读、写训练的实际效果。经过三年的分科实验，事实已初步证明初中语文分科教学能较快地提高教学质量，是一条改变语文教学少慢差费的路子，是实现语文教学科学化、现代化的有效途径。

一、分科教学，可以根据读、写规律，进行教材改革，有利于实现教材的科学化

提高语文教学质量的关键，是要编选一部具有比较严密的科学体系的语文教材，即是说要实现语文教材科学化。具体来说，它应合符下列三方面的要求：一要目的明确，二要内容适当，三要有明确的系统性和阶段性。用这个标准来衡量，我们的语文教材做得怎样呢？不妨先回顾一下，新中国成立以来的几次编选教材的历史。新中国成立初期，从初中到高中的语文课本，主要是文章选编。这种选编体，与从"五四"时起编的语文课本，甚至与清代的《古文辞类纂》或者更早的《昭明文选》在体例结构上没有什么不同。它都是把称得起范文的文章，编辑在一起，没有明确的规格，存在着

"目的和任务不够明确"、"缺乏系统性和科学性"、"缺乏科学的教学方法"三大缺点。为了克服这个综合教学的毛病，经过两年的酝酿，于 1956 年秋，在全国试行汉语、文学分科教材，这两科教材的目的性、系统性都大大加强了。可是只试行一年，就人为地被夭折了。1963 年又编辑了综合教材。这本教材比新中国成立初期的教材有了改进，增加了一些语文知识短文和练习题。从 1978 年起，在 1963 年语文课本的基础上，选辑了目前我们使用的统编（人民教育出版社中学语文编辑室编，人民教育出版社出版）综合教材。这套语文课本优点很多，力图突现出学科特点，但也有明显的不足之处，主要是体系散，缺乏鲜明的阶段性和系统性，而且也忽视听、说能力的培养。为了改变这种状况，我们吸取以前教材编选的优点，借鉴了国外一些分科教学的经验，按照阅读和写作的各自体系，根据培养学生阅读能力和写作能力的规律，以能力为顺序，以知识为基础，以训练为中心，由易到难，循序渐进地安排序列，编选了阅读教材和写作教材。

1. 阅读教材。

为了加强阅读训练，突出阅读能力的培养，并兼顾听、说、写的全面训练，我们采取了五项具体措施：

第一，适当扩大阅读量。根据上述教材编写原则，我们采用了部编和另外三所实验学校编的四种教材，重新组选课文。实验课本一至五期每期选编教材 45 篇至 50 篇，第六期 25 篇。一至四期每期选读诗词 30 首至 35 首。3 年共选教材 265 篇，选诗词 150 首。二年级至三年一期，每期还增选警句、谚语、歇后语 100 条。

第二，突现教材的阶段性和系统性。分文体按单元组织教材，初中各年级各有侧重。初中一年级以阅读记叙文为主，着重解决阅读一般文章的基本能力。初中二年级阅读各种常用文体，着重培养根据文章的特点理解和分析文章的能力。初中三年级继续培养理解能力，并在这个基础上培养欣赏文艺作品的能力。在具体安排上，又根据各年级的训练重点，拟定了训练项目。单元内容与要求力求兼顾听说能力的培养。每册都安排了听说训练的单元，如说的训练，初一以朗读、复述、讲故事为主；初二以概述、说明为主；初三以论辩为主。

第三，注重阅读指导和训练。对培养能力起关键作用的重点项目，各册内都有安排，以利反复进行训练。

一是阅读指导，即培养自学能力的单元。它指导阅读的方法，训练阅读的能力，掌握阅读的技能。如圈点勾画、查阅字词典、分段概括、朗读默读、提要摘要、评点评析、精读泛读、读书笔记等项目，分别在各册内安排单元训练。学生掌握了阅读方法，就能举一反三，加快阅读速度，提高自学能力，达到"教是为了不需要教"的目的。

二是安排了培养阅读记叙、说明、议论能力的单元。这些单元，尽可能与写作教材配合，也可以叫做读写结合单元。我们按照读写训练要求，把这三种体裁分为几个项目。记叙文分为状物、叙事、写人三个项目。说明文分为叙述性说明、介绍性说明、阐明性说明、文艺性说明四个项目。议论文分为立论、驳论、杂感三个项目。下面以初中二年二期说明文这一单元为例，具体讲讲读、写结合的情况。阅读教材围绕培养阅读说明文能力，选编了18篇课文，如《景泰蓝的制作》等，并结合课文讲了三章知识《说明文的特征》、《说明文的结构》和《说明文的方法》。写作教材则对应地学习了如何写说明文的知识，如怎样说明实物、说明程序、说明事理，并配合写说明文的单项练习和综合练习。这样以读促写，以写促读，把学习写作知识、借鉴范文和写作练习结合了起来。

三是每册都安排了培养阅读文言文能力的单元。3年共编文言文85课，采取集中安排与白话文穿插结合进行的方法。后者有利于对文体的理解，前者便于结合文言语法知识，归类比较，掌握文言虚词、实词、句法的特点，以提高阅读浅易文言文的能力。文言文在语言文字上有一定的难度，增加文言文，这对扩大学生的知识面，提高认读、理解能力和运用祖国语言文字的能力都有好处。

四是从第三册起，每册都安排了培养阅读欣赏文学作品能力的单元。这一单元包括诗歌、散文、小说。其目的就是要传授一点文学知识，扩大视野，陶冶性情，给学生以美的教育，以提高鉴赏能力。

此外，重点单元都有知识短文，教材分精读课文、略读课文、独立阅读课文。每篇教材按预习题、正文、注释、思考练习这个体例编写，以便自学。

第四，系统讲授一点语文基础知识。初一文字、词汇，初二语法，初三逻辑，力求做到"精要、好懂、有用"，每期集中一段时间讲授。这样，学生有了一定的语文知识的素养，便能增强阅读与写作的学习和训练的自觉性。

2. 写作教材。

写作课以观察、分析、表达为内容，以培养学生的自能作文为目的，以训练项目为单元，安排作文教材。我们在编写教材时，着重做了下面几项工作。

首先，根据培养学生写作能力的规律，遵循由浅入深、螺旋式反复的原则，采取文体训练、思维基本能力训练和写作基本能力训练交叉进行编排的方法，确定了三个学年的重点。如图示：

内容 年级	文体训练	思维基本能力训练	表达基本能力训练	对作文内容与表达的要求
初一	记叙描写	观察想象	立意选材	言之有物 通顺清楚
初二	记叙说明	观察 分析综合	布局谋篇	言之有序 结构完整
初三	记叙议论	分析综合 联想	语言修改	言之有理 内容充实

其次，根据每学年的训练重点，以训练项目为单元组织教学。如初一安排了 7 个教学单元：观察（写"生活速记"）与积累（摘抄、剪贴报刊）；状物（一个画面、小工艺品、动植物、小建筑物和处所）；联想和想象；叙事(1)（叙事片断、写自己经历的一件事）；立意和选材；叙事(2)（写自己见到的一件事、叙几件事）；记人(1)（具体描写人：肖像、动作、对话、心理描写）；记人(2)（自我介绍、一人一事）等。

再次，每个单元有三项内容：写作知识、示例、练习。用写作知识指导学生观察生活、认识生活、反映生活，注重实际性、针对性。示例注重从学生实际出发，能激起学生的写作兴趣，有借鉴作用。练习力求重点明确，讲究实效。

我们的分科实验教材，虽然还不完善，但是它改变了长期以来语文课只是文选讲读的单一结构，加强了教学的目的性和计划性。我们相信，只要坚持长期实践，努力探索语文教学的规律，充分利用分科教学的优势，科学化的语文教材是一定能逐步实现的。

二、分科教学，课堂教学的目的任务明确，内容相对集中，有利于教师改进教学方法

传统的语文教学是一篇一篇地教，每教一篇的目的任务是什么呢？教材本身没有明确规定，教学的随意性大。分科教材是以单元为教学单位的，所以必须采取单元教学法。它根据阅读教学的某项具体任务，组织若干篇有关文章，分精读、略读、练习三种类型，并且配有指导阅读的语文知识短文，组成教学单元。因之，使教师树立了教学的整体观念，教学目的更加明确。一个单元就是一个教学整体，要在一个阶段完成一个任务，教师对教学问题的考虑，摆脱了单篇文章的限制，胸怀一个学期，立足各个单元，着眼一个重点，做到有计划有步骤地完成学期和学年的教学任务。这样，课堂教学的目的任务明确，内容集中，重点突出，课堂教学的内容、形式、方法也就起了变化。

课堂教学形式，主要有五种类型。一是知识课。阅读课的重点单元，都结合训练项目开了知识课，编写了知识短文，把分散在各课中的零星知识系统化，把感性知识理性化。在一二年级，围绕记叙文的阅读，我们讲了：《怎样阅读以状物为主的记叙文》、《怎样阅读以记事为主的记叙文》、《怎样阅读以写人为主的记叙文》、《记叙的中心》、《记叙的顺序》、《记叙的线索》、《怎样分段和概括段意》、《怎样阅读游记》等项。二是精讲课。每个单元都有精讲文章，作为单元文章的典范，是单元的教学重点。教师的精讲作为指导学生阅读的示范。精讲，是着重讲文章中的精华和规律性的东西，而又往往不易为学生所理解的。所谓精华，从内容上说，是文章中主要的东西，从写作上看，是牵一发而动全身的地方。讲规律性的东西，就是结合课文讲一些读写中带有普遍意义的、对学生来说又是迫切需要的东西。让学生深入理解文章的内容，把握作者思路，从而提高学生认识能力和思想水平。三是练习课。练习课的目的是让学生

把所学过的知识经过训练转化为能力。由于练习的内容不同，练的形式也有多种。如篇章练习，每个单元都有独立阅读的文章。这些文章与精讲的文章大都有相似之处。或是体裁相同，或是题材相似，或是写作特点相近。篇章练习，就是要学生运用所学的语文知识，借鉴精讲课中的阅读方法去理解分析。当然，要调动学生的积极性，还须对独立阅读课提出明确具体的要求，并设计一些带有思考性和启发性的练习题。又如单元练习，根据单元教学，编一些单项或综合性的练习等。四是文学作品欣赏课。就是从欣赏的角度去指导学生体会作品的"文气"，理清作品的"文思"，领略作品的"文采"，从中受到美的熏陶，得到提高。五是阅读指导课（即教会学生学习的方法），听、说训练课（虽在读、写教学中也有听、说训练，但专开听、说训练课，能使学生受到听和说的比较系统而严格的训练）。这两种课的内容，前已谈及，不赘述。

在作文教学方面，由于教学目的任务明确具体，从而也促使了作文教学方法的改革。过去学生作文，没有具体要求，学生写了，教师改了，讲评了，即使全班没有几篇好习作，多数人写得不太好，也算一篇作文，接着又写另一篇作文了。有一些学生，从初一到高中毕业，写了几十篇作文，可是拿不出一篇好的来。现在，分科教学的作文突出写作能力的培养，以训练项目为单元组织教学。每个项目的训练都有具体要求，都有明确的任务。如果一次作文多数学生达不到要求，我们便采取教师加强讲评和个别指导的办法叫学生反复修改自己的习作，直到多数人合格为止。这种办法叫"一文多改"。它的好处是不仅培养了学生学习的意志，提高了写作能力，而且使不少学生从中懂得了作文的艰辛，尝到了作文的甜头，增强写好作文的信心。

三、分科教学，改革教材教法，有利于培养学生学习语文的兴趣，全面提高语文水平

1. 培养了学生对语文的爱好和兴趣。

实验教材内容的选篇，古今中外都有，体裁多种多样，有记叙、说明、议论、童话、寓言、故事、散文、诗歌、小说等训练项目；也有多种类型，如读写训练，听说训练，阅读欣赏，阅读指导，技

能训练。这样的语文课，学生如同进入一个丰富多彩的知识世界，增长了见识，从而激发学生学习语文的积极性。教学方法的改革，学生感到学习语文有收益，也是激发起学习兴趣的原因。

从试验 3 年来看，学生一直积极地按时完成预习、练习任务。课堂学习认真，勇于发表意见，经常出现激烈争论的场面。学生对课外的读、写活动也很积极。首先，他们积极地开展了订阅报刊和课外读书活动。全班学生除按规定向校图书馆直接借阅外，还自己订阅报刊杂志。并备有课外摘少本，平均每人摘抄十多万字。二年级时，全班同学积极参加"全国少年儿童红色读书会"，有 10 个同学被评为长沙市的"少儿读书"积极分子。其次，学生课外爱写，3 年来，平均每人写"生活速记"和"分析笔记"130 篇以上。再次，对班上开展的一些语文课外活动，如古诗词默写比赛，朗诵比赛，讲故事比赛，演讲比赛，作文比赛，学生也都能热情参加。至于班上的语文小组活动，或读书或学点中国文学史，或出优秀作文选刊，或交流语文学习心得等等。

2. 学生语文水平有比较明显的提高。

语文试验教材和教学，重视能力的培养，同时也注意知识的传授。现在学生已具备一定的自学能力，思维比较活跃、敏捷，分析理解文章的能力较强。学生拿到一篇相当于统编初中教材那样深度的文章，借助字典和注解，从字词的解释到段落的划分以及文章中心的总结概括，基本上能独立完成。一篇浅显的文言文能独立阅读翻译，只个别词语尚须教师帮助。写作方面，多数学生所写的文章思路比较开阔，内容具体，语言通顺，层次结构比较清楚。在 45 分钟内，学生能写出 800 字左右的文章，最高的达 1200 多字，最少的不下 600 字。3 年中，班上 1/4 的学生分别在北京、上海、山西、四川、甘肃、湖南的书刊上发表了 18 篇习作。

从学生参加一些语文比赛成绩和考试成绩也可以看到分科实验的成效。在一年二期时，参加长沙市初一语文基础知识竞赛，实验班只教了竞赛规定的 35 篇课文中的 19 篇，其余为学生自学，班平均 88 分，较全年级最好成绩的班高 5.2 分。二年一期开学时，学校叫该班与初三的一个班一同测验当年高考试卷中的一道文言题《子罕献玉》，考试后，两班成绩相比，该班的平均分高 16 分。二年二期，参加长沙市 1982 年普高、中专、职业高中招生的统一考试，成绩略高于长沙市三个重点学校择优录取的初三毕业学生的成绩。1983 年参加长沙市初中升高中统考，该班 44 人参加考试，有 39 人上了 80 分，人平均为 83.6 分。同年 6 月，湖南省教育科学研究所出了一份"中学生读写能力考查试题"（150 分钟），试题分三大块，第一题白话文阅读能力（33 分），第二题文言文阅读能力（17 分）第三题写作能力（50 分）。实验班和我校择优录取的高二的一个班（该班学生为初中阶段第一轮语文试验的参加者）参加了测验，从三项成绩统计表看，初三试验班在读写能力方面达到了高二水平。

在 3 年的分科教学实践中，我们深切地感到，分科教学比综合教学好。过去综合教学，即把阅读、作文、语文知识三项内容混在一起教，没有充分体现语文学科的特点，弄得教学任务模糊，主攻方向不明确，难以组成比较严格的体系，不可能全面培养听、说、读、写能力，也不能使学生接受比较系统的知识和训练。现在实行分科教学，阅读课主要培养学生的阅读能力，写作课主要培养学生的写作能力，又注意二者的有机配合，并且都重视听说能力的培养，这样做，教学的目的任务明确，教学内容相对集中，它符合语文知识结构的规律，更好地体现了语文学科的特点，使听、说、读、写能力，特别是读写能力得到有效训练。以上说明了分科教学是实现语文教学科学化的有效途径。

（载《湖南师院学报》1984 年第 2 期，获 1987 年湖南省中学语文研究会 1985—1987 优秀论文一等奖）

初中语文《阅读》《作文》实验教材目录

《作文》目录

第一册目录

（原载《新中国中学语文教育大典》，2000年语文出版社出版》）

《高中作文（三年级）》实验教材目录

高中写作训练序列：高一上学期是观察、想象；下学期是分析综合、新闻报道。高二上学期是科学论文、讲演稿；下学期是思想评论、调查报告。高三上学期是文艺评论、经验总结；下学期是综合训练。我在分析同学们平时命题作文和材料作文得失的基础上，按议论、记叙、说明、应用四种文体，对命题作文与材料作文进行了设计，编著了《高中作文（三年级）》实验教材，其目的是让同学们学会审题，确定文章的中心，选择能够表达中心的写作方法，从而更好地写好文章。高三实验教材以"自能作文序列丛书"之一，由湖南教育出版社、海南人民出版社联合出版，又先后由湖南教育出版社和海南人民出版社分别多次印刷发行，共计发行三十多万册，其目录如下：

议论文

一 命题作文

以词组、警句、比喻句、句子为题

（一）生命的价值

（二）说"比"

（三）进与退

（四）总把新桃换旧符

（五）点燃起信仰的明灯

（六）自信——成功的第一秘诀

（七）"有钱就有幸福"吗？

二 材料作文

论点的提炼及读后感、思想评论、文艺评论

单项材料的论点提炼

多项材料的论点提炼

（一）读后感

（二）思想评论

（三）文艺评论

记叙文

一 命题作文

记人、叙事、状物

（一）他（或她）在我心里

（二）往事琐记

（三）梅颂

二 材料作文

扩写、缩写、改写

（一）扩写与缩写

（二）改写

说明文

一 命题作文

　　说明事物、程序、事理

（一）手

（二）你会制作"琥珀"吗?

（三）生活中的化学现象

二 材料作文

　　材料的组织及科学小品

（一）材料的组织

（二）科学小品

应用文

一 命题作文

　　讲演、总结、计划、日记

（一）弱者，你的名字不是女人

（二）我在高三这一年的语文学习

（三）个人自学计划

（四）日记一则

二 材料作文

　　书信、整理会议记录、电报稿

（一）书信

（二）整理会议记录，拟电报稿

附：历届高考作文试题一览表

（该书 1986 年由湖南教育出版社和海南出版社出版）

还给学生"三权"

语文教学要实现从应试教育向素质教育的转变，在教学方法上，我认为必须改变旧式教育的三个弊端，把语文学习的"三权"还给学生。

所谓旧式教育的三个弊端：一是讲得太多，二是启发很少，三是"目中无人"。讲得太多，学生没有时间看书，不能按自己的思路思考教材。启发很少，激不起学生的求知欲，青少年活泼的思想便受到窒息。"目中无人"，缺乏教学民主，难以因材施教，学生的个性和特长得不到发展。如此弊端，严重违反了语文教学的规律，压抑了学生学习的积极性和主动性。这是一种极为普遍而不合理的现象。试想，让此种弊端存在怎能较快提高语文素质呢？

所谓还给学生"三权"，是指在语文教学中，要把看书权、思考权、讨论权还给学生。学生是学习的主体，而不是填塞知识的"容器"。学生有了"权"，能好好看书，认真思考问题，积极参加讨论，这就起动了学生的"内驱力"，成了学习的主人，语文教学必然会改变旧式教育的三个弊端，形成生动活泼的局面，又何愁不能提高学生的语文素质呢？

如何落实看书权？一是有时间看书。时间从哪里来？关键在于把好"上课"关，讲少些，讲精些，主要是把重点讲清，观点讲透，疑点讲明。此外大可不必多讲，让学生自个儿去读，尤其是诵读。要将课本中的包括各种内容、体裁、风格的诗文熟读成诵，消化领悟，以便积累典型的规范汉语的语言材料。二是引导学生多看点课外书。"读书破万卷，下笔如有神"，不多读几本书，语文素质怎么提高？但也不能什么书都读啊，这就要引导。要引导学生读点文学名著，如初中生可读《西游记》、《三国演义》、《水浒》，背点唐诗、宋词，无疑，这对加强学生的文学语言修养和文化修养是大有裨益的。

鼓励学生质疑问难。有所疑，然后才有所发现。学生质疑问难这既是他们积极思维的结果，又是他们深入认识的前奏。可以说，学生质疑的过程，是思维的过程，是发挥学习主动性的过程，是深入认识的过程。这就不仅要求学生在预习课文时质疑，把预习中不懂的问题记下来，而且要鼓励学生在教学过程中质疑，还要提倡"三个敢于怀疑"：敢于怀疑教师、敢于怀疑教材、敢于怀疑试卷。这不是标新立异乱怀疑，而是不要被"绝对权威"所框住。学生有权独立思考啊。

积极倡导学生开展讨论。这种教法是与"灌输式"、"填鸭式"教法完全相反的，它有利于学生思维能力的发展和口头表达能力的提高。讨论的内容很多，可以就课文的重点、难点、要点进行消化，质疑问难性的讨论，可以对于课文中精彩的段落进行评议性的讨论，也可以就特定的题目展开专题性讨论。学生通过相互讨论，使不能独立解决的问题，在集体中解决，能解决的问题通过讨论找到便捷的方法，圆满的答案，学生从中体味到了学习的乐趣，增强了内驱力，这种内驱力，把学生带上了走向成功的光明之路。

（原载上海《语文学习》1988 年第 3 期）

论语文教学中开发学生右脑的尝试

国内外心理学家告诉我们，一个人的左右半脑是明显分工的，左半脑是抽象思维中枢，右半脑是形象思维中枢。左半脑思维材料侧重语言、数学、符号、逻辑推理等，右半脑思维材料侧重形象、想象、音乐、绘画、空间位置等。心理学家奥恩斯坦发现，如果对两"半脑"中"未开垦处"给予刺激，激发它积极配合另一"半脑"的作用，结果大脑的总能力和效率会成倍提高。

右脑，人类智慧的宝库。右脑记忆的容量是左脑的 100 万倍。一个人聪明不聪明，才思敏捷不敏捷，关键在于右脑。可是，据有关材料证明，在教学上抽象思维是形象思维的几十倍。当前的语文教学，一般也是热衷于平面教育，其教学过程主要是以语言、逻辑为媒介，而具体形象运用既少又无系统，这就说明，学生在语文教学中，右半脑，或者说形象思维远远没有得到开发。

怎样在语文教学中开发学生的右脑，或者说，发展学生的形象思维呢？我国神经心理学家陈世峻认为：开发右脑，教师是关键。而多年来形成的教育模式，使教师们习惯于言语思维，只有当教师自身的这种思维模式转变为直觉思维时，真正的教育模式的改革才会起步。因此，要引导教师学会尊重直觉和非语言性思维，尽量避免在讲课中完全依赖于"词"和"公式"。事实上，手势、图画、生动的实物，对于学生的非语言方面的联系，是十分有效的。这些话说得十分中肯，对语文教学开发学生右脑是很有启发的。开发右脑，必须利用形象思维，因为右脑是形象思维中枢。下面，简述我们进行的一些尝试。

一、组织学生去认真观察事物的特点、特征后进行想、说、写活动

心理学家通常认为人的大脑有四大功能区：直觉功能区、记忆功能区、判断功能区、想象功能区。人的直觉功能区，主要通过对

直观、感觉和知觉获得的信息，进行思维加工，产生感性认识，这种能力即观察力，是克服学生作文"贫血症"的一味良药，是提高学生写作水平的重要途径之一，也是人们创造思维的基础。而这种直觉功能区是右脑管辖的，所以加强观察力的培养，就能有效地激发学生的直觉思维，开发人的右脑中的直觉功能区，有利于提高学生的写作能力。我们曾经在高中一年级上学期有目的、有计划地组织学生去观察事物的特点、特征，开展想、说、写活动。

1. 人物形象的观察。

人物肖像的观察。开学第一节语文课上提出要求，让每个学生选择一个新同学作为观察对象，要全面观察同学的五官、头发、皮肤、身材、体态、服饰等，但一定要抓住特征，以表现人物的思想性格。一周后在作文课上写 20 分钟，再用 25 分钟由几个同学当众朗读自己的"素描"。朗读时，隐去所写同学的名字，让全班同学先猜是谁，后评议，或边猜边评议。

人物表里的观察。要求每人自己确定一个同学为观察对象，通过对人物外貌、动作、语言的观察，把握住人物的内心世界。作文课时，先让两个学生介绍自己观察的情况，同学评议，再由每个学生作文。

人物群像的观察。要求以"瞧，我们这个班"为题，抓住集体场面观察，每仔细地观察一次集体活动场面后，闭上眼睛，试一试确切地把它想出来。如此反复，直到把班上每个同学的形象都能在脑子里"活"起来为止，再按"有点有面，点面结合，所选的事件要有积极意义、刻画的群像要有个性特点，围绕中心安排材料，有条不紊"的要求作文。

2. 景物特征的观察。

"以校园秋色"为题，要求重点观察校园景物，突出一个"秋"字。抓住景物的特征，如形状、颜色、气味、声音，按景物的类别进行分类观察，如树木、花草、水流、天空、楼阁等，确定观察时所处的方位与角度，掌握观察顺序。当同学按照一定的路线观察一次后，闭上眼睛，回想一路上看到的景物，如果某些景物的特征不很清楚的话，就再观察一次，直到你完全能描述清楚、脑子里浮现一幅美丽的校园秋景为止，再按要求写作文。

3. 事物差异的观察。

如要求学生观察两只鸡,注意观察它们的习性:喜欢吃些什么,喜欢怎样玩;看动作:怎样走、怎样飞、怎样叫等;看情态:高兴时怎样,愤怒时怎样,紧张时怎样等。特别要注意这两只鸡的同中之异,异中之同,敏锐地捕捉有特色的材料。闭上眼睛,两只鸡栩栩如生,它们之间的差别比较明显,直至全部说出为止,再书写出来。

4. 画面寓意的观察。

如给学生提供一幅漫画《今日与明日》,让学生仔细观察 3 分钟,再闭目回想,详细讲述画面上各个细节,并能用一句话概括画面的寓意,然后要求学生写描写文、议论文各一篇。

5. 影视观察。

看"电视"和"电影"。一天后,把给你印象最深的记得最清楚的几个镜头记在周记本上。

二、有系统地安排学生做想象作文

想象不仅让人可以再现感知过的事物,而且能以先前的感知为依据,显现前所未见的新图景。想象,无疑是进行写的重要心理能力。想象是属于右脑管辖的。如果我们对想象力有较深刻的认识,并且通过写作训练有意识地培养,我们就能有效地开发人的右脑中的想象功能区,从而较快地提高学生的写作能力,高中一年级第二学期,我们系统地安排学生做想象作文。

1. 象形想象（从具体到形象）。

作文训练题:①选下列一个词扩展为可感的形象:幸福、痛苦、骄傲、谦虚。②选下列一个成语扩展成生动的画面:风尘仆仆、彬彬有礼、老态龙钟、呆若木鸡。③选下列一句诗扩展成富有诗意的画面:处处闻啼鸟、片片桃花雨后娇、红杏枝头春意闹。

要求正确领会词语或诗句的含义,紧扣词义或诗句含义展开想象,要把内容、情节写得具体、有情感、形象鲜明,适当运用一些修辞手法。

2. 拟人想象（把物或抽象概念拟作人）。

作文训练题二题任选一题:①写一篇科学小品,运用拟人想象,把生物、非生物人格化,化静为动,化虚为实,栩栩如生,引人入胜。②写一篇描写家乡景物的文章,运用拟人想象,根据景物的特征,用适合于人的词语去描写它们。

要求根据事物的特点比拟，写出拟人化了的物的形象，要融入人的情感内容，做到情景交融，可用第一人称，也可用第二人称或第三人称。

3. 预测想象（通过已知的形象预测未来的形象）。

作文训练题，三题任选一题：①我荣获诺贝尔奖金后。②我盼望着那一天。③接待外星人。

要求根据事物的过去、现在预测它的未来，根据熟悉的事物，推测生疏的事物未知的形象，无论是美好的或者奇特的，都应既合理又新颖。

4. 延伸想象（写出原文未写或未曾写尽的内容，又叫续写或续篇）。

作文训练题：《猎户》。这篇课文是访问记，歌颂了打豹英雄董昆，时隔三十多年的今天，董昆该是一个怎样的形象呢？请你展开想象，写一篇《再访董昆》的文章。

要求续写部分要与原文紧密相关，在思想内容上要与原文相符，在形式风格上也应力求与原文保持一致，要吃透原文的中心思想，把握人物的性格特征，了解原文的写作特点，根据原文情节展开合理想象。

5. 音乐想象（欣赏音乐时引起的形象）。

作文训练题：录放阿炳的《二泉映月》独奏曲，连放三遍，要求学生边听边想象，记下自己感受的形象。

要求了解作者的生平、乐曲创作的时代背景，以及乐曲的特点，情节要合理，形象要鲜明。

6. 合成想象（从群体到个体）。

作文训练题：①写一篇微型小说，创造 20 世纪 90 年代中学生的形象。②汇集平时观察材料，塑造典型环境，如春天的早晨，长沙的冬雪。

要求在真实的基础上虚构，想象要合情合理，运用多种表现手法，创造出新的典型形象，形象鲜明，真切感人。

三、在课文教学中展开立体的形象的教育

在长期的教学中，语文教师一般习惯于平面教育的方法，只有开展立体的教育时，才能引导学生走出二维世界，进入广阔的三维世界，学生对学的知识才能记得牢，理解得深刻。在课文教学中，我们也做了一些尝试。

让学生演课本剧，写评论文。所谓课本剧，是指选入中学课文中的剧本或把有故事情节的艺术作品改为脚本，由学生扮角色演出。中学各个年级的语文课本中都有可演出的一些课文。俄国著名作家契诃夫的短篇小说《装在套子里的人》选入高中语文课本第三册，为了让 90 年代的青年学生能够很好地理解这篇作品，教师讲这一课时，先让学生充分地预习课文，体会作品典型人物别里科夫的个性特征和作品的讽刺意义，再让一个学生扮演别里科夫，另一些学生观看评议，最后由老师画龙点睛地跟学生一道讨论作品的思想性和写作特点。上这样的课，学生时而点头称赞，时而发出笑声，时而凝神思考，课堂气氛活跃。因为这种教法新颖、形象、生动、有立体感，既锻炼了学生的直观能力，起到了活化右脑的作用，又帮助学生了解了作品中人物的内心世界和社会背景。在此基础上，让学生写评论文章，学生有话说，又能评在点子上。这样教学的结果，被演出的这些作品，不只是作为文字而是以生动的形象信息储存于学生的大脑，形成鲜明、牢固的记忆，而且也丰富了学生的生活，提高了学生的认识和写作水平。

让学生画"画"评画。课本中的许多课文描写了大自然的美好风光，学生读了这些作品后，又以画"画"的形式还大自然的本来面貌。如著名作家刘白羽的散文《长江三峡》，分别描绘了瞿塘峡、巫峡、西陵峡的瑰丽奇特的景象，犹如三幅画面。教师在教这一课时，主要采用"画"的方法。第一堂课，首先要求学生读课文，除了查阅字典、熟悉内容外，还必须根据作者描绘的不同景象的诗意、画意和所含的哲理，认真分析，展开想象，进行构思，然后分别用绘画表现出来。第二节课，让几个学生到黑板上画出不同的画面，并让他们分别阐述自己绘画的构思过程，请全班同学评议，然后写出评论文章。这一教学过程，把原来讲、读、背的平面教育过程转变为立体的形象的教育，锻炼了学生的形象思维和空间认识能力，促进了学生右脑智力的开发。

（武汉《中学语文》1993 年第 5 期，中国人民大学报刊复印资料《中学语文教学》全文复印，《湖南教育报》、《中国教育报》先后摘要刊登。获 1994 年度湖南师大张德琇教育科学研究优秀论文奖）

中学自能作文分项训练法实验报告

1980 年，我校开办了首届整体教育实验班，实验中德智体美技全面实施，并重点改革语、数、英、体四科教材教法。我担负了语文实验的任务，从初一到高三，整整六个年头。

改革作文教学，探索作文教学的科学规律，提高学生作文水平，是该班语文实验的任务之一。我在这个班进行的从初中到高中的作文改革实验，采取了自能作文分项训练法。

所谓自能作文分项训练法，是按照学生的心理特点和认识能力的发展规律，对学生进行"思想语言文字的系统训练"，着眼点则在引导学生从积累生活素材入手，经过加工、表达、修改等方面循序渐进的写作练习，从而初步达到以"自能作文"为目的的作文教学方法。

6 年的实验证明，采取这种教法，效果是比较明显的，调动了学生学习作文的积极性和主动性，培养了学生的写作兴趣，正如一直跟踪这个班的王之方副校长所说："学生在初一时，即出现了想写、能写、会写、写得快、写得好、喜欢写的良性循环，学生作文欲望至高三而不衰。"

第一，普遍地提高了学生的写作水平。

初中阶段于 1983 年结束。经过验收，初中 3 年，该班多数学生的作文思路开阔，中心明确，内容具体，层次清楚。在 45 分钟内一般能写出 800 字左右的文章，多的可达 1200 字，最少的也不少于 600 字。湖南省教科所出了一个命题作文，让该班与我校高二的一个班同时作文，以满分 40 分计算，该班平均为 31.6818 分，高二班平均 30.8291 分，略高于高二班。

高中阶段于 1986 年结束。学生参加当年湖南省预考，全部上线，语文平均 99.37 分，比我校平行班高 8.67 分。全班学生除 5 个保送生外，其余都参加了高考，语文平均成绩 91 分（其中理科生平均为 90.76 分，比学校平行班高 5.97 分，比长沙市高 10.83 分，比湖南省高 13.21 分；文科生平均 91.78 分，比学校平行班高 7.6 分，比长沙市高 11.68 分，比湖南省高 13.5 分）。当然，学生的语文成绩好包括了作文。据我所知，该班预考作文普遍写得较好，平均达40 分（满分 50 分）。

第二，培养了一些写作苗子。

有些学生由爱好作文，逐渐成为写作尖子。据不完全统计，占全班 2/5 的学生先后在北京、上海、山西、四川、河南、陕西、江西、江苏、湖南等省市的《语文报》、《学作文报》、《少年文史报》、《中学生阅读》、《中学作文辅导》、《小溪流》、《初中生》、《少年作文辅导》、《读写月报》、《作文周刊》、《湖南教育》和《全国优秀作文选》、《习作新苑》、《少年儿童作文选》、《初中升学考试作文选评》、《作家评作文》、《中学生作文选评》、《作文》、《初中作文课本》、《初级中学作文试用教材》等 22 种省级或全国出版的书刊上发表了 43 篇习作。有 9 个学生获得了全国或湖南省、长沙市作文比赛或征文的一等奖、二等奖。李海恩同学因作文写得好被邀请参加了1985 年"全国优秀小作者杭州夏令营活动"。班上的文学社被评为"中南地区优秀中学生文学社团一等奖"。方晓红代表文学社参加了在广州举行的文学社夏令营活动。余天骄、向倚天、陈军等文学社成员高中毕业后，被保送或考上了中国人民大学、武汉大学、南开大学、北京电影学院的文科专业。

中学"自能作文分项训练法"，受到了领导和许多同行的关心、支持和重视。最近湖南中语会作文研究中心，采用了我在该班初中阶段实验的作文训练体系，编写了《初级中学作文试用教材》，该教材由湖南省教科所审定，湖南教育出版社出版，湖南教育委员会普教处、湖南省教育科学研究所向全省推介，发行 138 万册，我编著的为该班高三使用的作文教材《命题作文与材料作文》，经过修改补充，即将以"自能作文序列丛书·高中作文第三册"为命题，由中南五省教育出版社联合出版。

下面，我就中学"自能作文分项训练法"的指导思想、训练体系、教学方法做简单的介绍。

一、实验的指导思想

1. 力求作文教学有一个独立的体系。

语文教学中的听、说、读、写，是相辅相成的，毫无疑问，作文教学应与阅读教学结合。但是写作能力有它的不同于阅读能力的构成因素，而且这种能力主要是在作文实践中形成的。要遵循写作能力形成和发展的科学规律，就不能不建立作文教学体系。

2. 力求作文教学序列化、科学化。

要提高学生作文水平，就要克服盲目性、随意性，依次安排一个训练项目。训练项目的安排，要努力做到符合作文教学的规律，符合各年级学生的心理、生理特点，符合各年级学生的智力发展和各种知识积累状况，符合阶段性和连续性相结合的原则。

3. 力求作文全过程所需要的各种能力都得到培养。

写作全过程所需要的能力，应该是认识能力和表达能力的统一。因为写作是一门综合性的脑力劳动，是多种素质和多种智能综合运用的结果。在写作过程中，思维是最活跃的因素，它是从生活素材到文章成品的桥梁。一个人思维能力的强弱，直接关系到文章内容的深度和广度，关系到语言的表达力。因此，作文教学一定要重视对学生的思维训练，把提高学生的认识能力和培养学生的表达能力有机地结合起来。

总之，作文教改的目的，是要使中学作文教学适应社会主义现代化建设的需要。

二、实验的训练体系

（见上文《中学语文分科教学六年的实验报告》中"作文课的实验"一章）

三、实验的教学方法

除上文《中学语文分科教学六年的实验报告》中"作文课的实验"一章提到的作文教学方法外，为了培养学生"自能作文"的能力，还采取了如下措施：

第一，教师出题和学生自拟题目相结合，以学生自拟题目为主。

　　写文章离不开生活，能让学生有话可写的教师命题是必要的。但是，据我了解，更多的学生喜欢自拟题目，因此，我随时掌握他们生活的脉搏，有的放矢地去引导他们观察生活，认识生活，写他们有感受的事物。如"群像描写"这一项目，我只要求写班上的同学，学生便自拟了许多题目——"瞧，我们这班人"、"珍贵的毕业照"、"课间十分钟"、"一次有趣的争论"、"生活剪影"、"我班的一天"、"爱晚亭里的欢声笑语"、"一个真实的故事"等，题目各具特点，写作内容丰富多彩。学生拟题目，能激发写作兴趣，培养独立观察生活、选取题材、开掘主题的能力，还能让学生真正做到有感而发。

　　第二，作文指导以学生为主，重在一个"导"字，鼓励学生"求异思维"。

　　写作训练也是一种思维训练，传统教学，注重"求同思维"，规定学生的思路，甚至先写什么，次写什么，最后写什么，都讲得死死的。这种定向同一思考的思维方法，往往容易使学生变成亦步亦趋的"传声筒"，容易禁锢学生的思维能力，缺乏创造性。而具有"求异思维"能力的学生，往往能写出立意新颖、别具一格的好作文。为了活跃学生的思想，我在指导作文时，总是让学生讨论，尽力从多方面、多角度启发他们观察事物，思考问题，引导他们从不同的方面探索真理，发挥自己的创造性。例如在讨论"我的伙伴"这道作文题时，许多学生都是从同龄人这个方面去选择自己的写作对象。我要求扩大写作对象范围，于是有个学生提出写邻居一个老人家，还有个学生说要写自己喜欢的一只小猫，这样写作题材就多了。又如在讨论"'雪'的启迪"这道作文题时，许多人都是从正面去赞扬雪，我说能不能换一个角度呢？一个学生唱反调了，她提出要从反面去"贬雪"，揭露雪的虚伪——以洁白的外衣掩盖世间的污秽，揭露雪的残酷无情——雪压冰封，万木萧条。

　　第三，教师批改与学生自改相结合，以学生自改为主。

　　传统的作文批改方法总是强调一个"细"字，但学生所得无几。为了提高批改效果，我采取了"全面过目，记上分数，重点批改，让学生自改"的批改办法。我首先让学生学会评改文章的方法，然后让他们在实践中认识并掌握这些方法。批改的方式有学生自评、两人互评、集体评改、师生合改，等等。一次，在训练"由物及人"这个项目时，我选了一篇《一双布鞋》为题的习作，油印发给学生。学生看完习作后，我就引导学生对习作的优缺点进行讨论和归纳，找出这篇习作的主要毛病：①思路不畅，②详略不当。再经过讨论，明确医治这两个毛病的方法：先理清习作的思路，然后修改详略不当的部分。之后，让学生修改该篇习作，结果，90%的学生完成了修改任务。评改完后，我布置学生修改自己的作文，学生的作文也都有提高。

第四，作文讲评不泛泛而谈，重在对比剖析。

所谓泛泛而谈，就是把每次作文中学生反映出来的优劣，都作一个粗略的介绍。这种讲评看起来面面俱到，实际不深不透，学生收效甚微。所谓"对比剖析"，就是要抓住每次作文的两个极端，针对写作的要求，作比较深入的解剖麻雀式的分析，让学生从对比讲评中知其所以然，掌握写作规律，再让学生一题多做或一文多作。"剖析"式的讲评，学生是欢迎的。

（1987年在广州市举行的全国中学语文教学研究会上宣讲，后载沈阳《语文教学论坛》，1990年编入《语文教学改革新成果选粹》一书，广东教育出版社出版）

怎样指导学生预习语文

老前辈叶圣陶先生，早在 20 世纪 40 年代就说过，练习阅读的最主要的阶段是预习。然则，怎样指导预习呢？

一是对照注释并围绕课文后面的练习题预习课文。

课本注释如字音、字义、句义、句法、名物、典故等，一般都是学生阅读课文时的难点。因此，每次授新课前，我明确要求学生对照注释预习课文，必要时还对课文注释作点通俗的解释，或者事先发给学生一些补充注释，让学生更好地理解课文内容。为了督促学生看注释，可布置学生做预习题，例如，把注释中加以注音的字读准，然后连同拼音一起抄在练习本上，结合读注释，口头或书面翻译某篇文言文等等。"思考和练习"题，基本上体现了教学大纲对每篇教材的要求，提示了学生在学习一篇文章时必须掌握的知识范围。因此，预习中应根据需要指定一定的练习题帮助学生预习，让学生结合后面的练习阅读课文，从而抓住重点。例如《口技》一课，在分析课文的正面描写与侧面描写相结合和前后照应等写作特点前，我指定学生结合课文后面的练习题："课文很注意说明声音发出的先后，试把其中表明时间的词语一一找出来，并说说在用词方面是怎样变化多样的？"预习课文就出了这样一些预习题：课文中哪些词语描述听众的反映？这样写有什么作用？为什么开头和结尾都要提到"一桌、一椅、一扇、一抚尺而已"？这种练习题结合预习时思考，就有助于学生更深入地理解课文，能与教师的课堂分析密切结合。

二是给学生预习提供必要条件。

有些课文学生预习时感到困难，因此，先要帮助学生扫清障碍。例如《桃花源记》，描绘了一个没有压迫、自给自足的理想社会，作者以此表示对现实的批判和对未来的憧憬，文章写得比较离奇。学生预习时不容易理解隐藏在文字后面的含意，甚至有些学生对山洞里的奇事感到非常惊讶、困惑。故可先向学生简介作品时代背景及作者理想的社会蓝图，以减少学生预习时的困难。

三是引导学生掌握预习方法，讲清预习步骤。

如向学生讲解查字典、词典、读注释、批注圈点、划分段落层次、概括段意和全文中心等等方法。学生掌握了这些方法，预习效果就会逐步提高。为了达到预习的目的，我就向学生讲清预习三步：第一步，初读课文，结合课文看注释，标记生字新词，然后查字典，注音解词；第二步，细读课文，给课文分段，找出课文的重点段落和全文的中心句子，给课文佳句、关键词语加圈加点；第三步，再读课文，认真考虑预习中的思考题，提出疑难问题。

四是鼓励学生质疑。

学生在预习中能提出疑难，这正是他们善于思考的表现。问题提得好，应当表扬，即使提得不够好，甚至看来很幼稚，也应满腔热情地对待，决不能漠然置之，以免挫伤学生的学习积极性。

五是布置预习以后，还要有检查。

或在课堂提问，或批阅预习笔记。好的要表扬，不好的要教育。

（载《湖南教育》1982 年第 6 期）

改进初一年级作文教学的一点尝试

作文教学是语文教学的重要组成部分，语文教学的质量，主要地可从学生的作文中得到反映。因此，加强作文教学，是提高语文教学质量的一个重要环节。前年，我们在 1978 年入学的初一年级 6 个班，进行了以改革作文教学为主的语文教学改革，较快、较普遍地提高了学生的写作水平，取得了初步的成绩。我们的认识和具体做法，大体上可归纳为以下四个方面。

一、通盘计划，循序渐进，突出重点

当前作文教学中最突出的问题，是缺乏计划性，整个中学阶段如何进行写作训练，没有通盘打算，每学年度应达到什么要求，每学期要写几篇作文，每篇作文的训练重点是什么，教师心中没有底。于是，今天写这种文体，明天又写那种文体，一种文体还没有练会，又练一种。在一个学习阶段中，让学生什么文体都学，结果什么也学不会。这种脚踩西瓜皮，滑到哪里算哪里的做法，怎么能得到较好的效果呢？因此，我们认为，要提高学生的写作水平，首先就要克服盲目性，按照循序渐进的规律，有计划地安排写作训练。

所谓循序渐进，就是要由简到繁，由易到难，由局部到全体，要有目的，有步骤，有重点。具体地说，初中 3 年要有全盘的训练打算，每个学期要有不同的训练要求，每个单元要有明确的训练中心，每次作文要有具体的训练重点，各次作文要有有机的联系。从这个认识出发，按照语文教学大纲的要求，初中要能够写一般的记叙文、说明文、议论文，其中，记叙文应该是重点和基础。为此，我们确定初中 3 年训练的步骤是：初一着重训练记叙文，初二训练记叙文的基础上着重训练说明文，在说明文中，先练说明简单的事物，再练说明复杂的事物；初三继续训练记叙文，着重训练议论文，在议论文中，先练正面立论的文章，再练驳论、杂感等。当然，这不是绝对的，中间可以有必要的和可能的穿插。

初中一年级的记叙文训练，分三个方面，即记事、写人、状物。初一上学期侧重于记事、状物；初一下学期侧重于写人，分三个单元。每个单元的中心是：第一单元记事，第二单元写人，第三单元状物。这 3 个单元一共安排 7 次大作文，每次大作文都规定了具体的训练重点。如"写人"这一单元，是在写事的基础上进行的，我们安排了 4 次大作文，重点是：第一次，记一个人做的一件事，要突出人物的行动；第二次，记一个人做的两件事或从几个方面表现一个人，要反映人的思想活动；第三次，记一个人的几件事或在一篇里记几个人，要求写出人的神情、外貌、语言、思想，主要写所做的事；第四次，按写人的要求改写唐诗《卖炭翁》。

为了有计划地进行写作训练，我们还安排了一些为大作文服务的单项训练（又称小作文），从某一个局部问题着手。如写一个场面，写人的一次活动的连续动作，等等。这种单项训练目的明确，重点突出，比较符合循序渐进的原则，也比较容易获得实际的效果。我们在初一下学期，一共安排了 15 次。如"写人"这一单元，除了 4 次大作文外，还安排了写人的"外貌"、"心理活动"、"对话"、"动作"、"人物活动细节"、"人物活动环境"等单项训练。每次大小作文的内容、要求、指导方法在开学时就做了初步的设想。

除了大小作文外，我们还用了其他多种多样的训练方式，如扩句缩句、排列语句、缩写、改写、仿写、扩写、编写提纲、复述故事、口头作文、看图作文、连词作文等。这些训练，简便易行，花的时间也少，对训练写作很有好处。我们都把它纳入作文教学之中。

二、读写结合，以读促写，精讲多练

我们认为，读是基础，写是运用。要做到写作训练的循序渐进，必须与讲读教学紧密结合起来，才能收到显著的效果。怎样结合呢？一是要写什么，就读什么，这是就安排教材而言的。过去我们按教科书的课文顺序，读什么，写什么，所读的课文并不是按照写作训练的程序安排的。现在，我们试着调整讲读课的顺序。写记叙文，就安排读记叙文，写说明文，就安排读说明文，写人，就安排读写人的课文，记事，就安排读记事的课文。力求使讲读教学与写作训练的计划相适应。二是根据写作训练的需要，在讲读教学中教一课有一个重点，根据这一重点学习写作，而不要面面俱到。

譬如我们把第二册课文编为记事、写人、状物及古典文学等四个单元，编入各单元的课文又分为讲读、阅读、复习、写作知识四种，而且确定了各课的讲读重点。以下是"记人"这一单元的读写安排。

讲读课文：1.《梁生宝买稻种》。讲读重点主要学习记叙人的行为。写作要求：记叙一件小事以表现一个同学的好学精神。2.《夜走灵官峡》。讲读重点主要学习写神情、态度以表现人的精神面貌。写作训练：写一个小伙伴的神情外貌。

阅读课文：《小橘灯》。

复习课文：《生的伟大，死的光荣》。

写作知识：写人与记事。

这种读写结合的办法，效果是好的。学生要仿照讲读课文或其有关章节写作，就要多读、多借鉴，吸收好的写作知识和经验，把读得来的东西运用到写作练习中去。这样，不仅提高了学生写的能力，而且以写促读，引起了读的兴趣。

这种读写结合的办法，有利于精讲多练，让学生学得多些，学得好些。过去读写脱节，作文时，教师忙于找范文，上作文指导课；现在讲课文时，就是在讲写作范文，就是在上作文指导课，再加上每一单元教材分精讲、略讲、阅读 3 种，教学时，以精讲带动略讲、阅读，节约了时间，增加了读写的机会。我们在初中一年级，让学生熟读背诵了唐诗 60 首，每学期做大作文 7 篇，小作文 15 篇，生活速记 36 篇，其他作业 30 次。学生写记叙文的水平有了比较明显的提高。入学考试的作文，多数学生写得空洞、干瘪，没有中心，到学年结束期末考试时，绝大多数学生的作文内容具体，感情真切，中心思想也比较明确了。

三、把作文题出在学生心上，出在学生身边

命题作文是作文训练多种方式中最重要的方式。然而，作文命题的问题很多。打倒"四人帮"以后，作文命题有所改进，但还是存在一些问题，如出的题目太空、太大、太深、太疏，或者从小学起，年年都出一些老题目，引不起学生的兴趣，等等。我们认为，作文命题要能最大限度地调动学生的写作积极性，让学生有话可写；

出的题要从实际出发，把作文题出在学生心上，出在学生身边。具体说来，我们在命题时注意了以下几点：

1. 要注意学生的年龄特点。

这届初一学生是打倒"四人帮"后第一批择优录取的，一般12岁左右。他们的特点是知识少、阅历浅、读书不多，活泼好动，精力充沛，求知欲强，富于幻想。命题时应充分注意他们的这些特征，才能取得较好的效果。如他们刚刚离开小学来到中学，对学校的环境、老师、课程感到很新鲜，我们就出了"我爱附中"一题。接着又根据学生对新上的外语课、生物课、地理课等有一种新奇感的特点，我们就出了题目"我喜欢的一堂课"一题。学生好动，很喜欢游戏，一次他们到岳麓山举行中队活动，搞了击鼓传花、瞎子抓跛子等活动，他们感到很有趣味，我们便出了"记一次有趣的游戏"的作文题。初一学生热爱大自然，尤其喜爱动物，我们就让学生写"我熟悉的一种动物"这类题目，他们的思想易于开展，不仅有话可写，情真感实，有儿童味，而且提高了他们的写作兴趣。如"我熟悉的一种动物"这一题，学生一看就高兴地说："真带劲，有家伙写，题目出在我们心上了。"他们写作劲头高，分别写了"鸡"、"小金鱼"、"蚂蚁"、"蝴蝶"、"蜻蜓"、"萤火虫"等20种动物，写得活灵活现，有声有色，儿童味很浓，是一般成年人写不出来的。

2. 方式要灵活。

作文题不一定出得太死，有时可规定一定的范围让学生自己定题。例如，写学校运动会，只规定写一个场面，题目让学生自拟，学生拟出了"起跑线上"、"竿儿高高"、"激动人心的百米赛"等。同一题材的题目，有时可以出几个，让学生选做。

3. 题目要新颖，有吸引力。

"生活的一页"或"一件有意义的事"这样的题目比较实际，但感染力不强。"一朵生活的浪花"就显得新颖、有吸引力。在生物实验课上，学生透过显微镜看细胞，很感兴趣，我们开始要学生写"记一堂生物实验课"，结果平铺直叙，没有写出好文章，后来把这作为副标题，另外出一个正题"我看见细胞了"，学生就能把握中心，写出好文章。

4. 题目要多用第一人称。

初一学生写自己亲身经历的，亲眼见到的，亲耳听到的，易于把事情写得真实、具体、生动，易于表达自己的思想感情。写好了自己的所见所闻所感，再写别人的就比较容易了。

5. 要走群众路线。

教师坐在房里出题目，有时冥思苦想，也想不出一个恰当的题。如写寒假生活，往往是"寒假记事"、"寒假见闻"、"寒假二三事"之类。听取同学的意见，他们说，寒假里，过年最高兴，物资供应充足，文化生活丰富，舞龙、玩狮、灯会都是过去没见过的，好看得很。于是老师就出了"新年过得真高兴"一题，出现了许多好文章。

四、分析观察，积累素材，勤练多写

学生作文次数太少，观察能力不强，这也是有待解决的两个问题。经过一年时间的摸索和实践，我们认为写"生活速记"是解决这两个问题的好办法。

"生活速记"又叫"观察笔记"，是一种课外练笔的形式。就是要学生留心观察生活，捕捉生活浪花，把生活中看到的、听到的、想到的，一有空就写下来。

写"生活速记"能促使学生"多写"。多写是提高学生写作的重要途径。整个初中阶段命题作文3年不过四十来次，再加上小作文九十来次，一共才130多次，仅靠这些就要学生掌握常用文体的写作技能是不可能的。我们让学生写"生活速记"，要求每周至少写两篇，每篇写300字左右，这样，初中3年可写200多篇，比课堂练笔的次数还多。这种练笔，本身就是一种作文。别看它只有几百字，但也要求讲究立意，选材，布局，谋篇，遣词造句，表达方法。麻雀虽小、五脏俱全。写得多了，文笔渐渐熟练，写起文章来就不会那样思路枯竭，词不达意了。

经常写"生活速记"可以扩大视野，增长知识，锻炼意志，训练语言，培养观察和分析事物的能力，养成观察事物的习惯，为作文积累生活素材。坚持一年以后，有一位同学在"生活速记小结"中写道："自从写生活速记以来，我对周围的事物留心多了。有时看到一些有趣的事物，就不自觉地观察起来．我不但观察社会，观察人，也观察大自然，观察多了，就感到是一种无穷的乐趣和享受，就能比较容易地抓住事物的特点，写起来也具体了。"下面是她的一

篇生活速记：

白 云

　　天空瓦蓝瓦蓝的，和海水一样纯净，没有一丝云，像刚洗过似的。转眼间，一朵小雪花般的白云慢慢地从天边移来，随即几朵白云也慢慢地出现在天空中，啊，又来了——白云。看，它们都自觉地排着队，在天空中飘动，就像铺成通往天际的阶梯一样。

　　太阳照在它们的身上，给染上了一道金边。不一会，白云又变成了另外的模样儿；有的像一座座险峻的雪山，有的像一团团棉絮，还有的像一朵朵梨花，开放在浩瀚的太空……

　　啊！洁白的云，姿态万千，多么纯洁，多么美丽！

　　白云是学生经常看到的，因为这位同学有意识地去注意它，并且观察得比较细致，所以把云的变化写活了，而且富于想象，表达了一种喜悦的感情。

　　另一位学生是这样总结他坚持一年的"生活速记"的："我变得关心生活了，懂得了作文的材料是从生活中来的道理。以前写人的时候，总喜欢用一个框框去套，现在，为了要经常写生活速记，逼得我去观察周围的人，从他们的神情、动作、语言，捉摸他们的性格，比较这个人与那个人不同的特点，于是写起人来就不是老一套了。"下面的一篇"生活速记"，可以反映出学生观察人、写人的初步成绩：

听课者

　　今天上数学课，来听课的人很多，有一位同志搬着椅子坐在我身旁。他五十多岁了，头顶上的发几乎脱光了，身材魁梧，走起路来一挺一挺的，很有点架势。我想，他可能是一位领导干部，不过，他来听我们的数学课，能听得出什么名堂呢？他坐在这里，像小学生听老师讲课一样，非常仔细地做着笔记。当讲到有趣的地方，同学们笑了，他也笑了。

　　下课了，别的听课的同志都走了，他却没有起身，转过身来，拿着我的笔记本翻了翻，问我这堂课听懂了没有，我点了点头。他问我："什么叫定理？"我毫不迟疑地回答："一句判断性的语言。"我看着他脸上似乎并不满意，又赶紧纠正："判断一件事情的句子。"他没有做声。过了一会又问我："天上下雨地下就有水，这是不是定理?"啊,我只是在数学中学过定理,难道生活常识中也存在着什么定理不定理么?我非常诧异,但又不敢迟疑,依照定理的定义,我点了点头:"是的。"这时,我带着一种难以描述的心情,迫切地需要在他脸上寻出答案来:是对还是不对?"是的?"他以怀疑的口气脱口说出了这两个字。我的心马上一沉,这下可糟了。只见他沉思了一下,脸上转疑为喜地说:"啊!是定理,是定理"。他还问:"它有逆定理吗?"我回答说:"它的逆定理是'地上有水,天上就一定下雨'。但地上有水,有时天上不一定下雨。它的逆定理是不存在的。"

"啊",他露出了赞赏的笑容,满意地说:"很好!"听了这两个字,我心里甜滋滋的。

我想,他如果真的是一位领导干部,这多好啊!

学生还给每篇"生活速记"安上了题目,如"麓山红枫"、"看灯会"、"补袜子",等等。要求学生自拟标题,能帮助他们掌握中心,不至于记流水账。

学生写"生活速记",不能放任自流,要对思想方法和写作方法进行必要的指导。引导学生解放思想,实事求是,写真情实感。学生写的题材很有意义,那当然是好的,有时写的是树木鸟虫,风花雪月,或是一些生活小事,甚至是社会阴暗面,只要观点基本正确,感情基本健康,就应当允许,不要苛求。要有目的有计划地指导学生观察生活,掌握观察的方法,养成观察思索的习惯。开始写"生活速记"时,要拟出一些题材范围让学生去观察。如对静物的观察,以"开学典礼的主席台"为题,观察场景;对人物的观察,以"某老师走向讲台的时候"为题,观察人的动作神情;等等。观察前,要结合讲读教学提出目的要求,使其学有榜样,观察时,要尽可能进行现场指导,观察后,还可以让学生分析自己写的"生活速记",总结观察的经验,在全班进行交流、评议、讨论,这比教师反复讲解更有实效。

以上,是我们在初一年级改进作文教学中的一些想法和做法,现在,正在总结经验的基础上继续试验。我们相信,坚持下去,一定能够有效地提高学生的表达能力,提高语文教学的质量。

(载上海《语文学习》1980 年第 7 期)

初中说明文的写作训练

  说明文写作教学，是中学作文教学的一个难点。过去教师习惯于教记叙文和议论文，教说明文不太顺手，学生也不大喜欢它，觉得"文学味"不足，没什么学头。因此，怎样教好说明文是一个值得探讨的问题。为了摸索说明文写作教学的规律，提高学生写作说明文的能力，我们在初中二年级着重进行了说明文的写作训练，其做法如次。

一、从易到难，依序训练

  初中说明文写作的训练序列，我们是根据学生的特点和教学大纲的要求，按照各类说明文的难易程度来安排的。

  说明文是用说明的方式对事物和事理进行介绍或解说的文章。从内容上看，有说明实在的事物的，有说明抽象的事理的。从写作的难易程度而言，前者易，因为实在的事物比较具体。但说明实在的事物，也有难易之分，因为实在的事物，也有常见的，不常见的，熟悉的，不熟悉的，简单的，复杂的，等等。一般说来，科技说明文的写作较一般说明文的写作较难。说明抽象事理的，总的来说，要比说明事物较难，但它本身也有难易之分，如说明一种现象的一个道理比说明一种现象的几个道理要易，说明一种现象的几个道理比说明几种现象的几个道理要容易。

  从说明的方式看，单项说明要简单些，综合式说明要复杂些；条列式说明要简单些，分类式说明要复杂些。

  从写作的方法看，平实性说明文，着重于平实朴素的语言，有时兼用数字、图表等说明，而不着重于具体、形象的描绘。而文艺性说明文，即科学小品，既有科学性，又有文艺性。一般说，文艺性说明文较之平实性说明文要有更高的写作技巧。

  再看看学生的特点，现在的初中学生，年龄较小，阅历较浅，知识面较窄,分析认知能力也不高,并且习惯于写记叙文。因此,首先要让学生认识说明文的特点,然后让他们先写内容具体的、说明方式简单的、语言平实的说明文,再写内容较抽象的、表达方式较复杂的、写法上带文艺性的说明文。

根据上述认识,我们进行了 5 个单元 9 次说明文写作教学,训练序列是这样安排的:

第一单元　说明与记叙的区别。

第二单元　说明实物。1. 说明实物的外观。2. 说明实物的结构。3. 综合说明一个实物。4. 综合说明一类实物。

第三单元　说明程序。1. 说明使用方法。2. 说明制作方法。

第四单元　说明事理。1. 说明一种现象的一个道理或几个道理。2. 说明几种现象的一个道理或几个道理。

第五单元　文艺性说明文。

二、读写结合,借鉴范文

读是写的基础。学生要写说明文,应先读一些说明文,这对于对说明文的认识比较肤浅的初中学生更为重要。因为在说明训练中教学说明文,学生才能真正读懂说明文,把握说明文的特点,获得说明的表达能力。为此,我们配合说明文写作训练,编选了 21 篇说明文,相应地组成五个单元,进行说明文阅读教学,并且讲了有关说明文的知识,如《说明与记叙的区别》、《说明文的特征》、《说明文的结构》、《说明文的方法》。学生在范文学习中获得了知识,再在作文中消化这些知识,化知识为能力。这样,读中有写,写中有读,以读带写,以写带读,有利于较快地提高学生说明文的写作能力。

练习说明实物这一单元时,首先读了一些说明实物的文章。如说明动物和植物类的《松鼠》、《蜘蛛》、《石榴》,说明建筑物和园林类的《故宫博物院》、《人民英雄永垂不朽》、《苏州园林》,说明工艺品、生产品和日用品类的《核舟记》、《李龙眠画罗汉记》等。这些文章从实物的形状、构造、功能、用途等中的一个方面或几个方面说明实物的特征或本质,在材料的安排上,都能按照人们认识事物的次序,从具体事物的这种位置,依次写到那种位置,或从总体到部分,或从上到下,从左到右,从外到里,从主要部分到次要部分。这也是说明实物的基本要求。讲后要求学生运用所学的知识练习写实物说明文，先简后繁，最后综合训练，让学生选写自己最熟习的一种或一类实物，有的写了自己最喜爱的工艺品，有的写动物或植物，有的写建筑物，等等。有个学生写了一件日常用品——伞，是这样写的：

春雨绵绵，你总不能老待在家里；骄阳似火，你也不能不去上学、游玩。那么有什么用具帮助你避雨遮阳呢？那就是伞。

我们的祖先很早以前就发明了伞，那时的伞做得比较粗糙，远没有现在的精巧美观。

伞可分两类，一类是避雨用的"雨伞"，一类是遮阳的"太阳伞"，两者有时可以通用。如果按伞面的材料和伞的构造分，可以分为纸伞、布伞、尼龙绸伞、折叠伞、自动伞。布伞是用布做的，常见的为黑色，如果布质不好，外面下大雨，伞内就会落小雨。尼龙绸伞是用尼龙绸做伞面的，这种伞颜色鲜艳，沾了水容易干。纸伞是用油纸做的伞面，我国长期用这种伞。但因为不耐用，现在很少有了。折叠伞用了以后可以折叠起来，变得只有一般伞的一半大，便于携带，但折叠时比较麻烦。自动伞是现在最时兴的一种伞，它既综合了以上几种伞的优点，又自己有独特的地方。它用花尼龙绸作伞面，美观易干，可以折叠，便于携带，如果要打开伞，只要按一下伞柄上的一个小圆点——启动按钮，伞就会自动打开，不必像其他伞那样用手撑开，收拢时，也不像折叠伞那样麻烦。伞的骨架也各不相同。纸伞用竹做伞架、伞骨、伞柄；布伞则用铁丝做伞骨，用木或金属做伞柄；尼龙绸伞、折叠伞、自动伞则全用金属做骨架了。

随着科学技术的发展，伞也将更适应人们的需要。我从《中国青年》的"青年发明栏"里见到一种帽式伞，它像一顶帽子，可戴在头上，帽子上连着一把伞，这样就可以腾出手来拿东西，我想这种伞不久就会问世。

这篇说明伞的习作，层次清楚，结构完整，重点突出，语言简明。它说明了学生已初步掌握了说明实物的写法。

在练习写文艺性说明文中，我们重点讲了《向沙漠进军》、《蝉的音乐》、《携带炸弹的海豚》、《机器人》、《看云识天气》等文章。学生学这些课文，懂得文艺性说明文是用较多的文艺笔法来写的说明文。它可以用比喻、拟人的手法写，也可以用谈话、讲故事的形式写，寓科学性、知识性于趣味性、娱乐性之中，使人在获得科学知识的同时，获得艺术的享受。在表达方式方面，除说明外，记叙、描写、议论，往往兼而有之，但是，它的写作目的仍在于说明，在于要使人有所知，而不失说明文的说明性、客观性和知识性的基本特点。在学生了解文艺性说明文的特点以后，再叫他们把过去写的平实性说明文改写为文艺性说明文，因为材料是现成的，只在文艺性方面多下工夫。学生写作积极性很高，他们对所要说明的事物或事理进行深入思索，并展开联想和想象，然后尽可能地把科学内容生动形象地表达出来，写出了一些较好的习作。《蚂蚁的生活》就是其中一篇：

你知道蚂蚁吗？你也许会说，蚂蚁不是到处都有吗？谁都见过！然而你了解这些芝麻点大小的小动物是怎样生活的吗？

我们看到的蚂蚁，常常是一群群的，也许是蚂蚁的一个家族吧。他们总是排着队忙忙碌碌地把寻找到的食物运往一个小小的洞里，这就是一群蚂蚁的家。一个"人口众多"的蚂蚁家族，最初是由一只雌蚁建立的。蚂蚁原是有翅膀的，雌蚁分泌一些激素吸引许多雄蚁和它在空中旅行结婚，就像一架架小飞机，过一段时间，它们像一群伞兵降落到地面。雄蚁回到地面上就死了，而雌蚁蹬掉自己的翅膀便开始为建立家族而不知疲倦地劳动。

雌蚁产下第一批卵。小蚂蚁脱壳时就像一个白色的、嫩嫩的小圆蛋，过一、二天，它们就变得和它们的妈妈一样了，身上披有褐色坚硬的"盔甲"。这些小蚂蚁中，有工蚁、雌蚁、雄蚁3种。雄蚁和雌蚁飞出去独立生活，工蚁不生殖，分担蚂蚁家族的各种职务，有的当门卫，有的寻找食物，有的当育婴员，大部分从事家庭建设，挖土、运土、修建"房子"。

以后老雌蚁就只管下蛋，别的事都不干，时间一长，就成这个家族的最高统治者蚁王。

蚂蚁很团结，它们从不打闹，一心一意干自己的工作，也从不斤斤计较，每个工作岗位上的蚂蚁都是那样忠于职守。门卫兵不会让敌人混进它们的家里，如果有敌人想侵犯它们，工蚁毫不留情地与之决一死战。寻食蚁总是千方百计找寻食物。我们常常看到，蚂蚁可以背比自己体重重好几倍的食物，它们还会把寻找到的食物贮藏在它们的"冷冻仓库"里。有时，工蚁还会喂养蚜虫。蚂蚁特别喜欢吃蚜虫拉的屎——蚜蜜，它们觉得那是很甜的。蚂蚁要想吃蚜虫屎时，就拍拍蚜虫的屁股，蚜虫就乖乖地立刻拉出屎来，看来，它们在这方面是很在行的。每当下雨前，蚂蚁的行动更是有趣，"蚂蚁搬家"，这是众所周知的，这也是千千万万蚂蚁得以生存、蚂蚁家族得以兴旺发展的原因。

蚂蚁的生活难道就像上面所讲的那样平安无事吗？不，不会的。它们之中也有"战争"。那就是两个不同的蚂蚁部落间的战争。有一种蚂蚁，自己不会劳动，但很凶恶，常常劫持勤劳的蚂蚁，把它们绑起来，罚它们做苦工，有时还加以严刑拷打，一旦被抢的部落发现自己的成员失踪了，一定会出去找，因此，两个部落之间不免要发生一场"战争"，有时双方伤亡都很大。

蚂蚁为了过上幸福的生活无时不在辛勤地劳动，并和它们的敌人进行顽强的斗争。

三、收集材料，运用材料

学生写好说明文，固然与写作方法有关，但更重要的是要掌握丰富的知识，获得大量的材料。因此说明文教学中指导学生收集、整理材料，培养学生广泛学习科学知识的兴趣，也是一项重要内容。

首先，充分利用课文。教材中的课文就是重要的写作练习材料。如把文艺性说明文《琥珀》、《蝉的音乐》改写为平实性的说明文，把平实性的说明文《变色龙》，改写为文艺性的说明文等。

其次，联系实际，让学生运用已掌握的知识。如练习程序性说明文，就结合学生的生活、学习等方面的实际出题。题目有《怎样做汤圆》、《怎样煮饭》、《介绍一种菜的炒法》、《怎样起跑》、《怎样投篮才会准》、《怎样打乒乓球》、《怎样做笔记》、《怎样做摘抄》、《怎样看地图》、《怎样做植物标本》、《怎样办墙报》，等等。这些题目，可让学生根据自己的爱好任选。由于写的都是他们熟悉的事物，这就可以使刚刚练习写说明文的初中学生，既培养自己运用已掌握的知识的能力，又掌握了写说明文的基本规律。

再次，指导学生收集材料。学生写说明文，除了运用已知的知识外，还必须努力去了解、阅读有关的材料，以扩大见闻，丰富写作内容。如有个学生练习写事理性说明文，她对萤火虫尾部发光的现象很感兴趣，可是为什么会发光的呢？她却不甚明白，很难下笔。于是她向几位生物老师请教，又阅读了有关的文章，这样，她收集了一些关于萤火虫的儿歌、故事、趣事，了解了萤火虫发光的根本原因以及至今还未被人发现的秘密。由于掌握了萤火虫的许多材料，她胸有成竹，经过精心选材和布局，写出了一篇以《萤火虫的秘密》为题的较好的说明文：

夏夜，天上的星星眨着眼睛，它们向地面张望什么呢？也许在寻找它们的伙伴？瞧远处黑暗的草丛里，也有像星星一样的东西在发亮，咦！那东西还在飞动，那是什么？

是萤火虫！大家准会这么说。是的，是萤火虫。那像星星一样闪闪发光的是它尾部的"小灯笼"。

"萤火虫，提灯笼，飞到西，飞到东"，这是小朋友最爱唱的歌，可见萤火虫最引人注意的就是它的"灯笼"。别看一个小"灯笼"亮度不大，可是几十盏、几百盏"灯笼"聚到一起的光亮就不小了。我国古代有"囊萤苦读"的故事，很感人的。还有这样一件趣事：有一次，人们发现青蛙的肚皮下闪闪发光，十分奇怪。剖开青蛙一看，哈哈，你猜怎么着？原来是贪吃的青蛙吞下了几十只萤火虫。

萤火虫这小小的昆虫，为什么具有发光的本领呢？人们努力探索，初步揭开了它的秘密。萤火虫身体这么小，里面却大有文章。它的体内有一种特殊的物质，具有发光本领，那就是成光蛋白质，还有一种促进发光的成光酵素。平时，这些东西贮存在萤火虫的"仓库"里，天一黑，它们便自动地跑到尾部，成光蛋白质与氧气结合，变成氧合成光蛋白质，在成光酵素的作用下，萤火虫的"灯笼"就点亮了。

看到这里，你也许会问："萤火虫体内的成光蛋白质用完了，它不就不能发光了吗？"

这倒不必担心，萤火虫可有办法。因为成光蛋白质是一种用不完的"灯油"，萤火虫把用过的氧合成光蛋白质与水结合，就成了与原来性质一样的成光蛋白质，又可以用来点"灯"了，所以萤火虫的"仓库"永远也空不了。

怪就怪在这种奇异的"灯油"上。这是萤火虫最大的秘密，人们还没有完全揭开。我们可以设想等将来秘密揭开了，那么大批大批的成光蛋白质从工厂里生产出来，那时我们家里不必安电灯了，只要把这种东西涂满四壁，等天一黑，它们便自动发光，而且是永远不会损坏也永远用不完的灯。那是多么美啊！

萤火虫的秘密还有待于人们去揭开，朋友，你有兴趣吗？

（载《娄底师专学报》1984年创刊号）

兴趣·认识·联想·知识

——培养初中学生议论文写作能力的一些体会

怎样培养初中学生的议论文写作能力呢？通过三年的语文教改实验，我有这样一些体会。

一、激发学生对议论文写作的兴趣

首先，要抓好由记叙到议论的过渡。初中学生比较习惯于记叙的表达方式，而对议论的表达方式比较陌生。根据这一特点，在初中一、二年级的写作教学中，就要有意识地为从记叙能力的训练过渡到议论能力的训练作准备。例如，让学生写故事梗概，将较长的记叙文缩写成短文，或者写点夹叙夹议的文章，或者写点寓理于事物的短文，或者概括神话故事和成语故事的寓意，等等。经常进行这些训练，可以使学生在进行形象思维的同时，培养抽象思维，从写记叙文不知不觉地过渡到写议论文。

其次，议题要切合实际，训练方法要简便易行。初中学生虽然各方面还很不成熟，但思想活跃，对周围的人和事，对所学的课文，很多都有自己的看法和见解。我就从学生的生活实际和所学的课文中选择他们感兴趣而认识又比较清楚的问题来进行命题。如第一次议论文练习，我让学生以《一条建议》为题，要求他针对学校（或班级、家庭、社会）某一方面的问题提出一条建议。在写法上，可以先提出建议，再写提出建议的理由；也可以先写提出建议的原因，再写建议。这样命题，学生有事可议，有话可说，写起来得心应手，提出的建议大都有理有据，有些建议还被学校和班级采纳了。第二次作文，要求学生根据班上同学对课外阅读的不同看法，以《中学生要不要进行课外阅读》为题写一篇发言稿。第三次作文，结合学过的课文《鲁智深拳打镇关西》以《三拳说明了什么》为题，要求学生写一篇短小的评论。第四次作文，要求学生结合学过的课文《坚强的战士》写一篇读后感。由于这些议论文练习写的是学生熟悉的生活，因而学生写作的兴趣很高，文章也有一定的质量。

再次，通过写分析笔记培养学生写议论文的兴趣。学生进入初中三年级后，就要求他们经常写分析笔记。所谓分析笔记，就是通过对客观事物仔细观察和认真思考后，用文字对事物进行分析、评论。学生对事物认识到一点就写一点，理解多深写多深，内容是或一事一议、一言一议，或一文一议、一戏一议、一物一议。不少学生的分析笔记，观点明确，内容充实。有的学生高兴地说："写分析笔记，有感而发，没有负担，我们越写越爱写。"

二、努力提高学生的认识水平

指导学生写作议论文，固然也需要使他们学一点写作议论文的知识，但更重要的是要提高他们的思想认识水平。怎样引导学生提高思想认识水平呢？

1. 在讲解课文时努力做到文道统一，加强思想教育。

语文教材中的课文大多是名篇佳作，学生可以从中吸取丰富的思想营养。我们要用课本在内容方面的精髓，针对学生的思想实际，使学生获得较多的教益。如教《我的叔叔于勒》时，我就针对个别学生向往资本主义国家，以洋为美、以钱为美的思想，引导学生去分析菲利普夫妇对兄弟的翻云覆雨，前后迥异的态度，认识资本主义人与人之间的虚伪透顶的关系，激发学生对资本主义的憎恨之情。

2. 针对学生思想上的弱点，引导他们辩证地看问题。

初中学生看问题往往容易孤立、片面、简单化。为了克服这种弱点，我在议论文写作教学中，根据他们的兴趣和特点，利用寓言故事、神话故事、成语故事等感性材料，引导学生开掘这些故事的寓意并联系实际说明它的意义，使学生逐步学会用辩证唯物主义的观点去认识问题、分析问题。如对《揠苗助长》这则寓言故事的寓意，学生提出了几种不同的看法：①批评好心干坏事的人；②讽刺那个宋国人太愚蠢；③讽刺急躁冒进的情绪；④说明要掌握正确方法；⑤说明违背自然规律就要受到惩罚。我把这些看法交给学生讨论，学生发言热烈。我又启发学生：好心为什么会做坏事？那个宋国人愚蠢在什么地方？产生急躁冒进的根源又是什么？怎样才能掌握正确的方法？通过讨论、争论，最后大家认为第五种看法是对的。接着我告诉学生，不仅分析寓言故事的寓意，要注意从表面到本质的深入发掘，而且对任何问题、任何现象都应这样去分析、去认识。在议论文的写作课中，我引导学生经常做这样的练习，逐渐减少了学生认识上的片面性，提高他们认识表象与实质、偶然与必然、局部与整体、外因与内因、量变与质变、动机与效果、内容与形式等关系的能力，开始学会比较全面地看事物。

3. 提高学生的政治敏感性。

大凡好的议论文，都能有的放矢，现实针对性、时代感都是很强的。要做到这一点，就必须站得高，看得远，抓得准，说得透。只有这样，才能观点鲜明，立意深刻。我在议论文写作教学中，也曾有意识地培养学生这方面的能力。一次，我教了《装在套子里的人》后，让学生写一篇读后感。学生都分析了"装在套子里的人"别里科夫，有的写他是沙皇专制的产物，有的写他是旧制度、旧秩序、旧思想的忠实维护者，也有的是通过别里科夫形象的分析，认识到沙皇专制统治的黑暗腐朽……这些认识固然都是对的，但是文章缺乏强烈的时代感和社会现实性，反映了学生的政治敏感性不强。于是我向学生提示：今天，在我们的社会里，不是也有"装在套子里的人"别里科夫的影子吗？一经提示，有些学生领悟得很快，有一个学生马上改写了原先的作文，标题为《从"套子"里解放出来——读＜装在套子里的人＞》。他写道："今天，有的人一看到引进外国先进技术，就说是'崇洋媚外'；一听到农村实行责任制，社员富了起来，就指责是姓'资'不姓'社'，把一切社会重大改革都看成洪水猛兽，这和别里科夫不是有异曲同工之妙吗？"很显然，改写的文章有了时代感。在讲评中，我向学生提出了写议论文时要注意的3点：①注意报纸上最新的政治材料；②注意党的方针政策；③注意日常生活中带有浓厚政治色彩的事情。

三、培养学生善于联想的能力

学生写的议论文内容是否充实，思路是否开阔，往往就要看他能否展开联想。浮想联翩，自然文思泉涌，脑子里平时积蓄的材料就会云集笔端，会有许多内容可写；不会联想，即使脑子里装满了写作素材，也难免文思枯竭，无话可说。初中学生写议论文之所以常常就事论事，不会就一点生发开去，就是因为缺乏联想的缘故。因此，发展学生的联想能力，是使学生写好议论文的一个重要方面。

议论文中的联想与记叙文中的联想不同，它通常表现为推理的形式。培养学生这种联想能力，除了平时作文课注意进行指引外，我还特别安排了一个单元的联想训练课，着重抓了两个问题。

一是由此事物联想到彼事物，阐述一个道理。我先举课本中的事例，如《事事关心》由一副对联想到读书和政治的关系，《松树的风格》由一种植物的特征想到共产主义风格和具有共产主义风格的人，《邹忌讽齐王纳谏》由日常生活中的事想到朝廷上的除弊纳谏等。再让学生明白：①由此事物联想到彼事物，也就是由此及彼地联想，常常可以由近及远，由表及里，由物及人，由人及己，由小事想到大事，由已明白的事想到不明白的事；②联想的两件事物必须有相似或质同、形象、相关、相对、相反之处；③必须把握联想的线索，找出事物之间的联系。学生做完练习后，我又让他们自己选择事物去展开联想。他们觉得联想挺有趣，思维十分活跃。一句名言警句，一副对联，一则寓言，一段古文，一条新闻，一件小事，他们都愿意去想一想，评一评。如有的学生从"打肿脸充胖子"联想到社会上借钱结婚的人，指出了讲排场、铺张浪费的恶果；有的由"先天下之忧而忧，后天下之乐而乐"的名句，想起了范仲淹的生平、为人，由范仲淹和《岳阳楼记》又联想到某些"居庙堂之高"却专营私利的今人，进而又联想到无产阶级应有的伟大抱负和宽阔胸怀……

二是由一事从不同侧面多角度进行联想的议论训练。去年，我国女子排球队参加第九届世界女子排球锦标赛，学生非常关注，很有感触。我就以"我国女子排球队获得了第九届世界女子排球锦标赛冠军"为议题，让学生进行多角度联想。学生思路开阔，有的从夺魁的意义联想到"中国女排为祖国争得了荣誉，这是祖国的骄傲"；有的从教练的角度联想到"孕育绚丽花朵的人"；有的从党和人民对女排的关怀联想到"力量来自党来自人民"；有的分别从女排姑娘的精神、意志、技术联想到"用拼搏的精神撞开成功的大门"；有的从起用新手梁艳、郑美珠联想到"要大胆起用新秀"。在练习的基础上，我向学生提示了多角度联想应注意的几点：①先分析一件事物的不同侧面，确定联想的角度；②弄清每一个侧面包含的道理；

③选择带普遍性的针对性强的而自己认识又比较深刻的侧面立意，确定要解决的问题。这种多角度联想训练，有利于活跃思想，开拓思路，发展思维能力，提高立意构思的技能技巧。

四、不断扩大学生的知识面

提高议论文的写作能力，还必须扩大学生的知识面。我要求学生从以下几方面积累知识：

1. 抄剪法。

一要告诉学生抄剪什么——侧重抄剪可以充当论据的有关资料。抄，一般抄书报上的短文或小段文字，如富于哲理的名言、警句、典型新颖的事例。剪，以报刊上的大段或整篇文章为主，如"杂论"、"随笔"、"述评"等。二要指导学生如何抄剪。如对抄剪的某资料，可在它的下面注上一行文字，评论几句或指出可以论证什么观点。三是要引导学生学会运用。由"抄剪"到运用，这是一个飞跃。其做法：可以出专题，让学生有的放矢地去搜集、整理资料，然后作文；可以指导学生对所抄剪的资料分类编集，为议论文写作准备"活"的"资料仓库"。

2. 论据交流法。

要求学生围绕一些作文的论题搜集论据，然后集体讨论，人人提供材料或把搜集的材料张贴在墙上。这样做，可以丰富材料，扩大学生的视野，选择最有力的论据。

3. 索引法。

把书刊报纸中的项目或内容摘记下来。凡是书刊中的项目或内容，每条下注明书名、页码；凡是报纸上的项目或内容可写"载于某报某年某月某版"。像古今中外名人传记、要闻轶事、考据资料等等，都可以作论据的材料，都可以做索引，便于用的时候查阅。

4. 转述综合法。

转述，就是把生活中所见所闻的生动而有意义的事例，用自己的语言转述出来。综合，就是把几件类似的事例或几种相近的情况综合起来，并扼要指出它们的共同点以及说明了一个什么观点。这样，既锻炼了概括能力和语言表达能力，又掌握了典型事例。

（载北京《中学语文教学》1984 年第 4 期）

初中一、二年级文言文教学的几点尝试

怎样根据初中一、二年级学生的特点进行文言文教学，以提高学生阅读浅易文言文的能力，这是一个值得探讨的问题。这几年，我在初中一个班作过一些文言文教材和教法改革的尝试，做法如下：

一、增选教材，合理安排顺序

要培养学生具有阅读浅易文言文的能力，我认为首先必须增加文言文教材。初中学生精力充沛，记忆力好，接受能力强，多读一点文言文是必要的，也是可能的。我在初中一、二年级教了部编初中教材上的30篇文言文外，还增选了30篇教材，一共60篇，平均每期15篇。所增选的古文，大多数是能引起学生兴趣的寓言、故事以及文字浅易、篇幅短小、读来朗朗上口的其他各种体裁的文章。

在教材的编排上，每册部编教材把文言文安排为一个单元，这便于集中精力打歼灭战；有的老师采取了分散教学，即文言文与白话文交替进行教学。这样，学生反复接触课文，循序渐进，可以加深印象，强化记忆。我则吸取了这两种安排教材的优点，每期都是先分散教学，再根据每期文言文教学的要求安排若干篇文章集中教学。这样做符合心理学的原则，我认为效果还不错。

二、狠抓熟读背诵，让学生逐步得到文言"语感"

吴晗同志谈怎样学语文，认为"只有多读、多背"，主张背五六十篇文章，这确实是经验之谈。从熟读入手进行文言文教学，是文言文教学行之有效的方法。初中一、二年级更是如此。一般来说，在开始要搞好范读，更要搞好领读，使学生一开始就对知识有正确的了解，同时也培养学生的兴趣。学生读得通了，我又让学生齐读，小组读，全班读，男生读，女生读，让每个学生都要得到练习的机会，教师也便于从中发现共同存在的问题。为了培养每个学生读的能力，我还注意一个个抽读；在学生消化理解知识时，又采取默读和自由读的方式。学生反复读，多种形式读，为积累文言文材料和教师讲解创造了条件。

在读的基础上，我还要求学生尽可能把文章背下来。两年来，学生共背文言文 40 课（段），文言诗词 100 多首。学生熟读背诵，不仅丰富了古汉语的语感知识，增加词汇和句式的积累，并且培养了"语感"。现在很多文言词语、句式，学生都能不假思索脱口而出。

三、揭示规律，举一反三

掌握文言文的词汇，是读懂文言文的关键。因此对初中一、二年级学生进行词汇训练，是文言文教学的重点。在词汇中，又以常见词为主，常见词中又以实词为主。实词中又以古今词义异同、一词多义、通假字为主。我们揭示规律，就应在这个教学重点上下工夫。

在教学中，我发现学生对文言词语的结构特点不了解，最容易将今义作古义，从而发生理解上的差错，如把"却看妻子愁何在"的"妻子"理解为一个人，把"婉贞于是率诸少年结束而出"的"结束"理解为"完结"。我就通过许多具体事例，帮助学生总结出现代汉语词汇以多音词为主、文言文以单音词为主的特点（文言文也有不少的多音词，但这些多音词多数是重叠的，如"溅溅"，"啾啾"等）。名词动化，学生很难辨认，我给学生列举了几组句子，从句法位置、词类和意义加以比较，指出名词属于主语、宾语、定语的位置，词性不变，仍作名词，但名词充当谓语时，一般词性就要变为动词了。

以旧带新，因新忆旧，互相印证，比较异同，这样容易启发学生思考，帮助领悟，巩固和增广知识。如教《木兰辞》时，把"愿为市鞍马"中的"市"，用现代汉语"市场"、"身居闹市，一尘不染"中的"市"相比较，认识"市"的不同含义。"出郭相扶将"的"将"，用已读过的《西门豹治邺》"即将出帏中，来至前"的"将"来印证，同《李愬雪夜入蔡州》"诸将请所之"中的"将"和"自将三千人为中军"的"将"，以及《卖炭翁》"官吏驱将惜不得"的"将"来比较，认识"将"有"持"、"将领"、"率领"和没有实在意义、只作组词四种解释。

此外，我还定期地指导学生较系统地整理一些文言词义、虚词、句式，让学生温故知新，融会贯通，找出规律。

四、讲读结合，培养自学能力

为了有效地提高阅读浅易文言文的能力，我在课堂上坚决废止了过去教师讲学生听的传统教法，而留有充分的余地让学生活动。每课都先让学生认真预习，再根据文章的特点，深浅不同，学生理解文言的水平不同，一段一段地进行读读、议议、讲讲，让学生笔译或口述，在重点、难点、关键的地方点拨，扫除障碍，揭示规律，归纳认识。以《石壕吏》为例，我先让学生看课文，看注释，查字典，再叫几个学生分头讲译。我只就学生的难点进行点拨，如把诗中"存者且偷生"中的"且"与成语"得过且过"印证，再与《愚公移山》"且焉置土石"的"且"、"年且九十"中的"且"、《黔之驴》"以为且噬己也"中的"且"进行比较，加深学生的理解。在教学中，我还着重归纳了古今词义异同的知识。全诗一节课教完，多数学生能当堂背诵。

两年来，学生阅读文言文的能力提高较快。二年一期开学时，学校叫该班与初三的一个班测验当年高考试卷中的一道文言题《子罕献玉》，考试后，两班成绩相比，以 100 分计，该班的平均分数高 16 分，从这个结果看，他们阅读文言文的能力，在初一时就略高于初二学生水平。

文言文阅读能力的提高，还促进了整个语文水平的提高。该班二年二期参加长沙市 1982 年普高、中专、职业高中招生的统一考试，成绩略高于长沙市 3 个重点学校择优录取的初三结业学生的成绩。

原先我还担心，初一、二学生多学一点文言文，会影响白话文写作的提高，或者会写一些文白夹杂的作文，其实，这种担心也是多余的。该班作文，多数学生在 45 分钟内能写出中心比较明确、层次清楚、语言通顺的 800 字左右的记叙文。两年中，该班学生在全国或省内书刊发表了 8 篇作文。

（原载山西《语文教学通讯》1982 年 12 期）

加强语文课外阅读活动

学生学习语文，课内阅读是准备，课外阅读是应用。多读是培养学生阅读能力、获取知识的重要途径。不管课内的阅读效率多高，没有课外阅读的配合，就不可能获得十足的成效。

1. **指导学生摘抄、剪贴。**

每学期的第一周我都根据学校的条件，结合实际，向学生推荐一批书目。这些书目，有文学名著、语文知识书、科普读物等。鼓励学生向学校图书馆借阅和去学生阅览室阅览图书报刊，还动员他们订阅报刊，并规定每个学生必备一本大小一致的精美的摘抄、剪贴本，自己在本子的扉页上题上一个自己喜爱的名称，使之成为自己珍爱的东西。每次摘抄，字迹要工整，每页未写完的空白只能画插图、贴剪纸，不能将第二篇接写在同页纸上。要求学生在广泛阅读时进行抄写、摘要、剪贴。抄，一般抄书报上的短文或小段文字，如表现力强的词语、成语，富于哲理的名言警句，典型新颖的故事片段，精彩的人物景物描写以及"知识一得"等。摘要，就是摘录书中的要点。剪，以报刊上的大段文字或整篇为主，如随笔、杂论、述评、游记、素描、小小说等。本子要按规定时间交上来，老师看后记上等第，全期记一个总分，作为平时成绩，为语文期评成绩的一部分。这样做，促进了学生多读，提高了阅读能力，而且激起了学生学习语文的兴趣，养成自觉阅读的习惯。

2. **每期有针对性地指导学生读两本课外书。**

如初一课堂学习《鲁提辖拳打镇关西》，指导学生课外读《水浒》；课堂学习《生命的意义》，指导学生课外读《钢铁是怎样炼成的》。我先开设课外阅读指导课，指导的内容包括：简介读物内容，阐明阅读目的，指点阅读的方法——默读、略读和速读，提出阅读要求——除摘抄外，要写内容提要，写读后感或书评。再在学生阅读过程中进行解疑答难，了解阅读进度。最后抽阅或展览学生的课外阅读笔记，并举行课外阅读座谈会，交流心得，介绍阅读方法。

（摘自《我的探索》一文，该文载《中学著名语文特级教师教育思想精粹》，2000 年语文出版社出版）

讲读课漫谈

讲读课是语文教学的重要组成部分，它对提高学生的读写能力关系极大。怎样提高讲读课的质量呢？通过反复实践和多年来正反两方面的经验总结，我认为应当加强讲读课的"四性"，即思想性、科学性、针对性、启发性。下面就这几个问题谈谈一些粗浅的看法。

所谓思想性就是教师的教学，要运用马列主义的立场、观点、方法讲授课文，指导学生的读写训练，向学生进行思想教育。中学语文是一门思想性很强的学科，加强思想政治教育是非常必要的。问题在于怎么加强法？有的教师为了加强思想政治教育，把文章的思想抽出来，脱离课文，反反复复地讲，一篇课文讲完了，有好些字学生还不会念，有好些词还不懂，有好些句子还不明白，全篇文章有几层意思，这几层意思的关系怎样还不清楚。这样的课，能否说思想性强呢？我们说这不能算一堂好语文课。第一，这样做取消了语文基础知识，不能全面完成语文教学任务。向学生进行思想教育，中学各个学科都有这个任务，但是各科有各科特点，语文课既不同于自然学科，也不同于政治、历史。语文教学有区别于其他学科的特殊任务。这就是必须培养学生能读会写的能力。字词句篇是读写的基础。就拿字词来说，一个中学生要能掌握5000个常用字，10000个词汇，否则，读写就过不了关，读写不能过关，就必然影响学生学好其他学科，影响他们今后的工作。字词句篇的训练，特别是字词句的训练，主要在讲读课进行。如果讲读课脱离课文光讲思想，这就势必削弱语文基础知识和基本训练。我认为这恰好是离开语文教学的独特任务、片面理解了加强思想教育的问题。第二，就思想教育来说，效果也不会好。学生对文章的语言文字还不懂，怎么能够理解文章所表达的内容以及作者所表达的思想感情？既不能充分理解，又何从受到感染和教育。

　　那么，怎样才能加强讲读课的思想性呢？我们认为，"语言是思想的直接现实"，人们进行思想活动，不能离开语言这个工具。就一篇文章来说，思想内容和语言文字是分不开的。在语文讲读课中，一定要坚持思想教育和读写训练的辩证统一。加强思想教育，必须从文章的思想内容出发；思想内容的讲述，又必须从文章形式（语言、结构、表现方法）着手。我们不能脱离文章的词句篇章，架空谈思想教育，而是要用马列主义的立场、观点、方法引导学生学习课文，让学生从课文中所写的人物、事件和道理中，从课文所表达的思想感情中受到思想上的感染和教育。当然，对古代作品中某些消极因素，我们应当作适当的批判，然而，这种批判，也应在理解文章语言文字的基础上进行。

　　所谓科学性，就是要准确地讲解语文基础知识，严格地进行基本训练，切实地培养学生正确理解和正确运用祖国语言文字的能力。在教学中，如果教师讲解语文基础知识不准确，基本训练要求不严格，甚至连字也念错了，写错了，词义解释错了，那就必然会影响学生提高读写能力甚至可能出现本来可以避免的错误。以其昏昏，使人昭昭，是不可能的。我们一定要努力做到正确地分析每篇教材，交代每一个词语概念，对待学生作业也应讲究评改的准确性。教师只有准确无误地讲清基础知识，学生才能真正学懂；只有严格地进行基础训练，学生才能真正会用。

　　所谓针对性，就是要根据学生实际和课文实际，明确教学要求，确定教学内容和教学方法。课文是多样的，不同的课文应有不同的要求。例如。记叙文教学，重点应考虑如何写人记事；教抒情散文，应重点考虑写景抒情，或叙事抒情；古代作品，从目前学生实际情况看，应着重语言方面，以提高阅读能力；教议论文，重点应放在逻辑论证方面。当然，即使是同一体裁作品，各自又有不同特点，因其特点不同，具体要求角度也应不同。不仅如此，还要根据各年级的要求和学生写作实际中所提出的问题而加以考虑，教法也应灵活多样，决不能老用一个框框去套。如有的作者需要介绍一下，甚至详细介绍，有的则无需介绍。有的课文需要讲清文章的层次脉络，以阐明内在的逻辑关系。有的课文分段后，应主要抓住人物进行分析。总之，该详则详，该略则略，抓住重点，突出难点。如果不分年级，不管课文的需要，照例从参考书上引一些材料，要学生抄下来死记硬背，照例开场先讲作者生平，时代背景，再讲生字难句，段落大意，最后概括中心思想，写作特点，面面俱到，平分力量，一个模型到底，那就莫怪学生说语文课"冒味"了。

所谓启发性，就是教师起一种主导作用，按照认识事物的规律，有目的有计划地带领学生进行必要的听说读写活动。有的教师，备课辛辛苦苦，讲课滔滔不绝，自己知道多少，统统倒给学生，像表演，似唱戏，可是成效不佳，究其原因，就是自己讲得过多，学生活动太少。需知学习也是一种劳动，不能"坐享其成"，因此，我们教学，一定要给学生留有余地，让学生活动，做到有讲有练，精讲多练，讲练结合。

（载湖南师院《语文教学》1979 年第 4 期）

挖掘教材中闪光的东西

　　苏联教育家苏霍姆林斯基说："美是一种心灵的体操——它使我们的精神正直，良心纯洁，情感和信念端正。"在"四美"中，心灵美是核心。经过十年动乱，被污染了的青少年的心灵是多么需要美的熏陶啊！语文课本中选了大量的文学作品。文学作品无疑是有认识教育作用的，但是更重要的是美感作用，因此，充分发挥文学作品的美感作用，让学生受到美的启迪，从而点燃学生心灵的火花，培养高尚健康的情操，进而塑造美的心灵，这对语文课来说，是责无旁贷的。

　　中学语文课本中的文学作品，内容丰富，古今中外，无所不包。而这些作品中的美，也是多种多样的，无所不有。课文所提供的这些美育教材是有助于我们从不同角度去丰富学生的精神生活的。有人说得很好，优美的艺术形象，可以匡正粗俗或妄动；壮美的艺术形象，可以激起人们的战斗热情；悲剧之美，更令人产生一种崇高感，激发人们去为美好理想而奋斗；喜剧之美，可帮助人们认识已经过时的、落后的假、丑、恶的事物，使人们笑着和过去告别。既然文学作品的美有如此巨大的魅力，我们语文教师，就应该在钻研教材的基础上，挖掘教材的闪光的东西，向学生进行美的教育。如《雨中登泰山》，这是一篇精彩的游记，作者按游览的踪迹，一一写出冒雨登山途中所见所感，抒发了对祖国壮丽山河的挚爱之情，反映出不畏艰险、迎难而上、登高望远、不断奋进的情怀。我们可以从审美的角度有意识地引导学生去领略雨中泰山的千姿百态、山光水色的优美，"会当凌绝顶，一览众山小"的壮美，从而激发学生积极向上、勇敢进取的精神。又如针对目前个别青少年盲目向往资本主义国家，以洋为美、以钱为美、以怪为美的现状，在教莫泊桑的《我的叔叔于勒》时，就引导学生去分析菲勒普夫妇对待亲兄弟于勒的翻云覆雨、前后迥异的态度，认识资本主义社会里人与人之间的虚伪关系，激发学生对资本主义制度的憎恨之情。

在语文课堂上，教师不能靠简单的政治说教，也不能靠条文图解"满堂灌"，而应动之以情，靠形象的诱导、意境的感染、富有激情的语言，去打动学生的心灵，让学生的思想和感情在美的陶醉中得到净化和升华。

语文课对学生进行美育，不是外加的，而是融化在教材之中的。如讲《茶花赋》的思路时，就以"心都醉了"一句为线索，帮助学生寻觅作者思维的足迹，归国——游春——赞花匠，最后集中到童子面茶花，托物寓意，寄托眷念祖国的情思。这样，扣住一个"醉"字，讲清作者写作这篇文章时的思路，使学生领会文章所描绘的自然美、社会美。

赞可夫认为："敏锐的审美知觉，却并非只有艺术家才能具备的。我们做教师工作的人，了解这点很重要。"我们语文教师就是要从每一堂、每一课的教学，去逐渐培养学生的审美能力，帮助学生树立高尚情操和崇高理想。

（原载《美育》1983 年第 1 期）

《原毁》备课指要

一、教学目的的确定

《原毁》是唐代文学家韩愈的一篇著名文章。原：推论本原；毁：毁谤。古代一些推究事理缘由的议论文，题目上常冠以"原"字，《原毁》即推究产生毁谤的根源。作者在这篇文章里批判"今之君子"，即当时一般贵族士大夫对自己的要求很宽，不求进步，对别人要求特别严格；往往片面夸大别人的缺点，"举其一不计其十"；又不抱"与人为善"的态度，嫉妒别人的进步，"究其旧不图其新"；形成一种"事修而谤兴，德高而毁来"的不良现象。因此，他主张"责己也重以周，待人也轻以约"来挽救这种颓风，而达到"人乐为善"的目的。他把那些对自己要求不严，说别人百无一是的人，看成是不知自爱、不求上进的怠者和忌者而痛加鞭挞。这些论述即使在今天，也还有一定的借鉴意义。

作者论证事理，逻辑性强，每段先有提纲式的语句，然后分层加以阐述，反复推论，逐层加深，最后把自己的论点和意图指示出来。整篇文章还采取明显的对比手法，运用许多排句，从而使这篇文章更富于雄辩气势。

本课的教学目的可确定为：

（一）引导学生认识唐代封建社会一般贵族士大夫们毁谤别人的原因、根源和这种坏风气的恶劣影响，从中获得启示和鉴戒，懂得责己要严的道理。

（二）指导学生认识本文的说理过程。

（三）帮助学生认识本文运用对比等艺术手法的特点。

二、问题讨论

（一）这篇文章共 4 段，各段写了些什么，从每段选一句话回答。第一段是怎样论证的？

讨论这一问题的目的，一是引导学生从整体上把握全篇，使学生对全篇有基本理解；二是了解这篇文章每段先有提纲式的语句；三是学生懂得第一段论证的方法后，便于理解其论证过程与它相似的第二段。

提示：1. 全文共 4 段。第一段写"古之君子，其责己也重以周，其待人也轻以约"；第二段写"今之君子""其待人也详，其责己也廉"；第三段写"为是者有本有原，怠与忌之谓也"；第四段点明写作本文的目的。

2. 第一段是这样论证的。文章一开始就以"古之君子，其责己也重以周，其待人也轻以约"为立论，接着指出这种待人的态度的好处："重以周，故不怠；轻以约，故人乐为善。"这是因为对自己要求严格，则自己愈知砥砺奋发；对别人要求少，别人才乐于做好人好事。然后再用事例说明古之君子是怎样责己"重以周"待人"轻以约"的。他们是怎样严格要求自己的呢？"舜，大圣人也，后世无及焉；周公，大圣人也，后世无及焉"，但是古之君子却以舜和周公的道德、才能作为自己追求的目标，并还时时策励自己说"彼，人也；予，人也；彼能是，而我乃不能是！"于是"早夜以思"，努力改正自己的缺点，向舜和周公看齐。可是他们对待别人，则是"轻以约"，不求全责备，只"取其一不责其二，即其新不究其旧"，别人只要有一善一艺，就加以称扬，"恐恐然惟惧其人之不得为善之利。"在这一段里作者以有力的论据，严密的逻辑，层次清楚地论证了古代君子待人待己的态度，树立起一个做人的榜样，为第二段"今之君子"作对照，从而更加衬托出后者态度和行为的不堪。

（二）本文怎样自始至终抓住一个"毁"字展开论证的？

讨论这个问题的目的，是让学生理解本文具有逻辑性强、段与段环环相扣、反复推论、逐层加深的特点，懂得第一、二段也是紧扣论题的。

提示：本文的题目是《原毁》，内容是推论"毁"的根源，可是文章到了第三段才正式提出了"毁"的根源"怠"和"忌"，表面上看，一、二段似乎扯得很远，实际上这两段也是紧扣"毁"字做文章的。比如第一段，写的是古之君子严于律己宽以待人的态度，其实这也是论述"毁"的根源。因为"责己重以周"的人，他对自己思想行为上的缺点就决不会放松，这就是不"怠"。而"待人轻以约"的人，就一定会尊重别人的优点和长处，并鼓励别人进步，这样的人一定不会妒忌别人，不忌不怠，"毁"当然无从发生。所以古之君子不"毁"。第二段写今之君子待人待己的态度。实则论证今之君子的"怠"与"忌"，待己廉是"怠"，责人详是"忌"，又"怠"又"忌"，说明今之君子多"毁"。第三段论述"怠"与"忌"为"毁"的根源。这是通过一、二段古今君子的比较得出来的。文章最后以"事修而谤兴，德高而毁来"，点清"毁"字，照应开头。

（三）运用对比，可以把道理说得鲜明有力。说说课文是怎样运用对比的方法来增强说服力的？

讨论这个问题，不但要使学生懂得对比论证的好处，而且要能在写作中运用对比的方法论理。

提示：为了增强文章的说服力，本文从三个方面运用了对比的方法：

1. 第一段与第二段，一写古之君子，一写今之君子，通过充分肯定古之君子，谴责今之君子，一正一反，一褒一贬，使文章中心更加明确突出。

2. 用来对比的这两大段中，再以"责己"、"待人"的不同态度分别作比，使文章间架细密，环环紧扣。

3. 在第三段中穿插"某良士"、"某非良士"的一正一反的语句，更把对比的运用和一定的形象性描写结合起来，尖锐地揭露了所谓"今之君子"所隐藏的卑劣的内心活动，鲜明地显示出这些贵族士大夫的愚蠢可笑，取得比一般表达方式更为强烈、更为深刻的效果。

（四）作者的思想认识，哪些是可取的，我们从中应得到什么启发？哪些认识是不可取的，不可取在什么地方？

通过这个问题的讨论，不仅要让学生认识本文的精华与糟粕，而且要培养学生运用历史唯物主义和辩证的观点去分析和正确评价古代作品的能力。

提示：1. 唐代以科举取士，一般中小地主阶级的士子都有从考试进用的可能。在唐中叶以后，朋党斗争加剧，毁谤的风气也日益严重，一般贵族士大夫对这些后进之士多方压抑，挑剔他们的缺点，像韩愈这样的中小地主阶级出身的知识分子，在政治上就经常受到排挤和打击，以他为代表的古文运动也受到到了许多非难，因此作者写了这篇《原毁》，分析了产生这种现象的根源。作者对一般后进之士在当时立身处世的困难表示同情，发出公正用人的呼吁，这不能不说是一种大胆的进步主张。文中所阐述的"责己也重以周"的道理，在今天对我们仍有启发意义。因为在任何时候，我们都应该严格而全面地要求自己，应该经常检查自己不足的地方，向品德才能好的人学习，向先进人物学习。如果对自己要求不严格，有一点长处或成绩就自满自足，看不起别人，那必然影响自己的进步。

2. 由于阶级的历史的局限，作者在立论和阐发问题时，认为"古之君子"一切皆好，完美无缺，甚至认为"舜，大圣人也，后世无及焉；周公，大圣人也，后世无及焉"。这种形而上学的唯心主义历史观是应当批判的。又如文中所讲的"待人以宽"的道理，也应加以分析。我们应该看到别人的优点，肯定别人的成绩，鼓励别人进步，这是对的。这将有利于团结，有利于工作。但是我们对别人的要求是有立场的，有原则的，决不能一团和气，一味宽容迁就，更不能对阶级敌人讲宽宏大量，以至丧失立场。再如作者认为"毁"的根源是"怠"和"忌"，但"怠"和"忌"是剥削阶级意识的反映，是有阶级根源的，作者只从表面现象看问题，所以未能找到"毁"的根源。

三、教法建议

（一）本文是一篇典范的议论文，行文流畅，疑难词句不多，学生在高一时已学过韩愈的《师说》，因此可指导学生自学，用两课时学完。第一课时可从《师说》一课导入新课，让学生依靠注释并利用工具书初步读懂课文，然后学生提出疑难的字、词、句，教师归纳解释。再根据"思考和练习"的第一题，要求进一步研究文章的思想内容和表达方法。第二节课，在自学钻研的基础上组织学生逐段讨论，从文学形式入手来理解思想内容，最后可参考本文备课指要的讨论题择一题讨论。讨论后教师应作小结。对文言文阅读基础较差的班级，教师对文句作些串讲。

（二）读完课文后，可布置课外作文。语文水平比较高的班级作文题为："责己要严"。（可指导学生联系实际，学习运用辩证的观点分析问题的方法。）

语文水平中等或中等以下的班级，作文题为："读《原毁》有感"。（可以引导学生联系实际，就一点发挥开去，围绕论点逐层阐明。）

以上两题的写法，教师均应要求学生在论述的过程中尽量运用上对比论证的方法。

四、"思考和练习"的运用

"思考和练习"第一题可在学生自学的基础上讨论，也可在阅读、讨论的各个环节中结合课文的分析来运用。

第二题的参考答案：

1. 彼虽能是，其人不足称也。（虽：虽然，尽管。连词，表转折关系。）

2. 今虽死乎此，比吾乡邻之死则已后矣。（虽：即使，连词，表假设关系。）

3. 臣虽下愚，知其不可，而况于明哲乎？（虽：即使，连词，表转折关系。）

4. 然君之职分难明，以俄顷淫乐，不易无穷之悲，虽愚者亦明矣！（虽：即使，连词，表假设关系。）

（原载山西《语文教学通讯》1984 年第 4 期）

猜猜他是谁

——肖像描写训练一例

一、命题要求

以"你猜猜，他是谁?"为题，认真地观察班上一个同学，然后写一段话描写这个同学的外貌，以表现他的思想性格，不具名，不写绰号，让班上同学一读你的文章，就知道你写的是谁。

二、借鉴材料

《草地晚餐》、《七根火柴》、《孔乙己》几课书中描写人物外貌的几个片段。

三、具体做法

1. 把所选的借鉴材料发给学生。要求先认真阅读《草地晚餐》和《七根火柴》两课中描写人物肖像的段落，再用这些段落中的词语，填写下面两个表，并简要地写上评语，说说这些外貌描写对表现人物精神面貌有什么关系。

《草地晚餐》对朱总司令的外貌描写

项目	课文词语	评语
穿着	身穿（打补丁、粗布）军服脚穿草鞋	艰苦奋斗
行装	背着竹篮，公文皮包，拄着一根棍子（两头磨得溜光圆滑）	在行军途中还认真处理公务
面容	黑瘦	与战士一道长途跋涉，同艰共苦
额上	皱纹深了，密了	生活艰苦，为革命操劳

《七根火柴》对无名战士的外貌描写

项目	语 文 词 语	评语
姿态	倚着树杈半躺在那里 身子底下贮满了一汪混浊的水	奄奄一息的外貌特征，生动地表现了无名战士珍藏七根火柴的崇高境界
脸色	更是怕人	
头发	被雨打湿了，糊贴在前额上，雨水沾着头发、脸颊，滴滴地流着	
眼睛	眼睛深深地陷下去，眼睛努力地闭着	
喉结	一上一下地抖动	
嘴唇	干裂、一张一翕	

学生填的表，项目和词语两栏都写得好，只是评语一栏，有对有错有好有差，通过讨论比较，把大家认为好的写下来。这样一讨论，使学生初步懂得了人物外貌描写与表现人物精神的关系，以及怎样选恰当的词语来写外貌特征。

按要求阅读《草地晚餐》、《七根火柴》，又与学生一起分析了《孔乙己》一课对孔乙己出场时的外貌描写。板书如下：

身材："身材高大"——魁梧

容貌："青白脸色"，"皱纹间常常夹些伤痕"——经常挨打

"一部乱蓬蓬的花白胡子"——衰老

衣着：穿的虽然是长衫，可是又脏又破——生活贫困

富有特征地描写了孔乙己是一个穷困潦倒、受迫害的没落的知识分子形象。

2. 在学生对肖像描写有了一定认识的基础上，我概述了肖像描写应注意的事项：

首先告诉学生，肖像描写，是为了揭示人物的精神状态和思想性格特征的，绝不是为了点缀、装饰作品，为肖像描写而肖像描写。

其次，肖像描写要抓住特征。肖像描写的内容很多，包括人物的五官、头发、皮肤、身材、体态、服饰，等等。我们不能把人物身上的一切，从头到脚，通通罗列下来，而只能有目的地写一部分。因此存在一个写什么和不写什么的问题，也就是选择细节的问题。

如《七根火柴》一课对无名战士的描写，既没有作机械的照相式的描写，也没有作一般化的面面俱到的刻画。无论是全身轮廓的勾勒还是局部形象的刻画，始终抓住了人物外貌的特征，突出地描写了无名战士临终前奄奄一息的形象，从而更生动地表现了这位战士珍藏火柴的崇高境界，给读者的印象极为深刻。

再次，肖像描写的层次要分明，或从上部写到下部，或从主要特征写到次要特征，或由整体写到局部，或随情节的发展由远及近由粗到细，总之，要显得有"序"。我们上面学过的肖像描写，都是这样做的。

3. 让学生按要求写作。我把命题要求给学生讲了，学生听了，跃跃欲试，课堂气氛很活跃。

下课后，同学们仍兴趣盎然，经过仔细观察，当晚就写好了。第二天都交了卷，因为有材料借鉴，学生一般都写得比较好。如有个学生写的：

在我们班里，有个个子矮矮的同学，她留着短发，圆圆的脸蛋上嵌着一双娃娃似的大眼睛，水灵灵的，长长的眼睫毛，一弯如月的秀眉像是用笔画出来的。一张小嘴微微张开，露出一排洁白的牙齿。

在讲话的时候，她的声音很尖，总是夹着一些鼻音。

她很喜欢穿一件深红色的拉链衣；吃饭的时候，她那不大的碗里却放着一只很大的调羹。

每次上口琴课，她总是拿着心爱的口琴，口贴在上面，一吹一吸，而那两只大眼睛随口琴声眨呀眨的，看上去活像个小娃娃。

现在我不说她是谁，你们也该知道了吧？

也有写得不好的。我在一节作文课里进行了讲评，先让三个学生读自己的文章，再叫大家对人物的外貌特征进行评论，然后让学生修改自己的文章，誊写后，都张贴在教室墙上。学生猜的兴趣也很浓，每个学生的作文都有几个甚至十几个学生在那里猜，写上被猜人的名字和自己的姓名。

肖像描写，这是培养学生以记人为主的记叙能力的一个单项训练。在这个项目的训练中，学生学得有趣，积极性很高，效果也比较显著。如后来写"我的家庭"、"我的老师"、"我与××"等以写人为主的作文中，多数学生写人的外貌逼真，揭示了人物的性格特征。一个学生在"我的物理老师"这篇作文里，一开始就写了物理老师上第一堂物理课时的"亮相"，熟悉这个老师的人，看了这段外貌描写，认为学生会观察，写得很逼真。他是这样写的：

上课铃响了，第一堂物理课就要开始。这时，门外走进一个30岁上下的男老师。他穿一套蓝衣蓝裤，脚蹬一双崭新的解放鞋，浑身上下，一尘不染，别的人头发都是向一边倒，唯有他的头发像一根根钢针一样笔直地向上竖着。方方的脸庞，浓眉大眼，再配上这一套蓝服装，不禁使人想起三国时代刘备手下的猛将张飞。

这种肖像描写的单项训练，在写人的综合训练中产生了良好的效果。

（载《湖南教育科学研究》1982 年第 20 期。山西《初中作文优秀教案》转载）

议论文写作的联想能力训练

一、课题

训练对一事从不同侧面多角度去联想议论的能力。

二、对象

初二学生。

三、教学步骤

1. 分析范例

客观事物总是相联系的。一件事，有各个侧面，"横看成岭侧成峰，远近高低各不同"，取不同侧面就会形成不同角度，从而联想到不同的事例。如我国女排获得了第九届世界女子排球锦标赛冠军这件事，就有许多不同侧面，我们可以从这些侧面联想到许多方面的内容。如下面板书：

（1）祖国的骄傲（意义）

——中国女排为祖国争得了荣誉

（2）用拼搏精神撞开成功的大门（精神）

——热烈祝贺女排的新胜利

（3）要经得起挫折（意志）

——中国女排由开头的 0 比三到连续六个三比 0

（4）必须掌握过硬的本领（战术）

——中国女排取胜的启示

（5）力量来自党和人民（力量来源）

（6）大胆起用新秀（队伍建设）

——从郑美珠、梁艳上场谈起

127

（7）孕育绚丽花朵的人（教练员的作用）

——教练员的汗水

接着跟学生一道讨论：以上这些论题，都分别是从哪个角度提出来的？让学生明白这几个论题分别是从女排夺冠的意义、女排姑娘的精神、意志、技术、力量来源，以及队伍建设、教练员的作用等不同角度提出来的。

2. 一事多角度联想应注意的几点

（1）先分析一件事物的不同侧面，确定联想的角度；

（2）弄清每个侧面包含的道理；

（3）选择带普遍性、针对性强而自己认识又比较深的侧面，提出论点，确定要解决的问题。

3. 练习

（1）口头练习。分析班上学生很熟悉的一件事。如某某由一个后进学生变成了先进学生，并且入了团，就以"某某入团了"这件事从不同角度展开联想，提出论题。

（2）书面练习。读一读下面这个材料，你联想到哪些道理？如果要你写读后感，你可以提出多少个论题？

我国著名老科学家钱伟长说，现在许多老知识分子年事已高，他们都以一年等于两年的劲头在干工作，以夺回失去的时间。我自己正是怀着这种心情和时间竞赛。6年多来，我一共发表65篇学术论文，其中有些在国际学术会议和刊物上发表；写了11部专业著作，约有600万字；我先后到全国26省、市做了98次学术报告，听众达11万人次。我愿在有生之年，把知识献给四化大业。

先让学生做在练习本上，教师巡回指导，再让三个学生把自己拟的题目写在黑板上，师生共同评论。

根据以上分析，选择学生自己认为最带普遍性、并且认为比较深刻的论题，在下一节课内写一篇议论文。

进行联想能力训练，不仅可以提高学生的议论能力，而且有利于活跃思想，开拓思路，发展思维能力，有利于提高立意和构思的技能技巧。

（1982年在湖南中语会第二届年会上我上作文研究课的教案，后载《名家行家作文训练设计》一书，1987年宁夏人民出版社出版）

游记作文如何夹叙夹议

语文教师的本领，在于能从纷纭复杂的写作现象之中找出规律性的东西，并把这些规律性的东西科学地传授出去，真正达到学生"自能作文"的目的。

一、教学目的

夹叙夹议，是指作者根据表达文章主题的需要，一边叙述，一边直接发表见解、看法，进行议论的一种方法。中学语文课本第三册三单元所选的 3 篇课文都是复杂的记叙文，都采取了夹叙夹议的方法。这次作文就是以该单元中的《内蒙访古》为范文，让学生写一篇游览名胜的文章，写时注意突出谈名胜的某一方面的特点，综合运用记叙、描写、议论等表达方式。批阅学生写的游记，发现学生写这类文章，容易犯两个毛病：借景（物）论理，往往抓不住景（物）与理的共同之处，结果牵强附会，前后割裂；脱离所记事物空发议论，甚至用大段的议论代替记叙描写。针对学生写作实际，选一篇较差的作文和两篇好作文运用对比的方法进行专题讲评：游记作文怎样做到夹叙夹议。对比是认识事物的有效方法，通过比较，有利于教师生动具体地讲评好在哪里，为什么好，差在哪里，为什么差。学生也容易领悟到应该怎么写，不应该怎么写。这样做，材料具体，学生印象深刻。在教学方法上，主要采取在教师指导下的课堂讨论。

课时：一课时。

课前准备

讲评要重点突出，切忌面面俱到。首先围绕讲评重点选好较差和好的典型习作，较差的习作，如若存在与讲评重点无关的毛病，教师要动手修改，以免课堂上节外生枝，分散精力。其次，讲评前可先印发已选好的习作，并要两篇（或一篇）好习作的作者准备在课堂上讲自己写这篇文章的体会（教师可帮助学生围绕讲评重点谈体会）。让学生谈写作经验，可以产生课堂上的正值效应，显得格外亲切。

二、启发谈话

这次写游记，一些同学能按照提出的要求写，综合运用了记叙、描写、议论等表达方式，但是还有相当一部分同学没有按要求写，主要毛病是记叙、议论处理不当，因此，这堂课打算跟同学一道，评论同学写的 3 篇习作，着重解决"怎样夹叙夹议"的问题。

三、剖析写得较差的一篇习作

1. 同学阅读

游刘公岛

快艇剪开平静如练的海面，船两侧溅起的一串串雪浪花，像一片片白色的云朵，轻轻地托着快艇在海面上飞翔。那略带着咸味的海风迎面扑来，似乎把八月的酷暑一扫而尽，而且直透入五脏六腑，使人感到无比的清爽和兴奋。前望岛上，一片苍翠；回头北望，美丽的威海市简直如同在画中一般。

船靠码头了，这曾经滚涌过"甲午风云"的刘公岛就兀立在我们眼前。

一下船，我一眼便看到在那建于山崖之上，掩映在青翠碧绿之中的丁公府。这是清朝北洋水师的提督署，共三进庭院，占地面积达1万平方米，是一个庞大的建筑群。它倚山临海，非常壮观，一搭眼，就给人以雄壮美丽的感觉。登上十多层台阶，通过一排松柏树，迎面便是提督署的正大门。大门向南，门前的两根高大粗壮的木柱就像巨人的手臂，将屋檐高高地托起。门两旁是两个阁楼，华美别致，据说这里原是仪仗队奏乐的地方。遥想当年，丁汝昌身穿盔甲，登舰出航或返航归来，战舰上礼炮齐鸣，旌旗遮空，阁楼上锣鼓齐鸣，彩旗飞扬，可谓盛极一时。跨过高高的门槛，便行入前院。院子里是平整的泥地，一条用石子铺成的甬路直通正屋，这是议事厅，当年提督丁汝昌和各舰管带就在这里集会，谋划军机。现在屋里陈列着当年甲午海战的图片、相片以及提督丁汝昌和致远管带邓世昌的照片等。望着这些照片，那战火纷飞的场面仿佛出现在我的眼前：邓世昌和他的"致远"舰正开足马力，欲撞沉敌舰，但不幸被敌人鱼雷击中，全舰官兵壮烈牺牲。甲午海战最终虽然失败了，但是却谱写了一曲气壮山河的爱国主义颂歌。

离开议事厅，经屋两旁的长廊便进入二进院，横跨二三院的两条长廊将院子分成了三部分，东面便是丁汝昌的住所。日军攻陷威海后，这位近代民族英雄面对投降派的威逼，誓死不降，怀着满腔悲愤在这个屋里殉国了。

走出提督署，站在大门前的台阶上，向南望去，一条大山脉径自伸入碧蓝的大海里。那里的摩天岭，是南帮炮台所在地。日军从海上进攻威海失败后，便从荣成湾登陆，绕到威海卫的背后，首先进攻的就在这儿。当地守军在营官周家恩的带领下，浴血奋战，击毙了日酋寺封村少将和大量侵略军。丁汝昌也派炮舰发排炮支援。但因无救兵，寡不敌众，大部分清兵壮烈牺牲，剩下极少数士兵，在大炮底下埋上了地雷，与上来的日军同归于尽了。这是甲午之战大悲剧中的一支悲壮的插曲。

想到这些，多么叫人愤恨，多么使人痛心，威海卫，这个山明水秀之地，土肥民勤之乡，就这样被日军践踏了，这是何等的耻辱！然而这样的耻辱又何止只一次呢？日本强盗第二次占领威海是在1938年的春天，和清王朝同样腐败的国民党政府，消极抗战，使大片国土沦为日本帝国主义的殖民地，使千万同胞成了亡国奴。大批挂着膏药旗的日本兵舰又出现在刘公岛的海湾。海面上，舰队的黑烟，染污了那明净碧蓝的天空，田野上见不到碧绿的庄稼，到处都是飞扬的尘土，一队队日本兵，骑着高头大马，挥舞着雪亮的战刀，到处追杀着四处奔跑避难的贫苦百姓，不知有多少人死在他们的铁蹄之下。日寇在李家乔制造了威海史上一次罕见的大屠杀惨案。那是一个深秋的傍晚，一群日本兵突然闯进了村庄，说村里窝藏八路，便把全村的男女老少统统赶到村西头的谷场上，一个拿着战刀的鬼子军官，在人群面前哇啦哇啦地叫着，要他们交出八路，可是谁能交出八路呢？鬼子军官恼羞成怒，把手中的战刀一举，随着哇啦哇啦的喊声，早架好的机枪便向人群扫射起来，这些无辜的百姓惨叫着倒在血泊中……

这是何等的残忍，这难道是所谓的"进入"！目前，日本文部省在修订的历史教科书中，竟歪曲历史，把对中国的"侵略"改为"进入"，想把日本帝国主义对中国以及对东南亚的侵略合法化。墨写的谎言岂能掩盖血写的历史！日本当局的这一行为，已经受到全中国人民以及全世界主持正义的人们的强烈反对。

返航了，美丽的海岛渐渐地离我们远去了。啊！刘公岛，这颗胶东半岛上的明珠，只有在今天才那么璀璨夺目。瞧，不远处，那蓝天碧海之间，一面面火红的"八一"军旗正在迎风飘扬。啊，英雄的海鹰，为保卫四化正百倍警惕地巡逻在神圣的海疆。

2. 同学展开评论，评论的重点是：

这篇游记作文，在表达方式上，记叙与议论的关系处理得好的有哪些部分？哪些部分处理得不好？为什么？应当怎样修改呢？

3. 在同学讨论的基础上，明确：

这篇作文，记游的重点是丁公府，眼前景物的记叙和对往事的追想，都写得很感人，其中穿插的议论"谱写了一曲气壮山河的爱国主义颂歌"，"甲午之战大悲剧中的一支悲壮的插曲"，对缅怀爱国将士、控诉日本帝国主义侵华暴行这一主题起了深化的作用。这一部分记叙与议论的关系处理得恰到好处。毛病在于后半部的议论与游踪扣得不紧。写这篇游记，要求夹叙夹议，以记叙描写为主，议论为辅。因为游记作文属于记叙文范畴，记叙文是以记叙为主的，一般要有记叙要素，要交代旅程，要按旅游历程顺序安排材料，以时间推移、空间变换为序。游记作文中的议论，不是构成文章的主体，不像议论文那样要做充分论证，如果借用画龙点睛的说法，那么在这类文章中，记叙是画龙，议论是点睛，二者相互为用。而这篇《游刘公岛》的作文，后一部分从倒数第三段的"然而这样的耻辱又何止一次呢？"这句话起，就转入到对日本强盗入侵威海的回顾，而且对日寇制造的一次罕见的大屠杀惨案进行了具体的记叙。倒数第二段还对日本文部省在修订的历史教科书中歪曲历史事实一事大发议论。很显然，尽管写的是事实，议论的观点也是正确的，但是，由于没有扣住游踪，议论也就成了附加的东西，显得有些喧宾夺主，画蛇添足。怎样修改这篇作文呢？与游踪无关的第八段全部删掉，第七段只留下开头第一句，其余的也删掉。因为夹叙夹议的作文，叙述忌平淡，议论忌空泛。"议"应该是在"叙"的基础上自然生发出来的，是点睛之笔。"议"要有针对性，或开门见山，或富有哲理，或直抒胸怀，以加强文章的感染力，引起读者的共鸣。这次作文，有些同学就是这样写的。

四、剖析两篇好作文

1. 同学阅读

瞻仰岳王庙

岳王庙是杭州西湖著名的名胜古迹之一，是人们为纪念宋代著名的抗金将领、杰出的民族英雄岳飞而建的，距今已有700多年历史了。暑假的一天，我乘车来到岳王庙前。红墙围着的庙宇，坐南朝北，大门的门匾上写着"岳王庙"3个大字。门柱上的楹联是《满江红》中的诗句："三十功名尘与土，八千里路云和月。"字迹雄健有力，气派不凡。走进庙门，院落里古木参天。经过大宅院，便来到忠烈祠大殿，大殿正门上方的匾刻着"心昭天日"4个大字，是无产阶级革命家叶剑英的手笔，这是对岳飞的千秋公评。

走进殿内，我便看到一尊约4米高的岳飞塑像。岳将军顶盔贯甲，左手抚剑，右手握拳端坐在交椅上，在身后"还我河山"大匾的映衬下，越发显得英姿勃勃，大将风度俨然。殿内的两侧和后墙上的彩色壁画再现了从"少年学艺"到"风波构害"的岳飞生平事迹，游人瞻仰后敬意倍增。看着想着，我联想到福州山上的戚公祠。何止是岳飞、戚继光？只要是于人民有功的人，人们都将永远纪念他们。

从岳王庙出来往西走，穿廊过道，参观了岳飞抗金史迹陈列室和几处后人称颂岳飞的诗之后，便来到了岳坟。岳飞死后被追封为鄂王，所以岳墓建得和帝王墓一般。墓前建有墓阙，阙前有照壁，上嵌"精忠报国"4个大字，过阙门一条甬道直通墓地，但必须登两段台阶。在第一段台阶的两边分别站着一匹石马，我想这大概是表明岳飞的戎马生涯吧。走向台阶后，就看到甬道两旁排列着的石雕文官武将，个个肃穆而立，仿佛正在恭听岳飞抗金救国的韬略，使人觉得岳飞虽死犹生。再往上走，登上第三段台阶就到了墓前。

正中大坟的墓碑上刻着"宋岳鄂王墓"5个字，右边较小的是"宋继忠岳王墓"。岳飞墓前有一个放供品的长条石案，案前有一个石香炉。我去时虽无香火，但炉内香灰累累。望着坟头郁郁葱葱的绿草，坟后生机盎然的青山，我想到，秦桧等一班历史小丑能以"莫须有"的罪名杀害岳飞，但永远阻止不了人民对岳飞的爱戴，岳飞的英名和业绩已与日月同辉，和天地共存了。

岳坟处还有一个值得一看的地方，那就是墓阙下并排摆着的秦桧等奸臣的铁铸身像。他们个个赤裸着上身，反剪双手，面墓而跪，低垂着头，样子狼狈极了，这里凝聚着人民对一切民族败类的强烈憎恨。岁月虽已流逝，但这种感情仍不减当年。瞧，那儿有一个游客正愤愤地用手指着秦桧的脑袋骂着呢！

"青山有幸埋忠骨，白铁无辜铸佞臣。"千秋功罪，历史自有评论。

瞻仰完岳王庙，我就像上了一堂内容丰富生动的爱国主义教育课。下次再来杭州，我是还要来岳王庙的。

麓山红枫

一个秋高气爽的下午，我们踏着洒满落叶的小道，向岳麓山顶攀登。一路上，大家兴奋地谈论着。突然，一个同学叫道："看，枫树！"果然，在我们眼前矗立着一棵高大的枫树。这棵树像一个顶天立地的巨人，又像一个威严的哨兵。树干粗大、笔直，直插云霄。树尖上，那铜钱大小的红透了的枫叶，像一团团小火焰。从上往下看，火焰渐渐扩大，形成一个巨大的火炬，十分壮观。周围层层绿树，把它衬托得更加艳丽。枫树旁，落下了许多枫叶。同学们像发现了"新大陆"似的，争先恐后地抢拾枫叶。我也捡到了两片，一片是紫红色的，一片是鲜红的。我小心翼翼地把它夹在笔记本里，作为最珍贵的纪念品。

我们继续向上走，不一会来到了半山坡，看到了一片别有风味的枫林。那层层枫树，一片火红，像燃烧的火焰，像天边的红霞。轻风吹来，枫林微微地翻滚着、起伏着，瓦蓝瓦蓝的天空与火红的枫林交相辉映，多么壮丽！我们完全陶醉在大自然的美景里……我想：如果我是一个画家，一定要用最美的色彩来描绘这红色的海洋。突然，不知是哪位同学兴奋地高喊："枫叶红了——枫叶红了——"

山谷传着回音"红了——红了——",一人呼喊众人和,同学们情不自禁地朗诵脍炙人口的诗句:"停车坐爱枫林晚,霜叶红于二月花","看万山红遍,层林尽染……"啊!美丽的麓山红叶,你使多少人为之倾倒,为之自豪。你为何这样红,这般艳?无数革命战士,为了创造一个红彤彤的世界,抛头颅,洒热血,啊!是烈士的鲜血染红了你……我望着枫林,心中无比激动,力量倍增,迈开大步,继续向上攀登。

2. 同学展开评论,评论的重点是:

就夹叙夹议而言,这两篇作文好在什么地方?(第一篇作者在游览过程中观察仔细,注意收集有典型意义的材料,因而所见的景物,如楹联、匾额、塑像、壁画以及墓的建筑物都写得具体、清晰,都能给读者深刻印象。在瞻仰过程中,作者穿插议论,写所思所感,如联想到于山"戚公祠",说明"只要是于人民有功的人,人民都将永远纪念他们"。望着坟头的绿草,坟后的青山,引出对岳飞精神的赞美"岳飞虽死犹生","岳飞的英名和业绩已与日月同辉,和天地共存了",这些文字都起了深化主题的作用。第二篇,集中写麓山的红枫,最后几句话,作者由红枫想到古代诗人和革命领袖赞美红枫的诗句,进而把对红枫的赞美转到对烈士的赞美,从而歌颂烈士为革命献身的精神。这种以感叹句、排比句形式表现的抒情色彩极浓的议论,渗透着作者深厚的感情,增强文章的表现力和感染力。)

3. 分别请两位习作者向同学介绍自己写这篇文章的体会,重点是讲自己怎样做到夹叙夹议的。

五、教师小结

从以上3篇作文的比较,同学们的讨论以及习作者的体会来看,写好游记,要把记叙描写与议论(即夹叙夹议)有机地结合起来,怎样才能做到这一点呢?第一,要处理好"叙"与"议"的关系,"叙"与"议"的关系是"画龙"与"点睛"的关系,"龙"画得愈逼真,"点睛"才会有效果。"睛"点到恰当处,"龙"才会变活。第二,叙议结合,贵在有情。叙中有议的文字不可能完全是纯理论的,而应饱含深情,动情晓理,尤其是当作者叙述到关键时刻、感情愈强烈时,蕴含深情的议论就会更加突出文章的中心。冷漠空洞的议论是收不到满意的艺术效果的。第三，不要喧宾夺主。夹叙夹议，总要以记叙描写为主，议论不宜过多。第四，议论必须紧密联系记叙描写的内容。议论要对所叙述的内容直接表达见解或做出判断，或就个别事物点出它的普遍意义。这样可以使思想内容深化，删掉这些议论，文章的思想内容就会大为逊色。

六、布置作业

每个同学改写自己的这篇习作，可以改一部分，也可重写。
板书设计
怎样夹叙夹议
叙是画龙 议是点睛
叙是铺垫 议是深化
叙忌平淡 议忌空泛
"议"从"叙"发 贵在有情

七、教学说明

从实际出发，将学生以写景为主的作文中的有关夹叙夹议的好的和较差的例子找出来进行分析，讲评的针对性是强的。课后，学生普遍反应印象深刻。这有利于对学生进行重点指导，解决主要的思想认识问题，讲述系统的写作知识。但是夹叙夹议，常常是复杂的记叙文所运用的表达方式，所以不是一次以写景为主的作文或讲评就可以完全达到目的的，还需要通过多次对以记人为主或以叙事为主的作文和专题讲评，才能收到更好的效果。

（载《名师授课录（高中语文）》一书。1995年上海教育出版社出版）

得失寸心知

——走进大课堂

　　1981 年中秋，天高云淡，丹桂飘香。在长岳铁道线上，一列火车在奔驰着。一节车厢里充满了欢声笑语，洋溢着青春的气息。这节车厢里坐着 45 位少男少女，他们是湖南师大附中首届初、高中整体教改实验班 114 班的学生，刚刚进入二年一期。他们中有的哼着花鼓戏，有的吟诵古诗词，有的阅读书报，有的谈笑风生，有的在尽情欣赏窗外活动着的景物。看着学生们那股高兴劲儿，我和几位老师禁不住露出了会心的笑容。

　　事情是这样的：开学不久，实验班办公室的王之方主任、王健纯班主任和几个任课老师，制订了一个学期的班级活动计划，其中决定利用中秋节和一个星期天的时间，到离我校 200 多公里的岳阳楼、君山去观光游览，并要求我这个语文老师给予配合。我高兴地答应了。岳阳楼和君山我以前去过两次，我还认真地读过《岳阳楼诗词选》，这是该书的作者方授楚老师赠送给我的，《岳阳楼记》是语文课本里的传统课文，我教过多遍，所以我熟悉岳阳楼。读万卷书，行万里路。积极帮助学生扩充生活的原始积累，构建丰盈的文化素养，吮吸大自然的乳汁，这是语文老师的职责，我很早就想带学生去观光岳阳楼，但因种种原因未能实现。这次有两天时间带学生去岳阳楼，去君山，去感受大自然，我怎能不抓住这个难得的机会呢？我要让学生了解和景慕岳阳楼，并通过参观游览，激发学生写作的激情和灵感。于是我选编了有关岳阳楼和君山的诗文，如李白、杜甫、欧阳修、张孝祥、腾子京、吕洞宾的诗词，袁中道的《游岳阳楼记》，加上详细注释，油印成册，发给学生自学。我还向学生提出几个具体问题，如，写岳阳楼的诗词中，你最喜欢哪几首，能背诵吗？岳阳楼里悬挂了许多副楹联，你最喜欢哪几联，能顺口说出来吗？岳阳楼和君山有许多民间传说故事，你能搜集一两个吗？临近中秋的前两天，我跟学生讲了范仲淹的《岳阳楼记》。课堂上，我先让学生读课文，看注释，质疑，讨论释疑，在学生理解课文的基础上，熟读，背诵，最后由我概括总结。我说：这篇课文虽然只有369字，但字字珠玑，文章情景交融，内容博大，气势磅礴，语气铿锵，文中"不以物喜，不以己悲"等名句，已成为后人处世的格言，尤以"先天下之忧而忧，后天下之乐而乐"两句，哲理精深，体现了中华民族的伟大精神，人民广为传诵。自此，《岳阳楼记》名传千古，岳阳楼也名满四方。明天我们就要去素有"洞庭天下水，岳阳天下楼"盛誉的堪称江南三大名楼之冠的岳阳楼，让我们尽情地去欣赏、去品味吧！让我们也像游览过岳阳楼的文人一样，写出自己最好的作文吧！话声一落，响起了热烈的掌声。就这样，带着对大自然的向往，对写好作文的渴望，列车将我们送到了历史文化名城——岳阳市。

中午时分，我们来到了岳阳楼，学生们挺高兴，他们尽情地游览了岳阳楼和岳阳楼旁边的名胜古迹：仙梅亭、三醉亭、怀甫亭、小乔墓、点将台等。在岳阳楼内，同学们最感兴趣的是何绍基书写的102字长联，他们轻声地念着："一楼何奇？杜少陵五言绝唱，范希文两字关情，腾子京百废俱兴，吕纯阳三过必醉，诗耶，儒耶，吏耶，仙耶，前不见古人，使我怆然而涕下。""诸君试看，洞庭湖南极潇湘，扬子江北通巫峡，巴陵山西来爽气，岳州城东道崖疆，潴者，流者，峙者，镇者，此中有真意，问谁能领会得来。"他们有些地方不懂，请导游讲解，导游讲了对联中的典故后，大声说："上联以'一楼何奇'起首，列举诗圣、名儒、贤吏、酒仙在岳阳楼所留下的诗文政绩和传统，抒发了作者吊古伤今的感慨；下联介绍了巴陵的名山、大川、雄关、险邑，如果您记下了这副对联，那么你对岳阳楼便有了大致的了解。"学生听后马上抄录、默记。他们登上三楼，望着洞庭湖气象万千的景象，久久不愿离去。

当晚，"长烟一空，皓月千里"，在岳阳楼边，洞庭湖旁，我们举行了中秋晚会。大家兴高采烈，吃着月饼，"把酒临风"，跳舞、唱歌、谈感想，真谓"心旷神怡，其喜洋洋者矣"。直至明月偏西。

第二天清晨，我们乘船过洞庭，驶向"自是小蓬瀛"的君山。

望着迷人的湖水，平时喜爱诗歌的蒋晓卷同学，轻声地背诵张孝祥的《念奴娇·过洞庭》中的诗句："洞庭青草，近中秋，更无一点风色。玉鉴琼田三万顷，著我扁舟一叶。"跟她坐在一起的好几位同学立即应和，接着微笑地背道："湖水连天天连水，秋来分外澄清。""悠然心会，妙处难与君说。"船渐渐离开岳阳楼，一个学生发现什么似的，大声说："你们看，岳阳楼好像是直接从洞庭湖里长出来的！"又一位学生说："岳阳楼好像是一只凌飞的鲲鹏。"我不禁赞扬道："好一个'长'，好一个'凌飞'，很形象。"不知不觉，我们到了君山。君山地形独特，如一条"巨龙"高卧湖中。岛上有36亭，48庙。我们游览了龙涎井、朗吟亭、二妃墓、传书亭、柳毅井、飞来钟、钓鱼台、酒香亭、仙螺峰。这里每一个景点，几乎都有一个神秘故事。有些学生还特意去访问茶农，去度假村旁仔细观察了多态多姿的竹子。

回到学校后，学生主动写了生活速记、游记、日记。这次学生的作文都写得不错，内容充实，文笔生动，引用诗文典故，使文章颇有文采。我让班里的每个小组互相批阅，从中选出言之有物、情文并茂的佳作，办了一期墙报，并选出4篇作文在刊物上发表。下面是两位学生在刊物上发表的文章中的片段。

学生李河的《今上岳阳楼》一文中，发表在《少年作文辅导》。下面摘录他写自己登上三楼所见所感的一段文字：

"欲穷千里目，更上一层楼"。我继而又登上了三楼。三楼略比二楼小，楼中塑有吕洞宾的一座金像，惟妙惟肖。来到正面楼栏，我们向远处望去，巴陵胜状尽收眼底，八百里洞庭一望无际。在阳光照耀下，洞庭湖似一面巨大的光华四射的银镜，耀人眼目。湖面上水波闪耀，鳞浪层层，水天一色，江面上，几只帆船似树叶在缓缓飘动，留下几道波纹。如此美景，难怪古人叹道"八月湖水平，涵虚混太清，气蒸云梦泽，波撼岳阳城。"向两侧望去，田野似绿毯。转向楼的背面，凭栏眺望建筑群和田畴疏密交错，一直向远方延伸。银带似的马路，往来如梭的汽车，熙熙攘攘的人群，林立的厂房，高低错落的楼房，构成一幅美丽的图画。看到这一切，我不禁心旷神怡，感慨万端。古人那种"先天下之忧而忧，后天下之乐而乐"的胸襟，不正像这宽阔的洞庭吗？看如今古城旧貌变新颜，不正是成千成万忧国忧民之士浴血奋斗换来的吗？我们正当青春年少，更应树立"先天下之忧而忧，后天下之乐而乐"的忧乐观，立志为中华民族的腾飞而学习，为祖国社会主义现代化贡献一切力量啊！

另一篇是学生方晓红写的《尽情君山一日游》，发表在《少年文史报》。请看：

烟波浩渺的洞庭湖中，突兀着一座美丽的山峰，这就是被誉为"白银盘里一青螺"的君山。君山原名洞庭山，因虞帝二妃娥皇和女英死后葬在这座山上，而又称为君山。我们是在一个毛毛细雨的清晨来到君山之麓的。首先瞻仰了虞帝二妃墓。然后绕过二妃墓，沿着林荫小道上行。凌空的飞檐把我们吸引到一座小亭旁。到传书亭了！据说，见义勇为的柳毅为龙女传书的故事就发生在这里。柳毅就是从亭旁那口神秘而深邃的井中走进龙宫的。近中午时分，我们来到了酒香亭。这时，雨已停了，笼罩着雨雾的君山，终于揭开了面纱。一片片竹林，一层层茶树，连接如云。看竹，斑斑泪痕的斑竹，青翠欲滴的淡竹，密节错落的罗汉竹，秀气挺拔的小楠竹……争奇竞秀；而那层层低矮的茶树，油绿色的茶叶，散发着浓郁的清香，更逗人喜爱。这里的银针茶叶，早在唐代就成为贡品，如今也还是我国十大名茶之一呢。我不觉登上山顶。俯瞰洞庭湖，波光粼粼，帆船点点，我们真是"心随湖水共悠悠"了……从山顶下来时，我们又寻访了飞来钟，还拾起小石子投上去，伴着洪亮的钟声，走下山来。夕阳撒在潋滟的湖面上。当我们登上回返的小船时，回首依依，多么难舍的君山啊！

这次结合语文教改的班级活动，给学生的印象是很深的。20多年过去了，学生远道来看我，还津津乐道地谈起岳阳之行——那充满诗意的"一楼一湖一山"，谈起他们写的作文。

这次活动也进一步启示我：搞好语文教学，须课内课外两手抓，"汝果要学诗，功夫在诗外"。社会、自然界，是内容最丰富的大课堂。两手抓，比只抓课内，要劳神费力得多，也辛苦得多，但是，教书育人的效果也大得多。此后我经常采取"阅读——游览或访问或调查——作文——评改"的方式，带领学生走进大自然，去捕捉无限的风光，去感受大千世界。每次教改活动，虽然都要付出艰辛的劳动，但看到学生的健康成长，我又是非常快乐和幸福的。所以我常常回忆那段难忘的生活。

（载武汉《成才》，2006年第8期）

◎ 散　　记

湖南师大党委副书记副校长蒋冀骋
跟我谈我退休的问题

1996 年 8 月 23 日，湖南师大党委副书记、副校长蒋冀骋（教授、博士生导师）受师大党委、校长的委托，于下午三时半，在附中校长办公室跟我谈我退休的事，王楚松校长陪坐。

蒋副校长的谈话归纳为五点：

1. 你是附中的功臣，为附中的建设和发展作出了重大贡献。

你是抓教学的，这是学校的中心工作，贡献是很大的。

附中在全国的影响比师大还要大，这是附中领导老师的努力，也与你的努力分不开。

2. 你在语文教学，特别是在作文教学方面作出创造性贡献，在全省有名，在全国也有影响，这是难能可贵的。

3. 你退休后仍可在附中搞教研，辅导青年教师。

4. 退休按退休手续办。

5. 退休后你有什么要求吗？

接着蒋副校长要王楚松校长讲话，王讲了两点：

1. 以后开一个欢送会。

2. 以后辅导青年教师三、四年。

最后，我讲了话。首先对师大的领导蒋副书记、副校长对我的评价表示感谢。对退休我没什么要求。接着我讲了我受师大出版社的委托，要主编一套丛书——《作文灵感屋》，就不在学校做事了。

湖南师大附中校领导为我退休
召开的座谈会

1996 年 8 月 30 日

参加人员：王楚松（校长兼党委书记）、周望城（党委副书记兼副校长）常力源、席少云（二位副校长，党委委员）、赵尚志（副校长）、黎长昭（教导主任）苏华（工会主席、党委委员）、樊友全（总务主任）。

王楚松主持：

老邓要退休了，开个座谈会，也叫欢送会。老邓搞了两届多的行政，1960 年来附中，前几天师大党委副书记、副校长蒋冀骋代表师大党委、校长找老邓谈了话，说明师大是很重视的。老邓是附中的功臣，为附中的建设和发展作出了重大贡献。

席少云：

我是 1962 年来的，老邓比我早两年。老邓是名副其实的特级教师，是附中的功臣，为附中的建设作出了重要贡献，在全省全国都有名气，为附中争得了名誉，是附中老知识分子的代表。老邓是位福星，希望退休后福星高照附中。

樊友全：

我们 60 年代经常在一起。

老邓搞实验很有成绩，当副校长很不错，竞赛成绩突出。工作兢兢业业，是很有影响的人。

黎长昭：

在工作上老邓要求严格又宽厚待人。在工作中的做法，有些是他自己的经验，很有指导意义。肯帮助人，关心人，我敬重他。

周望城：

德高望重，是附中的一块牌。

关心青年教师，重视培养青年教师，把理事（省、市中语会理事的职务）让给青年人。

在全国有影响。退休后，语文组一下难有一个在全国有影响的人。

在省里担任多年的高级教师评委会副主任委员，不但为省的教师队伍建设作出了贡献，也为附中的教师队伍建设作出了贡献。

抓附中的教学很有成绩。

担任宣传工作有起色。

给党校学生讲课反映很好。工会工作也很不错。

一个教师在全国有影响，对附中有好处。很多方面是值得学习的。

苏华：

在长沙市很有影响。肯帮助青年教师。兼任工会主席 3 年，很信任人，这几年附中成了模范教工之家，邓校长还代表附中在省工会表彰会上发言。

他是我的老师，值得学习。

赵尚志：

我们一起工作多年，他了解我，我也了解他，他的工作为人都很好，我称他为先生，很尊重他，值得学习。他的自我按摩我也学习了。

常力源：

我们同一个办公室 8 年，我敬佩他，学习他。我概括为三点：严谨的治学态度，踏实的工作作风，正直的为人处世。

邓日：

我非常感谢大家对我工作的帮助、支持，感谢大家热情的话语。

我在附中工作 36 年，其中任班主任 11 年，教研组长 17 年，副校长 8 年，党委委员 6 年。我能取得一些成绩，总结起来，一是有信仰，二是有追求，三是工作尽心尽力。

在鸡年除夕全家聚餐时的讲话

在鸡年除夕，全家欢乐聚餐的此时，我很激动，讲三点感言。

首先讲我的心情。今天，在这里过年，在邓清、爱军的新房子里过年，而且是别墅这样的新房子里过年，我感到很高兴，很舒心，很开心。近几年，爱军、邓清，先后买了小车，今年又购了新房。新房子干干净净，漂漂亮亮，红红火火，这是你们勤劳的双手换来的，是多年的血汗换来的。住这种房子，我感到十分安心舒畅。

其次讲讲我的感谢。这两年，特别是近一年来，我身体不适，几个月躺在床上，吃饭靠喂，屎尿在床边厕，几乎要上西天了。但是，在家人无微不至的照顾护理下，现在身体正在慢慢恢复，比以前好多了，我衷心感谢我的一家人。

我感谢乖孙孙邓昀昀，她是一粒开心果，给我喂饭，看到她我就好舒服，开心。

感谢邓清、爱军、岳松。邓清多次开车送我看病抓药，买东西，护我下楼看病，担惊受怕。爱军也开车送我去医院，还先后给我买了拐杖、坐厕椅、竹炭垫子、枕头、电热毯、衣物等，两口子经常问我想吃什么，一次看我爱吃他们买来的山竹，过两天便买来了一筐，这种水果很贵，看到这筐水果我真的很感动。岳松经常打电话回来问候，他回来时，给我带药，在家待两天，还给我喂饭。儿子儿媳的孝顺，给我极大的安慰。

我更要感谢我的老伴，她简直是我的"特护"。她为我四处寻医问药，日夜操劳，精心护理，费尽了心血，看病、买药、喂饭、洗脚、剪指甲、洗澡、床边接屎接尿，样样离不开她。是她唤起我活下去的强烈愿望。我曾低吟："独怜老伴情，活过年八十。"

家人如此关照护理，我怎能不感谢呢！

再次，我要祝福全家人。

昀昀是个聪明、活泼、开朗的乖佗，在博才读书，综合素质高，每期都被评为优秀学生，还得过许多竞赛奖，如两次区手工现场制作一等奖，数学奥赛一、三等奖，儿歌刊登在《语文报·低幼版》上，有篇作文还获过长沙市金奖、省三等奖。我祝福昀昀健康成长，将来成为国家的栋梁之材。

爱军是个帅才，有组织能力，肯干、能干、会干，干出了成绩。邓清心灵手巧，有能力。我祝福小两口和和睦睦，恩恩爱爱，心想事成，财源滚滚，发财发大财。

大儿子邓岳松，事业有成，可喜可嘉，我祝福他全面丰收，更上一层楼。

老伴一生勤劳简朴，她创造了自己的事业，也为我付出了很多。我的成绩有她的一半。我祝福老伴笑口常开，快乐、幸福、长寿。

最后，让我为全家人的健康、和睦、幸福，为家庭的更加兴旺发达，干杯！

13 次参加全国语文研讨会

1. 1980 年 8 月，参加全国中学语文教学研究会北戴河语文座谈会

1980 年 8 月 2 日—8 月 9 日，全国中学语文教学研究会在北戴河召开了语文教学座谈会。参加会议的有来自北京、上海、天津、黑龙江、吉林、河北、福建、广东、湖南、四川、陕西等 13 省市的代表 46 人。中语会副会长吴伯箫、苏灵扬、于漪、陈哲文、刘国盈，人民教育出版社中学语文编辑室负责人刘国正，北京的章熊、陈金明、张鸿玲，福建的陈日亮，辽宁的欧阳黛娜，吉林的张翼健，上海的钱梦龙等到会。正在北戴河休养的中宣部副部长、全国文联主席周扬同志出席座谈会，并作了简要的讲话，他强调指出两点：(1) 中学时代是人们一生中形成世界观的关键时刻，中学教师的工作是最有意义的。中学各科教师中，又以语文教师对学生的影响为最大，甚至会直接影响某些学生今后走什么道路，所以语文教师的工作更吸引人，担子也更重。(2) 要破除迷信，解放思想，发扬敢于说话的精神，要坚持"三不主义"，互相尊重，服从真理。

会议着重介绍了一些学校开展语文教学改革的不同做法和体会，苏灵扬副会长对会议进行了总结。

我和一师的曾令衡老师作为湖南的代表参加了这次会议。我在会上着重介绍了我的作文教学改革的做法和体会，题目是："努力编好一套中学作文教材"，受到代表们的好评。

第一次参加全国性的语文研讨会，心情激动。我和曾老师于 7 月 31 日乘火车到北京，一下火车，北京师院（后改为首都师范大学）的陈金明（中语会副秘书长，湖南省中语会成立时来长沙并作报告）就接我们去了北京师院，乘车经天安门，这是我久已渴望的地方，感到特别高兴。8 月 1 日，乘车到了北戴河。北戴河为全国重点风景名胜区，避暑圣地。我们吃了对虾、大螃蟹，多次在北戴河浴场游泳，还游了秦皇岛、秦始皇入海求仙处、山海关、姜女庙。在山海关登上了长城。返程，在北京逗留，住在教育部招待所（西单）。我跟曾老师一道参观了故宫、天坛、颐和园，登上了长城，游览了十三陵，看了定陵地宫、十三陵水库。在天安门前，我同曾老师合影，我还单独照了一张相。

回到家里不久，我看到了上海的《语文学习》1980 年第 9 期和北京的《中学语文教学》专题报道了这次会议，并在封二刊登了"周扬同志与中学语文教学研讨会北戴河座谈会全体代表合影"。我收到了在北戴河同我住在同一房间的王宗礽编辑寄来的《语文教学通讯》和通讯员的聘书。从此以后，每期《语文教学通讯》都免费寄给我，一直到现在（2015）已整整 36 年了。

有人说参加北戴河座谈会的人，大多数是语文教改的精英。

2. 1981 年春节（2 月 7 日—2 月 19 日）参加中央教科所语文实验教材编写方案的讨论和教材编写

1981 年农历正月初三，我应中央教科所的邀请，穿上防寒的军大衣，戴上棉帽子，拿着雨伞，乘火车赴北京参加该所主持的初中《语文》、《作文》分科教学实验教材编写方案的讨论与教材编写。第二天，我就到了北京，住在中国财经学院工作的远房表侄周干（刘司城）家，他和他的爱人紫娟，待我很热情，晚上 9 点，吃了一顿热腾腾的丰盛的晚餐，他还特地为我烧了一炉火，让我安逸地睡了一大觉。他见我带了一把雨伞，便笑着说："北京的正月天，从不下雨，你这把雨伞是白带了。"我也暗自好笑。第二天，吃了中饭，我便到中央教科所报到。中央教科所就在国家教育部里面，我 1980 年 8 月份来过的，住的地方还是招待所。

初六那天，我们讨论了教科所事先油印好的分科教学方案。教科所的同志强调说明了为什么要进行分科教学实验。好在我在附中的语文实验也是《阅读》、《作文》分科教学，他们讲的道理，我心领神会，还在会上发表了意见。初七初八两天，分《阅读》、《作文》两组进行讨论，我分在《作文》组。分在《作文》组的有陶伯英（北京西城区教学中心）、吕世华（北京六中）、王序良（北京十四中）、徐明寿（北京三十二中）、鲁宝元（北京外语学院附属学校)、庄福庆（北京育英学校），加上我（湖南师大附中）和翟丽华（沈阳教育学院）。主持人是中央教科所的钱家珏（责任编辑）、潘自由（责任编辑）。我们讨论得很热烈，畅所欲言，各抒己见。初步定下了从初一到初三各册的训练序列，详细安排了第一册的单元内容。

到了初九，我们便分工编写第一册教材。我写的是第五单元"静物写生"，坐在国家教育部附近的二龙小学的阅览室里，花了三天的时间才写完。写完稿件后，我独自游览了故宫，在天安门照了相。

这套教材由教育科学出版社出版。首先在育英学校进行实验，后来推广到全国二十几个省市的一些中学实验，受到实验师生的欢迎。

这次出差，路费、住宿和伙食费全部由中央教科所报销。在我的记忆里，这是难得的待遇。

3. 1981 年 7 月 25 日，赴上海参加了分类集中分阶段进行语言训练实验研讨会

我跟长沙市一中语文教师吴稷曾一道乘火车到上海市华东师大第一附属中学，参加了"分类集中分阶段进行语言训练实验研讨会"，这是华东师大一附中陆继春老师的一项实验。陆老师主张语文教学应"一课有一得，得得相联系"，他将语文能力分解为 108 个训练点，编辑成训练教材，陆老师的改革实验，体现了以作文为中心，以写助读，从读中学写、读写结合的教学体系。如精读《第比利斯地下印刷所》以后，要求学生写"我家住的房子"。这跟我们于 1978 年在初一年级开展的以作文为主的教学改革有些类似。

参加这次会议的有 15 个省市的教研员、第一线的实验老师共 52 人。主持会议的强调解放思想，埋头苦干，不怕风险，着眼时代，落实能力。对过去是继承，是发展，但要看重未来，争取初中过关。

我的实验用了华师大一附中、二附中，北师大附中和人教社通用课本，共 4 种教材。按照我的体系，打乱使用。

陆老师在会上介绍了他编写教材的指导思想和具体做法。我们还先后听了与陆老师同时实验的童明友、卢启元的课。

大会开幕式宣布了会议领导小组，我是会议领导小组 10 个成员之一。

会议组织大家游览了黄埔外滩、豫园、龙华寺、宋庆龄墓和植物园。豫园是明代古园，以布局精巧、景致多变为特色，园内点春堂是清末上海小刀会起义指挥旧址。

会后，我和吴稷曾乘火车去了苏州。这是临近上海的苏南水乡名城，又是中国历史文化名城，有园林城之称。我们游览了元明清古园拙政园（中国四大名园之一）、留园、网狮园、和虎丘、寒山寺。晚上乘船经运河，于第二天早晨到了杭州，住在下城区教育局招待所。杭州是历史文化名城和驰名中外的旅游胜地。我们游了西湖、岳坟、虎跑泉、灵隐寺。天气太热，我突然发了痔疮，晚上擦了点眼药膏，第二天就好了。

又乘车去了绍兴。绍兴是鲁迅故居，是中国历史文化名城，有水乡之称。我们游览了鲁迅故居、三味书屋、百草园、咸亨酒店、沈园、秋瑾就义地、兰亭、大禹陵等历史文化名胜古迹。

4. 1982 年 8 月，参加全国语文教学研究会在太原晋祠召开的语文座谈会

1982 年 8 月 2 日，我和长沙市一中吴稷曾老师在太原晋祠参加全国中语会召开的语文座谈会。长沙到太原没有直达火车。我们先乘火车到河北石家庄，再转车去太原。在等待转车的空间，我们参观游览了华北烈士陵园、白求恩纪念馆及附近正定大佛寺等。8 月 1 日乘火车到了太原，会议组的同志接我们到了晋祠。我们安顿好住处，便迫不及待地去参观晋祠里的三绝——周柏、不老泉、宋塑侍女像。这里号称山西第一名胜，看了真迹，确实名不虚传。

8 月 2 日座谈会正式开会。来自 20 个省、市、自治区的教师和教研员共 73 人参加会议。山西省副省长王中青、省教育厅副厅长阎可珍到会讲话，人教社教材编辑室刘国正、全国语文教学法副会长朱绍禹作了报告，教育部、中国教育学会也派人到会。中语会副会长陈哲文、刘国盈和秘书长陈金明主持会议。

更多的时间是分组进行交流。一共分 3 个组，我是第一组组长。组上着重交流了语文教改实验经验，并就如何深入搞好实验的问题进行了讨论。大家认为，教改形势很好；听、说、读、写四种能力终于作为基本教学目的确定下来，长期被忽视的听说能力已经提上了教学日程；在加强双基的同时已自觉地注意发展智力。而几种教材、几种体系（如分科教学实验，分科教学教材）同时实验的生动局面，已经由多年的理想变成现实。大家还讨论了语文教学的复杂性，也探讨了人们关心的思想教育问题、教学程序问题和教学效率问题。我在会上介绍了我的语文实验情况，题目是："在培养能力上下工夫——语文分科实验的体会。"我和吴稷曾老师还被邀参加了由刘国盈主持的美育问题讨论。

会议的第三天，大会组织全体代表参观了杏花村汾酒厂和刘胡兰就义地点、刘胡兰塑像，听了刘胡兰母亲的讲话。

会后，我和吴老师乘车到古城大同，参观了云冈石窟。它凿于1500年前的北魏时代，现存53窟，造像5万余躯，是中国三大石窟艺术宝库之一。我们只看了保存好的石窟神像，栩栩如生，也有残缺不全的，有的还未开放。我们还参观了明代的九龙壁，据说这是我国最大的九龙壁。九龙壁龙的形象各异，活灵活现，可见古人想象力是很强的。当晚我们又乘上去北京的火车，第二天清早到了北京，又住在教育部招待所。我们又游览了故宫、颐和园。那时的门票只要5毛钱。

5. 1984年8月5日—10日参加全国作文研究中心在郑州举办的作文研讨会

出席这次大会的有河南省副省长、宣传部长、河南日报的负责人，有全国语文研究会、人教社的负责人刘国正、章熊、陈金明、欧阳黛娜、顾黄初，还邀请了全国50多人参加座谈会（第一线的29人）。河南省各县市的代表800多人。聘请老教育家、老作家韩作黎为研究中心主任。在大会发言的有河南省副省长、高原、刘国正、韩作黎、张定远，此外北京的章熊、刘胐胐、鲁宝元，上海的陆继春、陈钟梁，北方的常青、欧阳黛娜。我应邀参加了这次成立会和研讨会，大会安排我第三个发言。我发言的题目是"适应中学生作文过程的分项训练法"，这也是我的论文。我至今还记得下列几位同志发言的题目：

韩作黎："以三个面向为指导，努力进行作文教学改革。"

刘国正："作文教学问题应综合治理。"

张定远："作文教学的现状与研究方向。"

刘胐胐："作文教学要重视提高学生的认识能力。"

常　青："分格教学法。"

鲁宝元："国外实用文教学现状。"

大会组织我们游览了邙山黄河风景区。这里有一座高大的大禹塑像。还用一天时间专程去了少林寺、中岳庙。少林寺是佛教圣地，寺前有古老的柏树，地上有一个个的凹，传说是寺庙里的和尚练武时踩的脚印。中岳庙是道教圣地，占地面积很大，但烟火并不旺盛。回到郑州住地，会务组的人说，返程票要第二天（8 月 11 日）晚上才有。于是我跟欧阳代娜、冯明生等人乘车去了古城开封，游览了著名的宋城，观看了高高的铁塔，登上了北宋皇帝检阅台龙亭，还到相国寺寻找了《水浒》中描写的遗迹，诸如鲁智深倒拔垂杨柳的地方等。

8 月 13 日回到学校，不久，我接到全国作文研究中心的信，聘请我为该中心研究员。我的论文编入《作文研究》一书（文心出版社）。

6. 1986 年 9 月参加人民教育出版社全国通用的高中语文课本修订方案的讨论和教材编写

1986 年，国家教委根据中央关于教育体制改革的决定和义务教育法的精神，以降低难度、减轻负担、明确要求为原则，修订了 1978 年中学语文教学大纲。人们教育出版社语文二室根据修订的大纲，开始高中语文课本的编写工作，由庄文中主持，王文英任组长，姚富根、熊江平、胡长江任组员，成立编写组，起草高中语文课本的编写方案。9 月，王文英和熊江平来到长沙，邀请曾仲珊、我和其他几位同志讨论方案，并邀请我们编写高中五、六册课本。参加编写的成员是：曾仲珊、刘上生、曾谷孙、邓日、林泽龙、李中兴、王俨思、吴良俅。我编写了高中五册第三单元，高中六册第一单元。此后还编写了高中五、六册课外阅读配套课本。这套课本 1990 年又作了一些修订。高中五、六册课本从 1987 年发行，一直用到 2002 年。

这套教材的主要特点是，开始建立听说读写和语言、文章、文学和文言文的语文教学体系。

《新中国中学语文教育大典》（2001 年语文出版社出版）第三卷

"新中国中学语文教材建设"第589～602页介绍了这次教材编写的目的和篇目。

7. 1987年12月20日，出席在广州召开的中学语文教学研究会第四次年会

出席这次会议的正式代表99人，特邀代表30人（其中港澳代表10人）。列席代表100余人。我和省教科所的曾仲珊、一中的吴稷曾3人为正式代表。会议的中心议题是如何深入教学改革，提高语文教学质量。要端正教学思想，纠正为应试而教，使语文教学切实做到为提高新一代的道德素质和科学文化素质服务。深化教学改革，还必须加强理论研究，提高对语文教学规律性的认识。

会议修改了《会章》，选举了第三届理事会。叶圣陶、吕淑湘为名誉理事长，张志公为学术委员会主任，于漪、张鸿苓为副主任，刘国正为理事长，章熊、徐振维为副理事长，张定远为秘书长，陈金明、苏立康为副秘书长。

我向大会交的论文是《"中学自能作文分项训练法"实验报告》。我在大会上的发言是"中学语文分科教学六年的体会"。我的论文入选《语文教学改革新成果选粹》（1990年广东教育出版社出版）。

在会议空隙时间，我邀了几位朋友游览了中山纪念堂、黄花岗、越秀公园，还逛了几家大酒店。

大会在最后一天，组织代表专程到当时开放不久的我国第一个经济特区城市、全国经济与社会发展计划单列市——深圳，那时深圳的城市建设刚刚起步，已经有一些高楼大厦，许多房子还在建设中。我们还到了珠海。珠海的环境很好，空气清新，气候宜人。

8. 1989年1月24—27日参加在唐山市召开的全国中学语文实验教材汇报会

出席这次会议的有来自十几个省、市、自治区的部分实验学校，人教社语文室和国家教委中小学教材办公室的有关同志，共44人。汇报会是受国家教委委托由中语会负责组织的，全国中语会理事长刘国正主持了会议。会上有14个单位介绍了自己编写的中学语文实验教材。

我应邀出席了这次会议。1月22日，先乘火车到北京师院，第二天与陈金明一道乘火车赴唐山。在会上，我介绍了自己编写的初中语文《阅读》、《作文》分科实验教材，受到与会同志的好评。我记得在会上介绍的还有人教社的顾振彪、张定远、周正逵，北师大张鸿苓，北师大实验中学沈心天，鞍山十五中欧阳黛娜，江苏洪宗礼，河北唐山的胡中柱，上海的陆继春，广西的耿法禹，中央教科所的宛士奇，西安六中的董敏堂。我的《初中语文〈阅读〉〈作文〉实验教材编写初探》和《阅读目录》、《作文目录》选入语文出版社出版的《新中国中学语文教育大典》。在文章题目前冠上了单位名称"湖南师大附中"。

唐山西临渤海，水产丰富，每餐不离海味。1976 年，唐山大地震，死了几十万人，破坏严重，但我们在那里已看不到破坏的痕迹，到处是重新建设的房屋，街上人来人往，显得相当繁华。大会组织我们去了两个地方，据介绍的人说，这是专门留下地震破坏的残物。

9. 1989 年 8 月参加了杭州市千岛湖语文座谈会

受语文报社的邀请，我乘火车到达杭州，到杭州大学报到，睡了一晚，第二天，乘汽车去千岛湖，大约中午时分便到了目的地千岛湖边的一座宾馆，这是我们开会的地方。

出席这次会议的有北京、上海、安徽、湖北、贵州等省市的代表，我是湖南的唯一代表。

会议主要讨论了如何深入语文教改的问题，以及如何办好全国中语会会刊《语文教学通讯》和《语文报》的问题。我在会上介绍了我校两次语文教改实验的经验，并对如何办好语文报刊发表了意见。

千岛湖是风景区，避暑胜地，据说，为了发电，这里淹了三个县的一些土地，许多山露在水面，号称千岛。这里的水清幽幽的，可以看到湖底。我们乘船游湖时，就看到被淹的一个县城的房屋。一些岛也颇具特色，有的岛上有活泼好动的猴子，有一个岛上有庙宇，据说"一个和尚挑水吃，两个和尚抬水吃，三个和尚没水吃"这句民谚就来自此地。有个岛上有一座大寺庙，导游说，这是宋代的包公寺。我们还参观了发电厂，厂就建在拦湖坝的下面，规模宏大，浙江、杭州等地的用电就靠这个厂。

会议结束后，又乘汽车回到杭州。途中见到富春江并到离千岛湖不远的建德县灵栖洞游览。灵栖洞由灵泉、清风、霭云和灵栖石4景组成。这里山泉、洞、石兼收并蓄，融为一体，景色瑰丽奇绝。洞内布满了由钟乳石自然形成的柱、幔、帷、屏、瀑、花、笋等，琳琅满目，争奇斗艳：酷似禽畜、仙人、殿宇，千姿百态，栩栩如生，有"地下艺术宫"之称。唐代诗人李频有"石上生灵笋，泉中落异花"的诗句。

我们先乘船进入泉洞，这里泉水盈盈，轻舟荡桨，经九曲三潭进入"水晶宫清风洞"，里面琳珑剔透，有清风喷出，"寒气袭人"，分六宫三十景。再进入霭云洞时，只见云气袅袅，蔚为奇观。导游说，这里有六厅七十二景，我们见到的景象，宏伟壮丽，给人以囊括天地，包罗万象之感。走出霭云洞，看看灵栖石景，怪石嶙峋，突兀奇姿，宛如精巧盆景。

10. 1991年2月，赴北京参加全国和"三南"高考语文命题工作

接到通知，说是到北京参加全国高考语文命题工作，我准备了一些命题方面的参考书，便与要向国家教委汇报湖南情况的葛建中同志一道，乘火车到北京。下车，再到全国高考中心报到，报到后，马上乘车到高考命题的地方——香山。只见到香山时，汽车往山上爬，通过有解放军站岗的大门，我以为到了目的地，可是没想到车还是往上开，又到了有解放军站岗的大门，下了车，走了百米左右，那里有一幢大房子，这才是命题的地方。这时，已是下午4点了。

第二天，一整天都是听报告，作报告的有国家教委主任何东昌、基础司司长马力、考试管理中心考试处苏处长、考试管理中心负责人扬学为。他们的讲话，是这次高考命题的指导思想。这次出题总的要求：全国题保持去年的难度，"三南"题适当降低难度，不超大纲；在考察基础知识的基础上，着重考察能力。不以本为本；标准化程度较高，要求机器阅卷。

章熊是语文命题组组长，成员还有北大的、南京大学的、北京教育学院的、华南师大的、河南教育学院的、浙江的。我和章熊等出全国和"三南"的作文考题，以及现代文方面的考题。经过十几天的工作，题出来了，然后大组讨论，最后定稿。总共花了一个多月时间。命题组的纪律是很严格的，还设了几道岗，由驻地解放军把守，命题人员不能出外，我们晚上只好看电视。

趁题目送给某些大专家审阅的时间里，我们游览了香山，乘车上了山顶，站在山顶上，望着远处的山脉、河流，心旷神怡。漫步香山脚下，据说是曹雪芹住过的地方时，格外兴奋。会务组还用车送我们到城内，我到了在北师大做访问学者的老同学胡德怀那里，还去了人教社。

命题组组长章熊，他就要退休了。他在我的笔记本上写了一首诗："舍却心头事，不知岁月流。客稀窗几净，庭浅草木稠。腕老书成趣，天高云自浮。漫言天地广，何处觅归舟？"

刚回到学校那段时间，全国尚未高考，严格保密，从不谈命题的事。

因为参加全国和"三南"高考语文命题的缘故，当年湖南高考语文阅卷，我为高考语文评卷领导组成员，向全体阅卷人员介绍了命题情况。我还参加了国家教委考试中心主编的《1991年会考后高考考生答题统计与评价》一书的编写，撰写了语文部分，6万多字。1992年湖南教育出版社出版。龚鹏飞、张海蛟访问了我，在长沙晚报刊登《谈谈今年高考语文命题的思路——访特级教师邓日》，《考试报》转登了。我还先后向望城县、浏阳县、长沙市作了3场关于高考语文命题的专题报告。

11. 1993年参加在河南南阳召开的全国作文理论和教学经验研讨会

接全国作文研究中心的开会通知：1993年11月6日到河南南阳市召开的全国作文理论和教学经验研讨会。那时从长沙到南阳火车不能直达，要转车。我先乘车去石门，当晚再与石门一中的李德明老师一道乘火车到南阳市。出席会议的有全国各地的专家、学者、语文教师和语文教研员40多人，20多位同志在大会发言。

中国教育学会副会长、作文研究中心主任委员韩作黎说：坚决反对教育商品化。百年大计，教育为本；教育大计，教师为本；教师大计，师德为本。

全国中语会会长刘国正说：模糊语文教学很有影响。语言学家与作家对课本看法不同：语言学家认为语法还要系统性；作家说，千万不要学语法，学语法写不出文章来了。他还就作文念了一首诗：

若谓文无法，规矩甚分明。暗中自摸索，何如步随灯。

若谓文有法，制胜须奇兵。循法为文章，老死只平平。

习法要认真，潜心探微精。待到命笔时，舍法任神行。

问神者为何？思想与感情。聆彼春鸟鸣，无谱自嘤嘤。

陈金明（全国中语会秘书长）讲题：作文教学和形象思维的发展。

苏立康（北京教育学院中文系主任）讲题：重视作文过程中心理规律的研究。

孙移山（《中学语文教学》主编）讲题：自己不能写作文就不能教作文。

杨春阳（湖南邵阳一中）讲题：快速作文教学法概况。

欧阳黛娜（鞍山十五中）讲题：探索规律，提高教学质量。她讲了三个要点：

（1）指导思想：作文教学要科学化、民族化。民族化，中医整体医疗，西医局部医疗。东方的思维方式，阅读重在抓住几点；作文重在思想感情的把握，整体性还要在作文教学中重视思路的点拨。人文性、文章的灵性和艺术性，作文言之有物。有自己的特点：语言美、形式的完美。作文有两个着眼点：作文的基本能力和特殊能力。

（2）用辩证法处理作文教学中各种关系：文道统一关系、知识与能力的关系、教与学的关系、课内与课外的关系。

（3）抓好三件事的建设：思想建设、思路建设、语言建设。

我向大会交了论文《在作文教学中开发学生右脑的尝试》，并于7日上午在大会上宣讲。一位新疆来的教研员说，你的普通话讲得好一点的话，我就要请你去新疆讲学。这篇论文同时在《中学语文教学》和《北京教育科学》第一期发表，并被《教育周刊》两次摘要刊登。《作文》杂志刊登了我在会上发言的照片。

11月8日，小雨，上午乘汽车去南阳内乡县参观清代的县衙，下午到镇平玉器一条街，买狮子一对（5元）、斗牛一对（墨玉的、6元）、玉镯两对（一对为辽宁独玉，235元，一对10元）、大肚佛两个（共20元，送欧阳黛娜一个）、翠玉飞鸟一只（25元）。

9日，在市内游览了武侯寺、张衡墓、医圣寺（张仲景）。

回来路经石门，由石门一中副校长雷建生和石门教育局的一位副局长陪同，去夹山一趟，看了李闯王寺、墓。当晚给石门一中、二中的老师介绍了我校整体改革的经验 。

12. 1995 年 7 月 26 日参加福建武夷山全国普通高中语文课程标准研讨会

当时，我正在东海宾馆参加省中小学高级职称评审工作，向领导请了假，于 7 月 25 日晨乘火车到鹰塘，转车到邵武，已经下午 5 点多了，我找了靠汽车站的旅舍住下，第二天清早 5 点多起床，搭 6 点开往武夷山市的汽车，不到 8 点便到了目的地。刚走进开会地点，正碰上原在湖南任教科所副所长、现任海南教科所所长的林泽龙同志，他赶紧握着我的手说："你来得正好，马上要集体照相。"

这次会议是国家教委教材办召开的，参加会议的有北京的顾德希、吴昌顺、申士昌，上海的于漪、冯起德、陈仲梁，人民教育出版社中语室的庄文中、熊江平、顾之川，国家教委教材审定办的江明，还有湖南、天津、福建、海南、武汉、河南、安徽、宁夏、新疆等省市的代表一共 31 人。

会议开得很成功，学术气氛很浓厚，讨论热烈，畅所欲言。讨论的焦点集中在语文的性质、任务是什么，语文课是教学生学习语言，还是教学生研究语言？语文教学是继承传统还是摒弃传统？我在会上作了多次发言，主要表达如下观点：语文课应该姓语，语文课与其他课的区别，就在于学习语言，使学生理解和运用祖国的语言文字，没有这一点，就等于取消了语文课；语文让学生自能读书，自能作文，是我一生的追求；语文教学要继承传统，走民族化、现代化、科学化的道路。

27 日晚，武夷山市一中邀请出席会议的几个特级教师去讲学。我介绍了在理科实验班实施的"开发右脑形象教学法"，老师们很感兴趣，认为有创意。

28 日一天，游览武夷山。武夷山位于武夷市南部，属典型的丹霞地貌，有"碧水丹山"、"奇秀甲东南"之美誉，是首批国家级风景名胜之一。吃过早饭，我们乘汽车赴宋代理学创始人朱熹居住和讲学的武夷精舍参观，然后深入武夷山风景区。风景区内峰峦林立，原始森林茂密，花卉奇异，鸟鸣虫飞。我们爬上白板石对面的山峰，只见一独屋门前贴一广告："杀活蛇一条，吃蛇胆一个，人民币五元。"有人说武夷山是"鸟类的天堂"，"昆虫的世界"，"蛇类的王国"，一点也不假。

吃过中饭后，我们漂流九曲溪，此为武夷山的精华所在。溪水碧清，折多绕山，形成"曲曲山回转，峰峰水抱流"的九曲之胜。我们从星村码头出发，每人乘坐宽约 3 米、长约 9 米 的古朴竹筏，顺流而下。山沿水立，水随山转，水光山色，交相辉映。三十六峰，九十九岩，一览无余。其间，我们望见高插于悬崖峭壁上的神秘悬棺。艄公说：悬棺距今已有 3600 年。竹筏至浅滩，浪遏飞舟，过深潭，水平如镜。在水平如镜之处，我主动撑杆，用尽平生力气划竹筏，与我同乘一竹筏的广州教科所教研员杨一经，给我拍了几张照片，约 100 分钟，我们到了目的地。生平第一次漂流，又在这如诗如画的地方，感到异常兴奋。我不仅领略了有惊无险的情趣，而且有人在画中游的无比惬意。

会议结束后，我和龙纪文同行到长沙，此人是贵州省教科所语文教研室主任，株洲人。

13. 1995 年 10 月 21 日参加在成都召开的全国中学语文教学研究会第六次年会

我、长沙市一中吴稷曾、省教科所周科发 3 人，作为湖南代表，乘飞机到达成都，到会议接待组交了论文，我的论文是：《在语文教学中开发学生右脑的尝试》。该文曾在《中学语文》杂志上刊登，人大复印资料《中学语文教学》全文转载，《湖南教育报》、《中国教育报》摘要刊登。

出席会议的有全国各地的代表 216 人，收到论文 120 余篇。刘国正理事长作了《在继承的基础上发展、创新》的学术报告，名誉理事长吕叔湘、张志公分别就师资素质、教学效率问题发表了书面讲话。香港中文教育学会会长施仲谋先生到会致辞，并宣读了《中国内地、香港、澳门语文能力测试与比较研究》的论文，四川省教委主任严振出席开幕式并讲了话。

这次会议围绕"提高语文教学效率，为培养跨世纪人才服务"的中心议题展开了讨论，还对各地近几年总结的新鲜经验进行了交流。

会议进行了换届选举。名誉理事长吕叔湘、张志公，理事长刘国正，副理事长张鸿苓、陶本一、张定远、陈钟梁、魏书生，秘书长陈金明，副秘书长苏立康、张鹏举。会议特别安排大家到成都的有名餐馆会餐，尝到了川菜的味道。会议期间安排一个自由活动时间，我们湖南几个人游览了杜甫草堂、武侯祠及宝光寺。会议还组织大家游览了战国时期李冰父子设计创建的伟大水利工程都江堰、道教名山风景优美的青城山。

会议期间，代表集体合影，我还跟刘国正等人合影。我抽空在一个晚上，与福建师大附中洪胜生，应邀到冯明生家里做客。冯明生是四川教育出版社的编辑。

会后，我跟吴稷曾一道游览了峨眉山、乐山和长江三峡。

第一天，10月25日，早上从成都出发，中午抵达乐山，游江，观赏睡佛、乐山大佛、栈道，游玩后，到峨眉山，住峨眉佛都饭店。第二天（10月26日）早上出发上金顶，中午返回万年寺，游览万年寺、清音阁，下午返回峨眉山，住佛都饭店。第三天（10月27日），早餐后出发至苏轼纪念馆（眉山），在苏轼塑像前留影。下午一点返回成都。接着乘汽车到了重庆，此时天已暗了。晚上看重庆山城夜景。第四天（10月28日），参观成都的红岩村、歌乐山等爱国主义教育基地。第五天（10月29日）乘船游览长江三峡，到封都乘车参观鬼城，到忠县参观石宝寨。第六天（10月30日）游大宁河小三峡，再回到长江，参观三峡风光，晚抵宜昌，次日中午到达岳阳，再乘车回长沙。

3 次参加全国部分大学附中协作体 教学观摩研讨会活动

（一）1992 年 11 月 16 日至 21 日参加在我校举行的全国部分大学附中协作体第一届教学观摩研讨会活动

参加全国部分大学附中协作体的学校有：湖南师大附中、福建师大附中、辽宁师大附中、陕西师大附中、云南师大附中、南开大学附中。活动的内容主要是：每年举行一次教学观摩研讨会（上课、交流教学经验），出一套高考模拟试卷。

第一次教学观摩研讨活动在我校举行，6 校的教师共上了语文、数学、外语观摩课 18 堂。我校老师汤正良上了语文课"海燕"、盛平渠上了数学课"异面直线所成的角"、黄长泰上了英语课"Lesson Seven On Reaping"。3 科的教师就"语文课堂教学结构及能力培养"、"数学课堂中培养学生思维能力的途径和方法"、"在英语教学中培养学生综合读写能力"三个中心课题展开了讨论。

湖南省教委陈白玉副主任、湖南师大党委副书记戴海参加开幕式并与到会代表座谈。

学校组织代表参观了韶山和花门楼。

（二）1993 年 10 月参加在福建师大附中举办的全国部分大学附中协作会第二届教学观摩研讨会活动

10 月初，接到举办单位的邀请书，主要内容有：1. 参加人员，由每所协作学校派出物理、化学、历史教师各 1 名（初高中均可，其中历史科最好是高中教师）、学校干部 2 名。2. 由各校派出教师每人上 1 节教学观摩课，教学内容由承办学校根据相应年段的教学进度确定，提前一周通知主讲教师作准备，并随带 100 份教案。3. 根据以下的研讨题写成供交流的文字材料，也打印 100 份带去。物理科：本校近几年来在提高物理课堂教学方面进行哪些改革，有何经验体会？如何贯彻国家教委关于高中两项改革精神？如何抓尖子生培养工作，有何经验体会？化学科：如何根据化学的特点改革课堂教学？有哪些收获和体会？在开发学生智力培养学生学习化学的能力（包括实验能力）方面做了哪些努力，有何收获？历史科：如何根据不同年龄学生的特点，在历史课中加强对学生思维能力的培养？如何充分发挥历史课在德育方面的功能，结合教材对学生进行"二史一情"的教育，爱国主义、革命传统和道德品质的教育？如何结合历史新教材的特点妥善处理讲、读、议、练之间的关系？如何配合课堂教学开展形式多样、丰富多彩的课外兴趣小组活动？4. 活动安排：观摩交流时间共 4 天（其中一天参观游览）。

接到通知后，我们作了多次研究，确定了上课的老师，并由上课老师所在教研组协助该老师上课，该老师将研讨题写成供交流的文字材料，打印 100 份。教科室主任赵尚志负责组织，由我带队。

我生平第一次乘飞机到达福州。举行开会仪式后就开始上课，陈贤斌上物理课，课题是"牛顿第二定律的应用"；邓星汉上化学课，课题是"元素周期律"；罗任重上历史课，课题是"秦末农民起义及楚汉之争"。这 3 节课都很成功，受到听课者的好评。接着，分科讨论，交流了原先确定了的讨论题。我和赵尚志参加了干部会，我在会上着重介绍了我校整体教育改革的情况，干部会上确定了下一年开会的东道主——辽宁师大附中，并由各校撰稿，出一本"全国部分大学附中办学特色"的书。

福建师大附中是百年老校，办学颇有特色，出了不少名人，获多块金牌，现任校长杨玛罗领导有方。校园里有化学家侯德榜的塑像，还有奥赛奖牌碑，上面刻有获奖者名单和指导教师。回校后，向校务会汇报，不久，我校在教学楼和办公楼之间竖立一座"奥运之光"的奥赛奖碑牌。

会议期间，东道主组织代表们游览了福州市的名胜马尾罗星塔、林则徐故居和鼓山。鼓山古木参天，有著名的涌泉寺。据说涌泉寺的主持享受处级干部待遇，还配有小汽车。

会议结束的两天里，应有的学校的要求，东道主又组织代表们去游览厦门，途中，我们看了生产服装著名的石狮市，中午到达厦门，在南普陀寺吃了一顿斋饭，再乘车到城内住了下来。休息一会儿，便乘渡船到有海上花园之称的鼓浪屿游览。这里有日光岩郑成功纪念馆，站在山上，从望远镜里可以看到金门岛。第二天返程路上，看了几座古庙，路过中国历史名城泉州市，我们下车观光了有名的开元寺。

（三）1994 年 9 月 20 日—9 月 23 日参加了辽宁师大附中举办的全国部分大学附中协作会第三届教学观摩会活动

参加 这次会的我校有 5 人：赵尚志、张守福、郑定子、肖来志、鲁芬芬，由我领队。我们于 9 月 18 日上午乘飞机到达沈阳，第二天乘火车于中午时分到达了大连。下午四点半，各校领导开会，商讨了会议内容。

20 日上午 9 点举行的开幕式相当隆重，有大连市和辽宁师大的领导，还有来自大连各区抓教学的领导和各中学的校长。由东道主致欢迎词后，福建师大附中校长杨玛罗和我在会上发言。我的发言题目是："湖南师大附中奥赛摘金夺银的奥秘"，该发言稿刊登在南京《现代特殊教育》1995 年第一期。这次教学观摩活动，我校张守福上政治课，课题是"坚持唯物辩证法，反对形而上学"；郑定子上语文课，课题是"装在套子里的人"；肖来志上数学课，课题是"函数的概念"；鲁芬芬上英语课，课题是"Working on the Farm"。老师们还交流了教学经验。

由辽宁师大附中曲兴烈校长和郭志尚副校长分别主持召开协作体校长、主任会议 3 次，讨论确定了几项内容：1. 加强评课；2. 丰富研讨的内容，如何加强德育、加强学校管理方面的交流；3. 上一些有难度有特色的课；4. 扩大信息交流；5. 适当增加会务费；6. 模拟试卷于 2 月前后交给各校，省市的考题在考完之后交流；7. 下届承办单位：陕西师大附中，教学研讨的科目为语、数、物、生。

《中国部分大学附中办学特色》一书由大连理工大学出版社出版，目录如下：

英才辈出——八闽之光	福建师大附属中学
坚持整体改革 办出学校特色	湖南师大附属中学
在改革开放中奋进	辽宁师大附属中学
允公允能 日新月异	南开大学附属中学
全面发展育新人	清华大学附属中学

发扬优良传统，争做一流学校　　　　　陕西师大附属中学

继承传统，改革创新，办出特色　　　　云南师大附属中学

东道主组织代表游览了老虎滩、旅顺口。

　　会后，我们到大连港乘客轮经渤海到天津塘沽区，全程 218 海里（403 千米）。第一次过大海，看到无边的茫茫水域，看到海上的日出，心情无比激动。一到塘沽港，南开大学附中的副校长张绍华就用小车接我们到了他的学校，学校领导热情地接待我们，该附中在南开大学内，面积不大，但布置得很精致。当晚我们乘火车返校。

6次参加全国中学超常少儿
教育研究协作组研讨会

1. 1991年10月24日，在北京参加全国中学超常少儿教育研究协作组成立会暨第一届年会

开会的召集人是北京教育科学研究所基础教育研究室徐有标主任，开会的地点在北京教育科学研究所的招待所，这里靠近天安门，原是清代唱戏的地方，至今仍保存完整的戏台，我们开会就在戏台旁边一间大房子里。参加会议的单位代表有：湖南师大附中、北京八中、天津耀华中学、沈阳育才中学、长春实验中学、呼和浩特一中、河南新乡市一中。

10月24日上午，由召集人徐有标研究员讲话。他介绍了我国中学超常少儿教育开展的情况、并着重谈了成立超常少儿教育协作组的宗旨：交流情况、探讨问题、确定今后的研究课题，为中国的超常教育从理论和实践的结合上做贡献。下午，北京八中副校长龚正行发言，他说超常教育处于初级发展阶段，压力和阻力大，要提高成功率。加强协作，提高情报意识，坚持下去，就会有生产力。北京教育局的陶处长说，超常少儿占少儿的1%，办超常少儿教育班，就是对青少年特长生的培养。长春实验中学的卢老师，天津耀华中学的朱校长、马主任分别介绍了学校办超常教育的情况。

第二天，到北京八中参观超常班。该校龚副校长详细介绍了超常班招生、学制、教材以及师资配备情况，还介绍了所遇到的困难，接着听了超常班的语文、数学课。课堂气氛活跃，学生学习主动。

第三天上午，沈阳育才中学于长征老师、呼和浩特一中张艳芳老师、河南新乡市一中肖振有主任也介绍了各自学校超常教育的情况。

出席这次会议的，还有我校的黄月初，他是学校具体抓超常班的。我和他都在会上介绍我校办超常班的情况。

我们还就超常教育的学科教材编写大纲分工，我校负责英语和数学。

最后，徐有标主任提出超常教育值得研究的一些问题，如：超常少儿与早期教育的关系；超常儿童智力结构的特点；超常儿童的个性特点；父母生育年龄与智力超常的关系；鉴别超常儿童的几种主要量表的效度研究；文化知识考查的拟题原则；在教学过程中如何发展创造性思维能力；超常学生的教学思想与教学原理；超常学生教育课程设置的科学原理；超常学生动手能力培养的研究；超常学生班主任工作、管理工作的研究；超常教育成功的评价的研究；超常教育给常态教育的启示；对超常教育的德育的研究；超常教育与社会教育、家庭教育、学校教育的研究等。

2. 1992 年 9 月 22 日参加在沈阳市育才中学召开的超常少儿教育协作组第二届年会

从长沙到沈阳，乘火车要在北京转车，花了整整两天时间。参加会议的有 10 个单位，除了第一次年会的各单位外，新增加了西安市一中，无锡市天一学校，共 25 人。

第一天上午，先是由东道主谷祖裕副校长和数学教师于长征介绍学校情况。东北育才学校，1950 年是小学，1960 年是初中，1970年办高中，当时在沈阳市排名第三。办超常班产生了很好的社会影响，一年招一个班，录取 20 人，报名的有两千多。超常班实行弹性学制，学生按成绩分流。首届毕业班升学率 100%，1 人为省状元，在学科竞赛中也取得了好成绩。有一支好的教师队伍，大部分为 35岁左右的青年教师。接着由各校编写学科教学大纲的老师发言。我校张惠愚和李小鸽分别介绍了各自执笔的数学大纲和英语大纲。

下午，先由育才中学的苏振敏、孙建丽、于长征、吉双庆、戴志纯 5 位老师介绍超常教育的英语教学模式、数学教学网络化和 超常儿童的心理素质培养等，再由长春实验中学的陈春发、崔思源介绍超常班如何发展学生的创造性思维和做好班主任工作。接着我校的张惠愚介绍了超常班数学教学的实践和体会，黄月初介绍了如何鉴别超常儿童的经验。此外，天津耀华中学的杨虹介绍了作文教学经验。第二天，听了育才中学的语文、物理、化学、数学课。

徐有标主任对这次会议作了总结，并布置下段的工作重点。他说，这次年会收到了33篇论文，9篇教学大纲。两年内要编一本超常教育的书，认定课题的同志把课题做好。

第三天，我们乘汽车去本溪水洞游览。到了目的地，只见"本溪水洞"4个红色大字嵌在石壁上，洞口呈弓形城门，坐南朝北。从洞口不远处看，水洞是一个深不见底的黑洞。我们乘船进入水洞。导游说，本溪水洞是数百万年前形成的大型石灰岩充水溶洞，洞内深邃宽阔，地下暗河长3000米，水流经年不息，是世界上最长的可乘船游览的地下暗河。在河道岸边的灯光照耀下，只见水流清澈见底，岩林嶙峋，奇峰林立，四壁的大片钟乳石千姿百态，而酷似鹅毛笔管形状的下端不断有水滴下来。船行时寒风扑面，空气清新，却不知风从哪里来。而在一块较大的地方，蓝绿两色灯光照在钟乳石上，发出闪闪的幽蓝的荧光，景色有些诡异，令人叹为观止。泛舟回到洞口，我校的几位老师和徐有标、耀华中学的杨虹合影留念。

回到学校，向校务会汇报沈阳之行。我说，从接触中，我感到有4个学校是超常教育搞得好的，即：北京八中、东北育才中学、天津耀华中学和我校。我还着重强调，我校是投入少而收效大的一所学校。从招生人数看，一般是17人~30人，而我校是40多人；从人力投入看，一个班语、数、外每人只教1个班，我们语、数教1个班，只算2/3工作量，经费的支出其他学校都比我们多。

3.1993年10月19日至22日全国中学超常少儿教育研究协作组第三届年会在我校召开

为了办好这次年会，我们多次研究，就学校应做的事作了布置。

10月19日，代表到冶金部锰业技术开发公司招待所报到。晚上召开各单位负责人预备会。

参加这次会议的又增加了南昌十中、共11个单位、26人，收到论文30多篇。

10月20日，我主持会议，先由我校领导致欢迎辞，再请省教委普教处副处长汤承英、省教科所所长刘先捍、湖南师大研究超常教育的李仲莲副教授先后讲话。我在会上介绍了我校办超常班的情况，我说，办超常班的目标，一是培养人才，为早出人才打下坚实基础，二是探索规律，三是促进学校常态教育教学。而实验的总则是以提高学生的整体素质为目的，把德育放在首位，开发非智力因素，打好基础，培养能力，发展智力，重视体育，并就适当缩短学制、科学设置课程、改革教材教法以及实验的效果作了介绍。接着耀华中学的马主任介绍他参加的一次全国超常教育会的情况。

下午，大会交流。各校都有代表发言。南昌十中陈鉴茂说：办超常班是五年一贯制。天一中学张颉说：不是成建制办超常班，而是选几个有特长的学生进行个别的特殊教育。育才中学谷祖裕副校长说：不仅办了超常班，而且办了特长班。北京八中程老师讲了教学结构与教材建设的关系。徐有标主任拟了一份"1994 年中学超常儿童教育实践研究课题建议"，以中学超常少儿教育研究协作组的名义发给每位代表。

10 月 21 日上午听课。邓小鸾老师在超常班 C200 上数学；第二节汤正良老师在超常班 C185 上语文；鲁芬芬在 C200 上外语；第三节在省理科实验班 C181 上物理；在省理科实验班 C182 上化学。第四节上劳技课。代表们认为课上得好，学生课堂活跃，特别是对劳技课很感兴趣。

下午讨论教材编写和研讨布置今后实验课题。在讨论中，大家一致认为应该编著一本反映我国超常少儿教育实践与研究特色的书。会上布置了每个学校的编写任务，并定于 1994 年 4 月前寄给北京教育科学研究所徐有标主任。

10 月 22 日，代表们乘学校两部车赴韶山、花门楼参观。

4. 1994 年 10 月 20 日至 23 日参加在河南新乡市一中举行的全国中学超常少年儿童教育研究协作组研讨会第四届年会

我校参加这次年会的还有黄月初、超常班语文老师汤正良、数学老师邓小鸾。

新乡市一中是河南省首批办得好的重点中学，学校多次被评为省级及全国先进单位，曾出席全国群英会，受到国务院嘉奖。在教学上，高考升学率一直居全省前茅，学科竞赛也取得突出成绩。1989 年，学校创办了河南省第一家超常教育实验班。第一届学生1994 年毕业，升学率为 95% 。

这次年会除了跟以往几次年会一样，先举行开幕式后，分学科交流教学经验（我校两位教师都在会上发了言），再听新乡市一中冲刺班老师上课，并观看了超常班的课外活动。这次年会还有两件事给我留下了较深的印象。一是武汉大学东风智力测试中心的测试，其名称为"智力的遗传学测试"。据该中心的负责人介绍，该技术属"国际首创"，先后获全国科技发明三等奖和国家专利新技术银奖及省科技发明优秀奖。遗传学智力测试不分年龄层，不用被测者做任何答题，仅从人体到荧光屏、小宇宙——头发、耳、手，识译智力遗传信息终端密码，代入智力参数公式，10分钟即可算出智力高低和不同智力类型及艺术天赋等，能较全面地、立体地测定出人的素质：智力高低（发现智力超常或有障碍者），准确率98%以上；智力（思维）类型（测定选学文科或理科及从事相应的职业），准确率98%以上；艺术天赋（测定是否适合学钢琴、提琴、舞蹈、唱歌、表演或绘画等），准确率95%以上；全息保健体检（测试疾病、潜伏疾病、生命弱项等），准确率90%以上；性格特长（帮助克服性格缺陷、发挥性格特长），准确率80%以上。这次开会的老师几乎都自愿地去测试，我也测试了，大多数的项目符合实际。我的智力指数142，120～140是优秀，140以上是非常优秀，我真的有这样高的智力指数吗？"全息保健体检"多数也符合我的实际，其中第20项高尿酸症（痛风）：写有"十有可能"。我当时对"痛风"是什么根本不懂，所以没有重视，2002年，我患痛风了，2005年12月—2006年，痛风厉害，直到2007年，我再翻看"测试记录表"，看到上述记载，我感叹之极："人家老早就预测到了，我为什么置之不理呢!?"1994年底，我校教科室黄月初老师还专门请武汉大学东风智力测试中心的同志来校，给超常班的同学进行了测试，测试的准确率为90%以上。

二是给每个人发了一本《中学超常儿童教育实践与研究》的书。我五月份乘飞机去北京教育科学研究所招待所，与徐有标、东北育才中学的于长征3人一起审稿，没想到就出书了。这本书由徐有标统一修订，由河南新乡一中李振东主任联系河南教育出版社出版。全书目录如下：第一章，实施超常儿童群体教育是客观的需要；第二章，超常儿童的测试与选拔；第三章，课程设置的指导思想与原则；第四章，教学原则与方法；第五章，教学的策略；第六章，学法指导；第七章，非智力因素与学校教育；第八章，思想品德教育；

第九章，教师的选择与培养；第十章，教育评价。我校赵尚志编写了第六章，黄月初编写了第十章，戴屹峰、何麦秋参加第五章的编写，我参加了第七章的编写，并为该书的3位主编之一。

会议安排一天的时间，组织大家乘汽车游览了少林寺和中岳庙。我1994年来过这里。时隔10年，少林寺周围变化很大，办了许多少林武术学校，中岳庙倒是和过去差不多，游人稀少。中午时返程到郑州，离晚上乘车还有几个钟头，我跟月初去河南人民出版社牛雅杰那里，老朋友见面，格外热情，他约了出版社吴望平副社长，到一家饮食店招待了丰盛的晚餐。

5. 1995年9月19日至22日参加在天津市耀华中学召开的全国中学超常少年儿童教育研究协作组研讨会第五届年会

我校由我领队的4人，黄月初、朱孟德、罗英，乘火车于9月18日到达目的地。

9月19日上午举行开幕式，耀华中学的阎校长、天津市教育局文局长先后致辞，然后合影留念。

下午听了两个报告，一个是上海师大心理学副教授周家骥关于非智力因素的报告，一个是耀华中学曹副校长关于计算机辅助教学有利于提高教学质量的报告。

9月20日，我校朱孟德老师作了“学习物理习惯的培养”的发言，其他发言的题目有：“简析影响少年班潜能发挥的原因”（呼和浩特市二中，杜绥环）、“超常学生合作性问题探讨”（深圳中学何恭伦）、“培养超常少儿竞争意识”（人大附中刘彭芝）、《“小班”形式超常教育实验报告》（江西石城二中王錞居）、“要预防超常少年儿童精神‘雪崩’”（北京市教育科学研究所徐有标）、“浅议超常少儿青春期精神家园的构造”（福建永定一中黄恒振）等。

9月21日上午听课：物理，“有固定转动轴的物体的平衡”，（史渊明）；历史，“英国工业革命”；语文，“廉颇蔺相如列传”，（扬红）。语文课是几个学生上台演出，颇有特色。

下午，部分学校领导介绍经验。我首先上台发言，题目是“培养理科特长生初探”，后来该文发表在1996年《湖南教育研究》，又收入《教育实验与素质发展》一书。接着深圳中学何恭伦发言，题目是“超常班的教材编写”；苏州中学一位老师发言，题目是“我们是怎样办好外语特长班的"。

晚上，单位代表会，确定 1996 年年会在西安市一中召开，数学、外语老师参加，主要研讨如何鉴别超常儿童，并决定再编一本反映中学超常儿童教育理论与研究的书。

9 月 22 日，东道主组织代表游览了天津市容，参观新建的现代化的科技馆。

6. 1996 年 10 月 18 日参加了西安市一中全国中学超常少儿教育协作组研讨会第六届年会

这次年会的内容有 3 个：

（1）超常教育创造性能力的培养（结合学科教学论述各自的做法、效果与体会）。

（2）超常少儿教育的科学管理和班主任工作（针对超常少儿的特点，如何搞好科学管理和班主任工作）。

（3）超常少儿教学中的数学、英语两科教学计划安排细则、教材选用和补充及具体实施情况。数学由我校和新乡一中、天津市耀华中学负责，英语由东北育才、呼市二中、北京八中、南昌十中负责。

我校参加这次会议的还有黄月初、卞新荣、鲁芬芬。他们都在各自的会上作了发言。我主持管理组会议，并就我校管理超常少儿班的做法作了介绍。

会议组织代表游览了西安古城墙、钟楼、碑林博物馆及附近骊山华清池、秦始皇陵兵马俑博物馆。

会后，我们到了久仰的革命圣地延安，游览了枣园、宝塔山、清凉山等地。返回西安的路上，又游览了黄陵桥山轩辕黄帝陵。

回到学校不久，就收到了由全国中学超常少年儿童教育研究协作组编写的《中国超常少儿教育的理论与实践——英才的教育与潜能开发》一书。新华出版社出版。该书的主要目录：

学校简介

第一章，智力、智力超常与超常少年儿童。第二章，超常少儿的特征。第三章，超常少儿的鉴别与选拔。第四章，超常少儿教学组织形式。第五章，超常少儿教育课程设置与教学原则。第六章，非智力因素在超常少儿发展中的作用。第七章，教学策略。第八章，超常少儿教育的班主任工作。第九章，学法指导。第十章、超常少儿教育的教师选择与培训。第十一章，超常少儿教育评价。第十二章，超常少儿教育实验对普通教育的启示。

附 20 名超常少儿个性特征个案

我校赵尚志写了第九章，黄月初写了第十一章，樊希国、戴屹峰、何麦秋参加了第七章的编写，我参加了第六章和第十二章的编写，并写了湖南师范大学附属中学简介和两名超常少儿个性特征个案。

这本书是全国中学超常少年儿童教育研究协作组的多年研究成果，为中国教育史补了一个缺。我是该书的编委，徐有标也是编委，他为此书费尽了心血，收稿、改稿、写稿，统筹全书，联系出版，付出了辛劳，他是我心目中的主编。

参加湖南省内的语文教学教研活动简记

一、参加湖南教育学会中学语文教学研究会语文研究活动

1980 年 4 月参加省中语会座谈会及中语会成立会。出席座谈会的有 98 人，语文界老前辈叶圣陶、吴伯萧、辛安亭发来贺信，全国中语会副会长苏灵扬到会并讲话，人教社、中央教科所、《语文学习》、《中学语文教学》编辑部以及广东、广西、湖北、江西 4 省代表参加会议。大会由曹国智同志主持。我在会上介绍了作文教学改革的经验，论文刊登在上海《语文学习》。曾仲珊任理事长。北京《中学语文教学》1980 年第 6 期封三作了详细报道。

1982 年，参加省中语会第二次年会。省教科所语文组安排参加会议的代表到一中听阅读课，到附中听作文课。一中由吴稷曾、肖笃宋上课，附中由我和陶步农上课。我上的是作文指导："议论文写作的联想能力训练"，其教案编入宁夏人民出版社出版的《名家行家作文训练设计》一书。陶老师上的是说话课："最有趣的……"，教课记录以"一次初一年级口头作文课"为题，发表在《中学语文教学》杂志上。我还为这次年会交了论文："初中一、二年级文言文教学的几点尝试"，并在会上发言，后来，该文刊登在山西《语文教学通讯》1982 年第二期。曾仲珊当选为湖南中语会理事长，我为常务理事。

1984 年，参加省中语会在南县召开的现代文教学研讨会。我在会上介绍了我的语文阅读教学实验和当年在郑州召开的全国作文研究中心成立及座谈会情况。南县南州中学邀请我赴校讲座，介绍有关作文改革经验。

开会中，抽休息时间去小荷堰大队看望了病中的姨妹夫陈志祥。散会后，到河口乡中州村看望了岳父母。

1987 年参加省中语会在冷水江市召开的第三次年会，林泽龙被选为理事长，我为副理事长。我还应娄底市教科所的邀请，给冷水江市一中的一个班上了一堂语文课：课文是《为了忘却的纪念》。

1987 年，省中语会与益阳地区中语会在益阳举行了益阳之秋语

文教学研讨会，会议邀请了上海的钱梦龙、辽宁的欧阳黛娜等人，我也是被邀请讲座者。我在会上讲了"中学自能作文训练法"，欧阳黛娜老师讲座后，我陪她瞻仰了毛主席故乡韶山，到长沙游览了水陆洲。

1989 年，参加了省中语会在华容县召开的农村中学语文教改研讨会，我们参观了华容县一中、操军中学等学校。华容县一中的教改颇具特色。我应邀给华容的部分中学教师介绍了语文教改经验。

1994 年，由省中语会组织该会的几位同志（周科发、周望城、李真微、裴从度、马智君、邓日）到宁远县指导快速作文实验。

二、参加省教育学会语文教学法研究会语文教研活动

1981 年，省中语会语文教学法会在岳阳师专开年会，我未去，但寄去一篇论文《在培养能力上下功夫——语文分科教学初探》，刊登在《云梦学刊》上。

1983 年，省中学语文教学法会在娄底师专开年会，我给年会的论文《初中说明文的写作训练》，刊登在《娄底师专》创刊号上。

1982 年，省中学语文教学法会在大庸（张家界）开年会，我在会上介绍了我的语文分科实验，参加这次会议的《中学语文》杂志的编辑约我写一篇有关作文教学的文章，我写了一篇《初中作文的训练序列设计》，刊登在《中学语文》1983 年第 1 期，《1984 年作文年鉴》一书收编。这次年会还举办了"湖南省中学语文教学研究讲习班"，参加这个班听课的，除了湖南各县市的老师外，还有贵州铜仁地区和湖北恩施地区的老师，我应邀在研习班讲座，介绍了我的初中作文改革经验。会议还组织了与会人员游览了开发不久的张家界。

1993 年，省中学语文教学法研究会在郴州开年会，同时举办了郴州语文教学研究讲习班，来听课的是郴州地区各县的部分语文老师。我应邀在郴州一中理科实验班上了一堂作文指导课，并在郴州师专大礼堂讲座，讲座的题目是"中学自能作文分项训练法"。

三、参加一些学校和地县市的语文教研活动

湖南师大。1980 年，去师院平江分院讲课。1985 年 3 次给四年级学生讲课。1986 年、1987 年给中文系四年级学生讲课。1987 年 5 月 8 日至 9 日，给中文系八五级教材教法研究生讲授中学语文教学改革实验专题。1993 年给中文系毕业生讲座："中学教育是大有作为的"。

湖南教育学院。我应聘为湖南教育学院客座教师，先后于 1984

年、1985 年、1986 年、1987 年、1988 年给中文系毕业生讲课，介绍作文教学经验。

长沙市。1979 年，由长沙市中语会主持，在二中介绍我校以作文教学为中心的语文教改经验，并展览了"生活速记"本。1980 年在市教育工作会上介绍我校语文教改经验。1980 年、1985 年到二十三中、十中、长沙市铁路中学讲座。1983 年由市中语会在十四中召开的会上介绍文言文教学经验。1983 年 8 月，在枫林饭店召开的"湖南省中小学第三次教育实验工作总结会"上发言，介绍了我的语文分科教学。1987 年 9 月 10 日，长沙市第一届课堂教改评优揭晓，我的"自能作文分项训练法"获一等奖，并在全市推广，参加实验的有 18 所中学、29 个班、24 位教师，我给推广小组的老师讲座两次，还在市教科所召开的长沙市教育经验交流会上发言。1991 年，先后到望城县、浏阳县、长沙市讲座：高考命题话高考。1994 年 3 月，我在长沙市教委召开的教育工作会议上介绍我校的教学经验。

益阳。1981 年，应邀两次赴益阳，给益阳地区语文教研员和语文教学研讨会讲座。

岳阳。1988 年和 1992 年，先后赴长炼中学听课、评课，并游览了赤壁。1993 年，在岳阳一中召开的中南地区实验工作研讨会上发言。

醴陵。1982 年，应邀跟省教科所的几位同志，赴礼陵四中讲座。

娄底。我参加了人民教育出版社统编高中语文课本的编写，1987 年，应邀在娄底地区中学语文研讨会上讲座，介绍了该套教材的特点，题目是关于高中教材及毕业班语文教学。

邵阳。1983 年 5 月，先在邵阳县举办的语文教学研讨会上讲座，同年 7 月，在邵阳市举办的邵阳地区中学语文教学讲习班讲座。

永州。1988 年，在永州地区教科所举办的"永州之秋语文研讨会"上讲座，并游览了柳子庙等景点。

湘潭。1987 年，应邀赴湘潭机电厂子校讲座。

郴州。1983 年 2 月，我和求秀在桂阳讲座，求秀介绍高三抓高考的经验，我介绍我的语文实验。1997 年，郴州地区教科所举办中学语文教学讲习班，我讲座的题目是："'变应试教育'为'素质教育'，努力提高中学作文教学效益"。在这次会上讲座的还有一中的马清泽、武汉六中的洪镇涛，洪镇涛还上了一节阅读课。

我任湖南省中语会作文教学研究
中心主任开展的三次活动

　　1984 年 8 月，全国作文研究中心在郑州成立，我和佘同生同志参加了。当时老佘就说，我们湖南也应成立作文教学研究中心，后来，在长沙市中语会也有几位理事有这个意见。于是，在 1985 年 4 月湖南中语会常务理事会上我提出这个问题，经过讨论，认为成立作文教学研究中心有利于省语文教学研究，都表示同意，并委托我做筹备工作。我跟省里一些对作文教学有研究兴趣并有一定成果的老师或语文教研员联系后，便把筹建的情况向省中语会曾仲珊、李中兴同志汇报。经过两次研究，确定了作文教学研究中心的成员：省教科所语文研究室的曾仲珊、李中兴、周科发，湖南师大附中的邓日、吴良俅、郑定子，长沙市一中的吴稷曾、李健、黄克敏，长沙市肖时俊、蔡杰、聂庆佺，株洲市干景源，湘西自治州的佘同生，桂阳三中秦珍，石门一中雷建生，澧县一中敬炳安，邵阳市教研室王轶伦，并于 1986 年 1 月 5 日在长沙市成立了作文教学研究中心，我任作文教学研究中心主任，后来写了一则报道，刊于湖南《教育科学研究》1986 年第 4 期，全文如下：

湖南省中语会成立"作文教学研究中心"

　　本报讯　　湖南教育学会中学语文教学研究会为贯彻邓小平同志"教育要面向现代化、面向世界、面向未来"的指示精神，促进作文教学改革和研究的深入开展，今年 1 月 5 日在长沙成立了作文教学研究中心。参加会议的有省教育学会、省中语会的领导，有来自全省各地的对作文教学颇有研究的语文教师和语文教研员，还有湖南教育出版社、湖南少儿出版社以及湖南教育学院的同志。

　　会上，中学语文教学研究会理事长曾仲珊作了《以"三个面向为指针，努力进行作文教学改革》的发言，湖南省教科所所长孟湘砥作了《作文教学研究的意义与研究方向》的发言，湖南中语会常务理事邓日介绍了作文研究中心筹建经过、作文教学研究的现状并提出一些今后的研究课题，其他与会者也作了有见地的学术发言。

大会制定了"作文教学研究中心章程"，章程规定："作文教学研究中心是'湖南省中学语文教学研究会下设的一个研究团体'"，宗旨是"进行中学作文教学的理论和实际问题的研究，交流经验，加强协作，为改进中学作文教学、提高作文教学质量贡献力量"。关于会员，章程规定："吸收本省对作文教学研究有兴趣且有研究成果的中学语文教师或语文教研员参加。"

会议决定：一、为了大面积提高我省中学生作文水平，今年编著《初级中学现代作文教程》（明年由湖南教育出版社出版）。二、作文教学研究中心与有关单位，于今年 10 月联合举办"湖南省首届中学生作文竞赛"。

（载《湖南教育科学研究》1986 年第 4 期）

湖南省作文教学研究中心主要开展了以下三项活动：

一、举办湖南省首届中学生作文竞赛

首先成立作文竞赛组委会，组委会成员有政府领导成员、业务领导成员、出版社成员、杂志社成员，这样，竞赛有了权威性，也解决了优秀作文出版和竞赛必要的经费问题（如评卷经费、作文获奖者的证书、奖品）。（除"作文教学研究中心"外，其他单位都出1000 元）

其次，确定竞赛作文题。初中作文竞赛题："我爱这个地方"、"在我家门前"、"家庭琐事"、"我盼望着那一天"、"新结识的伙伴"、"我第一次——"、"班主任笑了"、"珍惜今天"。高中作文竞赛题："对美的思考"、"弄斧必须到班门"、"'这山望着那山高'新解"、"秋的联想"、"她不愧为生活的强者"、"生活的浪花"、"奖杯与汗水"、"绿色的联想"等。

在此基础上，我拟写了"联合举办'湖南省中学生作文竞赛'"活动的通知，由省教育科学研究所发给各市、县教研室。湖南省共青团办的《年轻人》杂志1986 年第九期以"湖南省中学生作文竞赛启事"为题，刊登了"通知"的内容，全文如下：

"湖南省中学生作文竞赛"启事

为了贯彻邓小平同志"教育要面向现代化、面向世界、面向未来"的指示精神，向中学生进行一次生动具体的教育，提高学生学习作文的积极性，发现和培养写作苗子，我们决定联合举办"湖南省中学生作文竞赛"活动。

一、凡湖南省在校中学生（含农、职业中学学生）均可参加。

二、竞赛作文以反映 80 年代中学生的理想和追求为总内容。

三、竞赛分初赛和复赛两步，具体办法由各市、县通知学校。

四、初中和高中分别按 3 个等级给奖。一等奖，初中一、二、三年级各两个，高中 4 个；二等奖，初中一、二、三年级各 5 个，高中 10 个；三等奖，初中一、二、三年级各 20 个，高中 30 个。凡获奖作者均发给奖品和证书，并表扬所在学校。部分优秀作文，将由《年轻人》、《初中生》陆续发表，并由"作文教学研究中心"选编成集由湖南教育出版社出版。

五、组委会名单如下：

主任 委 员：省普教处处长 　　　　　　　陈若海

副主任委员：湖南省教科所副所长 　　　　林泽龙

副主任委员：湖南省教育出版社副总编辑 　洪长春

副主任委员：年轻人杂志社总编辑 　　　　张智军

副主任委员：湖南教育杂志社副总编辑 　　彭估松

秘 书 长：省中语会作文教学研究中心主任 邓日

六、组委会还将成立作文评选委员会。

湖南省普教处

湖南省教育科学研究所

湖南省教育出版社

年轻人杂志社

湖南教育杂志社

湖南省中语会作文教学研究中心

评选委员会名单：

主任：陈若海；副主任：林泽龙、洪长春、张智军、彭估松；

秘书长：邓日；评委：干景源、王轶伦、方春耕、李健、李中兴、李真微、佘同生、肖时俊、吴稷曾、周科发、郑定子、秦珍、聂庆佺、章亮礼、敬业、曾仲珊、蔡杰、颜常逸、欧阳德购、邓日。

这次作文竞赛，初中获奖者 87 名，其中一等奖 6 名，二等奖 14 名，三等奖 67 名。高中获奖者 41 名，一等奖 5 名，二等奖 9 名，三等奖 27 名。

原先我与教育出版社编辑邹蕴璋签的"图书约稿合同"上，要出版"初中学生获奖作文选评"（暂名）、"高中生获奖作文选评"两本书，但是经我把全部获奖作文看过后，为了保证书的质量，从初中获奖作文选了 47 篇，从高中获奖作文选了 13 篇，看来高中出一本作文选是不可能的了，于是我向邹蕴璋编辑建议，高初中获奖作文只出一本，她同意了。这本书名是"湖南省首届中学生作文竞赛、中学生获奖作文选评"，湖南省中学语文教会研究会作文教学研究中心编。湖南省首届中学生作文竞赛委员会主任陈若海写了一篇《美丽的采撷和酿造》作为该书的代序。湖南教育出版社 1989 年 3 月出版，责任编辑邹蕴璋。

二、编写《初级中学试用教材·作文》（共 6 册）

编写这套教材，我做了下面 4 件事。

第一件事，确定写作班子。编一套写作教材，当然希望正式出版，多次与教育出版社联系，没有定论。1986 年 1 月，接到该社编辑邹蕴璋的来信说："邓老师：您好！关于作文课本出版事宜已有进展，还需进一步争取，以便早日插入计划。请您近日内抽时间到社里来一趟，我们一起商量一下，看写作班子如何定。我的任务压头，实在无暇上门商讨，请原谅。专此，即颂教安。邹蕴璋 86.1.25 草"。我接到信的第二天便抽时间到了出版社，我把早就想好了的写作班子名单告诉了他们，并一一介绍了写作班子中每一位作者的特点，邹编辑等人同意了我的意见。接着我又与省教科所语文教研室的同志商量，他们也同意了我的意见。写作班子就这样定下来了。

第二件事，这套教材采用了我的"中学自能作文分项训练法"初中阶段实验的作文训练体系。这套教材的训练程序，也分为两条线。一条线，以学生作文全过程所需要的一般能力训练为线索。另一条线，以文体训练为主，包括培养记叙、说明、议论能力的内容和技能要求。这种训练体系，本着以心理训练（主要为思维训练）

为前提，以写作技能训练为基础，以文体运用为主体这样三条标准，来划分训练项目，安排训练程序，以培养学生的自能作文的能力。这种体系加强了对学生观察、书面积累、想象、联想、分析、综合、立意、选材、修改等诸多能力的培养，有别于单纯的文体训练。

第三件事，为教材写了"样稿"，使全书有个大致的编写体例。作文教学以训练项目为单元，每期一般安排8个单元和1个应用文附录。省教科所语文教研室的曾仲珊、李中兴两位同志要我先写一个单元，我编写了第一册第二单元《观察能力的训练（1）观察的意义和方法》。我是按5部分编写的：第一部分写作要求，即明确、具体地提出训练点。第二部分提示，通俗易懂地介绍写作这一项目的有关知识，以指导实践。第三部分示例，所精选的例文新颖典型，给予恰当评点，以便借鉴。第四部分是练习，所设计的练习题，力求形式多样，注意单项与综合、思维与语言、模仿与创造的有机结合，使学生练有兴趣，学有所得。第五部分讲评，讲评注意突出重点，富有启发性，除了给教师提供讲评的意见外，主要是给学生作文时以启迪。省教科所语文教研室的两同志看了，便以此稿为"样稿"，以"作文教学研究中心"的名称写了一个通知，一同发给每位编写人员。"通知"原文如下：＿＿＿＿同志：《初中现代作文训练教程》一书的编写任务前信已具体通知到人，请抓紧时间按时完稿。为了使全书有一个大致统一的编写体例，现将邓日同志试写的"样稿"寄去，供参考。此信如有不妥，或不完善之处，请将意见来信告我们。湖南省中学作文教学研究中心，一九八六年八月六日。

第四件事，为该教材写了"前言"。我在湖南师大附中1980年秋办的首届"初、高中连贯的整体实验班"编写了初中作文实验教材，其编写的目的、指导思想、训练体系、初中各年级的训练重点以及每个单元的编写体例，跟这套教材编写的目的、指导思想、训练体系、初中各年级的训练重点以及每个单元的编写体例是一致的，只是训练项目虽然大都被采纳了，但有调整和增删。所以我只在我公开发表的关于"中学自能作文分项训练法"的论文中，摘抄有关部分，便成了"前言"。

参加这次编写教材的人员是：邓日、李中兴、黄克敏、敬炳安、秦珍、佘同生、雷建生、吴良俅、吴稷曾、肖时俊、曾仲珊、王轶伦、郑定子、蔡杰、干景源、李真微、李健、周科发、聂庆佺。初稿完成后，由省教科所中学语文组和作文教学研究中心的邓日、李中兴、佘同生、吴稷曾、周科发、曾仲珊等同志审阅修改，最后由省教科所审定。

这套作文教材原定名《初级中学现代作文教程》，最后改为《初级中学试用教材·作文》。全书分6册，湖南省中语会作文教学研究中心编写，湖南省教育科学研究所审定，湖南教育出版社出版。发行3 266 000册，全省有30 000多个班级使用了这套教材，产生了广泛的影响。应该说，这套教材实际上是当时我省作文教改实验的产物，参加编写的人员功不可没。

三、举办了"初中作文教学研讨班"

首先"初中作文教学研讨班"的主要内容得到湖南省教委师范处同意后，再确定讲课人员和讲课题目，确定有关时间、地点、学习费用等事项。我拟了关于举办"初中作文教学研讨班"的通知，先请省教科所语文组的同志审阅，曾仲珊同志说，一定要加上"讲习研讨班负责人邓日"，好吧，我承担这个责任，便加上了。这份通知以"湖南省教育委员会"的红头文件，发给了各地、州、市、县教委（局），全文如下：

湖南省教育委员会
关于举办《初中作文教学研讨班》的通知

各地、州、市、县教委（局）：

去年，湖南中学语文教学研究会作文教学研究中心编写了《初级中学作文试用教材》（每期1本，共6本，湖南教育出版社出版），我省将列入初中教材。为了宣传讲解这套作文试用教材的编辑意图与使用意见，交流作文教学经验，研究作文教学改革问题，以便更快更好地提高作文教学质量，我们同意于今年暑假由湖南省中语会作文教学研究中心举办以《初级中学作文试用教材》为主要内容的初中作文教学研讨班（讲习研讨班负责人：邓日），为期7天。

现将举办这次作文讲习研讨班有关事项通知如下：
一、日期：1988年8月2日—8日（共7天）
二、地点：长沙市湖南师大附中
三、内容：

1. 端正教育思想，提高民族素质

林泽龙（湖南省教科所副所长）

2. 《初级中学作文试用教材》编写的意图、体例以及教法研讨

邓日（湖南师大附中高级教师，省中语会作文教学研究中心主任）

3. 把作文教学改革建立在学生写作心理的基础上

吴良俅（湖南师大附中教研室主任，高级教师）

4. 作文教学与创造性思维

吴稷曾（长沙市一中高级教师，语文教研组长）

5. 作文教学与说话训练

陶步农（湖南师大附中高级教师，语文教研组长）

6. 培养写作兴趣，提高记叙能力

黄克敏（长沙市一中高级教师，语文教研组长）

7. 说明文的写作训练

肖时俊（长沙市十四中高级教师、副校长）

8. 议论文的写作训练

佘同生（湘西自治州教科所所长）

9. 在写作中如何培养学生的分析综合能力

李真微（岳阳县一中高级教师，省作协会员）

10. 正确处理好写与读的关系

秦珍（桂阳县三中高级教师，教导主任）

11. 湖南师大附中、长沙市一中上作文课

12. 谈谈全省语文中考的有关问题

周科发（湖南省教科所语文教研员，省中语会副理事长）

13. 语言文字工作和中学语文教育

曾仲珊（湖南省教科所研究员，省中语会理事长）

四、学习费用：学费每人23元，资料费每人2元，共计25元。往返路费及学习期间的食宿（每天住宿费3元，在教工食堂吃饭）、医疗费用，由各单位自理，讲习班安排食宿。

五、名额：每个县（市）选派3至4名初中语文教师（不要超过4人）。

六、报名日期和办法：自1988年6月14日起至7月5日止，由

各县（市）教研室选派、报名并将学费和资料费统一邮汇到长沙市湖南师大附中郑定子同志，收据报到时发。

要求报名者甚多，若因满额不能安排，所缴费用及时退回，参加学习研讨班后不能继续参加的，不退学费和资料费。

七、报到日期：8月1日报到。地址：长沙市岳麓山湖南师大附中。

湖南省教委师范处

1988 年 6 月 10 日

我校王之方副校长协调学校的有关接待工作，讲课资料及时装袋，一切准备妥当，讲习研讨班按期顺利举行。省教委师范处处长陈若海、省教科所副所长林泽龙、附中副校长王之方以及教育出版社邹蕴璋、少儿出版社龙俊明、湖南教育学院刘隆慈等参加了开幕式。陈若海同志讲了话，我在会上讲了举办这次研讨班的目的和会议安排。这次讲座的人员，除了上述"通知"所列的各位同志外，还请了师大中文系鲍厚星老师讲了有关朗诵的内容，桃源县教研室李昌明、长沙市教科所周继屏、常德一中刘振国、鄞县五中罗誉之等老师介绍了作文教改的情况。这次研讨班的人员有 199 人，来自全省 56 个县市，还有 1 个贵州省的老师。

我在闭幕式上作了简短发言，大意是：这次作文研讨班，是我省作文教学的研究盛会，既是作文教学经验的交流会，又是作文改革的协作会，它必将促进我省对作文教学的研究，提高我省作文教学水平。

省作文教学研究中心开展的这三次活动，得到老师的普遍赞扬。可是在 1989 年 1 月，我被任命为湖南师大附中的副校长，主管教学，任务重，责任大，工作繁忙，无暇顾及省作文教学研究中心的事了，这时的"中心"可谓名存实亡，实在令人遗憾。

3 次赴省外考察、学习的回忆

1. 1982 年 4 月 6 日至 16 日，在省教科所所长曹国智率领下赴南京、上海考察学习中学教育改革经验

参加这次考察学习的还有长沙市一中刘湘皋副校长、语文老师肖笃宋，我校王楚松校长，长沙市二中封玄武校长，省教科所心理学教研员李艾芳、图书室工作人员张照明、语文教研员林则龙，第一师范一附小曾锡长校长、二附小张敏校长。

我们于 4 月 6 日下午乘火车到达武昌，当晚乘轮船沿长江南下，第二天到了南京。从 4 月 8 日起开始考察学习活动，我除了听一些报告外，主要考察语文教改方面的内容。在南京听了南京市教研室王永建主任的介绍。他们大抓课堂教学，他说课上得好的占 17%。之所以课上得好，首先是他们的事业心和责任感强，把教学当作一门科学、一门艺术，研究学科教学的规律和认识规律；其次是肯学习。我还先后到南京市四中、十中、二十九中、东方红中学听语文课，听教研组长的介绍或教研室的介绍。这些语文课都重视基础知识的教学，重视朗读和背诵。东方红中学从 1981 年在初一的一个班进行语、数、外 3 科的实验，采用中央教科所的实验教材，用先进的教学理念指导教学，树立四个观点，即全面观点（德、智、体等）、发展观点、为生观点，爱生观点，取得了好成绩。南京师大附中开设了多种选修课，课外活动很活跃，我们也去考察学习了。

利用考察的空余时间，我们游览了雄伟的南京长江大桥和玄武湖。考察组的全体成员还用一天的时间游览了中山陵、雨花台，在雨花台，我们捡了一些雨花石。许多烈士牺牲在雨花台。在烈士纪念碑前，我们肃立致敬。

我们辞别南京，到了上海市。4 月 13 日上午，到华中师大教育科学院听实验室吴慧珠同志的介绍，他着重介绍了他们在一附中，二附中和附小搞的实验项目。实验室主要抓计划、经费、人员、检查、验收、经验交流、组织学习。

实验室的杂志很多，公开出版的300多种，联系交流的也有300种。下午，到教研所听景舫所长介绍。所里二十几人围绕"教育基本理论"这个专题翻译几本书（或文章），介绍几个国家教育情况，办了一本《外国教育》杂志。他着重讲了近二、三十年形成教育改革高潮的原因：20世纪科学知识成倍增长，教学理论有很大发展，苏联赞可夫、西德克拿夫斯（范例教学）都强调要培养能力、发展智力，教学应跑在发展的前面，发展是教学最佳阶段；改革教材、教法，强调儿童主动性和实践，采用情景教学法、讨论法、发现法（布鲁纳）、兴趣发展法，培养探究精神，反对学生负担过重。

接着，我们又听了杜殿坤介绍巴班斯基。巴班斯基是苏联科学院第一副院长，他总结了苏联几十年的教育经验，用系统论研究教学论。

4月14日去上海育才中学，这是一所教育改革名气很大的中学。上午，我先听了两节语文课。一节是高二的，上《庖丁解牛》（庄子）。教学步骤如下：学生读：一个学生念课文，正音"间"，学生齐读全文，又一个学生读课文，正音"重"；学生分组读议（男4、女4，男2、女1）（计17分钟）；一个女学生翻译几句，师："之"无意，又一个女生翻译另几句，再一个学生接着翻译。师解释"焉"；学了这篇课文我们得到什么启示？（3个学生发言）；这篇寓言主要用什么形式表达？（师生对话）第二节是初一（3）的，上《水浒》第六回，教学步骤如下：学生念题目；这一回有哪些字典上查不到的字写在黑板上，有人查到的上台注音，教师补充几个难读的字，解释几个词；学生读；学生提问；拟情节提纲（11个组上台写提纲），有一个组这样写道：路遇瓦罐寺，剪径遇鲁达，火烧瓦罐寺，鲁达管禁园；师生评学生小组写的情节提纲。这两节课，教师的主导和学生的主体发挥得很好。

下午，我们先听了育才中学教导主任、化学特级教师的讲话，他说育才是上海市教改试点中学，初中语文教材是《西游记》、《水浒》，读《西游记》写东游记。课堂有两个老师，一个是书本，一个是教师，要求学生读书本是一个重要环节。在课堂上推广"读读、议议、讲讲、练练"的教学方法，读读、议议一个小组，4 个人中有一个成绩好的，两个比较好的，一个差的。接着育才中学校长段力佩讲话。他说，拔尖我是反对的，苗不能拔，是冒出来的。教育的失败是把人当作物，把成千上万的青年学生看成一个样。小学一年级的语文脱离他们 的生活，集中识字、集中拼音，这是害小孩。四年级学生学太平天国、巴黎公社，这是胡闹。陈景润是要的，但都是陈景润，就要亡国。高考答案标准化，摧了很多人，我们搞有领导的茶馆式的教学方法，七嘴八舌智力就发展起来了。抓文化学习不能忘记品德教育，健康第一。不让教师搞测验，学生不能成为分数的奴隶。从 1980 年起，我校一直不举行期中考试，160 个初中毕业生除 4 人升入普通高中外，其他都升入重点高中。减轻学生负担，让学生相互改，看到办公桌上作业成堆，我就说不是好教师。墨守成规办不了好学校。把必修课的时间压一点，多一些选修课。反对个性的自由发展，培养人才，以才为主还是以人为主，应该是以培养人为主。精神文明很重要，品德不搞等第，家长不与学校配合，家长与学校只配合分数。

4 月 15 日，先后听了华东师大二附中校长蔡多瑞和语文组长的介绍，校长说，课内打基础，课外出人才。拖堂 1 次，记名，2 次，教导主任谈话，3 次，校长谈话。晚上、寒暑假不加班。提高教育质量，靠硬拼是不行的，主要靠教改。从实际出发，革新内容，改革体系，打好基础，培养能力，发展智力，减轻负担，提高质量。基础是教材，重点是教法，关键是教师。语文是从 改革教材开始的，原教材内容浅而少，多读多写，从难从严。每周 1 文，1 随笔，1 期背 100 多段（课），诗词 105 首。语文组长说，改革 4 年，搞教材 4 年，已进入高一。初中与师大一起编教材，在油印的基础上出版。高中自编教材。为什么要自编教材？原教材少、窄、浅、散。我们自编教材的特点：多读多写（课文四、五十篇，课外《水浒》、《三国演义》、《西游记》。写作文 1 周 1 篇，随笔 1 则）；读写结合，记诵积累（字、词、句、篇，有词语手册）。全国使用初中试验教材的有 140 个单位，23 个省市，100 多个学校。华东师大校长刘佛年鼓励大胆搞。随后，我们还听了实验班老师的两节语文课，其中 1 节是我在北戴河开会时遇到的陈亚仁老师，其课突出了师生主动。

4月16日，我们去华中师大一附中考察，这个学校语文教改在全国都有名气，去年7月，我曾参加了该校陆继椿的"'分类集中分阶段进行语言训练'的研讨会"，陆继椿被称为"得得派"的代表。我们听了校长对全校情况的介绍，并先后听了语文实验教师卢启文等两人的语文课。

在考察之余，我跟几个同志游览了上海黄浦江外滩、南京路、豫园。豫园是明代古园，以布局精巧、景致多变为特色，园内点春堂是清末上海小刀会起义指挥所旧址。还与林泽龙去了上海教育出版社。17日，我们还乘火车游览了苏州。

这次去南京、上海考察学习，印象很深，受益匪浅，特别是上海，他们信息灵通，教育理念新；领导重视，舍得投资；革新课程，自编教材；勇于开拓，自创新的教法，如一课一得法，有领导的茶馆教学法。

2. 1984年10月参加省教科所组织的考察组，赴北京、沈阳、鞍山等地考察、学习办高中语文实验班的经验

参加这次考察组的成员有省教科所语文教研员周科发，我校语文教师陶步农，长沙市一中教师吴稷曾、李建、黄克敏。

我们乘火车于10月8日到了北京，先后去了北师大实验中学和月坛中学。这两个中学的《初中语文实验教材》和上海师大一附中、二附中编的两套初中试验教材，再加上全国通用的初中语文课本都按我的语文体系，从中选择例文，成为我班的实验教材。北师大实验中学的试验教材课文精美，教法采用自读和讨论。我们来到该校，语文教研组长谭雪莲给我们介绍，高中语文试验教材，目前基本上是文选型的，选的古代作品，按文学史的顺序安排材料。实验班今年高考，6个班近300人，平均90分，有92分的。这样我们坚定了教改信心，打算今后作大的修改，加强语文知识，如文学作品鉴赏知识、文学知识、古代文化常识等。还要加强语文能力的培养，如高效阅读能力、快速表达能力、文学作品的初步鉴赏能力等。接着听了1节高中语文课《白马篇》（曹植）。

第二天，去月坛中学。该校的刘胐胐老师与她的丈夫高原对写作训练作了有益的探索。北京师范大学学报（社会科学版）1979年2月号开始连载她的实验教材《培养学生观察能力与写作训练教程》、《培养学生分析能力与写作教程》、《培养学生表达能力与写作训练教程》，谓之三级训练体系。在中语界产生广泛影响。我们先听了刘老师在高二上的一堂作文课"生活剪影——提炼概括"，再请她就高中的作文改革作介绍。她说高中3年的作文安排如下：高一，观察与调查；高二，分析与提炼；高三，各类文体的综合训练。我们还看了贴在墙上的学生作文，几个同听课者说，作文一般般，错别字多，老师没有指出来。

10月10日，我们乘火车到了辽宁沈阳，趁星期天无人接待的时间，游览了沈阳故宫。沈阳故宫为清初太祖努尔哈赤及其继承人皇太极营造的皇宫，清人入关后康熙、乾隆诸帝东巡的行宫，300多间殿宇，以宫高殿低有别于北京故宫。有崇敬殿、凤凰楼、文溯阁及八旗大殿等。我在这里拍了几张照片。接着我们还去了沈阳北陵，这里是清皇太极和皇后的陵寝。

10月12日，我们访问了辽宁教科所，一位负责同志给我们介绍，他说他们主要研究教育学、心理学、儿童学、管理学、比较教育，编辑《教育科学通讯》和教育科学资料等。

沈阳没有高中语文实验班，于是，我们乘火车去这次出访考察的重点鞍山十五中学。到达鞍山时，已经是晚上9点了，我们吃了饭，匆匆找到一家旅店，可睡十几个人的大房间，大约睡到十一点左右，身上感到好痒，爬起来一看，好几个虱子在身上，我们互相一叫，都起来了，此时，哪里还有睡意，大家穿好衣服，坐在床边，一直等到天亮。第二天，我们找了一家干净的旅店住下。然后去十五中学找我们要访问的主人——欧阳黛娜老师。

欧阳黛娜是著名作家欧阳山的女儿，是喝延安水长大的。她在鞍山十五中，使用自己编写的一套语文课本，从初中一年级教到初中三年级。然后，让这个班学生同高中毕业生一起参加高考，语文成绩竟高出全省平均分数9分。她成了全国赫赫有名的人物。我曾多次在全国语文研讨会上听过她的介绍。现在她正在进行高中语文实验。

接连几天，我们参观了十五中校园，走访了编教材的几位老师，听了初中语文实验班两节课，并先后听了欧阳老师上的4种不同类型的课。第一节，中国古代作品，屈原的《橘颂》；第二节作文指导课，结合学生到马峰乡搞社会调查，指导写"随笔"；第三节讲当代文学，怎样鉴赏《血凝》这部电视剧；第四节社会文化知识课讲座，关于修编"地方志"问题。这几节课，都体现了她的"以培养语文能力为主"、"以教师指导下的学生自学为主"的指导思想。我们还请欧阳老师就她的高中语文实验作详细介绍。她说："中学语文教学应分两步走：初中阶段，主要任务是进行听、说、读、写能力的培养和训练，使学生具有基本的理解与表达能力，并达到在工作、学习与生活中管用的程度，在此基础上形成初步的自学能力；高中阶段，在继续培养训练提高听、说、读、写能力的前提下，培养学生的鉴别、欣赏与研究的能力，使学生具有初步的治学能力。"

她还介绍了高中语文实验班开的课程：（1）文学欣赏课。重点在古代文学，按文学史编排，从先秦到清代；现代文学，五四时期起，鲁迅、郭沫若、茅盾；当代文学讲座，关于社会主义，人道主义，介绍粉碎"四人帮"以后的文学，伤痕文学到改革文学；外国文学重在用今人观点去分析。文学欣赏，不只是单纯读点文学作品，而是要进行美育教育。文学课的智育教育是什么？教会学生思考的方法，认识问题，分析问题，发现问题的能力也可以从中得到。2/3的时间用在文学课上。（2）社会文化知识课。1/3的时间，如编写地方志的常识等。（3）写作课。如第一单元，素材、题材。搞社会调查：农村经济改革，城市改革，当代青年的思想。第二单元，自学方法的培养：怎样写概述（概论），写后记，写跋，给自己的作文写序，训练写思考笔记，写科学小论文等。

我们还应邀到欧阳老师家做客，她家的房子不大，但布置得很精致。她说，这是她母亲在鞍山蹲点时的住房，欧阳老师的母亲叫草明，当代作家。在十五中，我们看到欧阳老师全心全意扑在她的教学实验班上，是一位酷爱教师职业而又能为人师表的高尚的人。我写了如下两句话：

无私无畏　甘于奉献　视名利淡如水

善始善终　执着改革　看事业重如山

离鞍山市中心25公里处的千山，又名千朵莲花山，素有"东北明珠"之称，是我国著名风景旅游区之一。我们专程去此地游览。走进千山，只见景区内峰峦秀丽，林壑幽深，苍松峻石，古刹相间，构成山石寺庙园林风格的自然风景区。据导游介绍，千山历史悠久，早在 1000 多年前，就有了寺庙建筑，开始了朝山和游览活动。千山风景区，划为 4 个游览区，我们游览了北部游览区的夹扁石、一步登天、天上天、一线天、卧虎峰、五佛顶和龙泉寺。一步登天处长有一株古松，悬在半空中，我们几个人坐在树上的横枝上，好不得意，还摄影留念。

15 日，离别鞍山，到了大连。大连没有高中实验班，我们去了旅顺口。旅顺口的博物馆内陈列一具木乃伊，是 2000 多年前新疆沙漠里的。我们站在一高处，望着旅顺海面，远处山峦中有一个出口，真是天然的海港。

16 日，乘火车返回北京，已经是晚上 8 点多了。我们到处找旅店，回答都是"客满"。当晚，无可奈何，只好逗留北京火车站，实在困了，两人坐在候车室地上背靠背打瞌睡。第二天乘火车到长沙，又没有卧铺票，只好坐着或站着。这是我出差收获最大又最辛苦的一次。

3. 1995 年 3 月 13 日至 16 日赴广州考察学习 3 所重点中学办学特色

这 3 所重点中学是：华南师大附中、执信中学、广东省实验中学。

参加考察学习组的成员主要是我校各学科组长。他们是：语文组郑定子、吴雁驰，数学组冯跃峯，外语组李小鸽、黄长泰，物理组朱孟德，化学组李安，生物组郭子霞，劳技组何麦秋，历史组何善曾，地理组梁良梁，湖南师大接待处的陈忠同志为我们的联络员。我们住在华南师大招待所。陈忠同志在湖南师大接待华南师大的同志很热情，所以这次华南师大的同志也很热情地接待我们，给我们联系考察的学校，晚上安排卡拉 OK 或吃夜宵。

3 所重点中学各有特色，我们的共同感觉是，硬件比我校强，如华南师大附中的 400 米跑道田径场是塑胶的，教学楼一楼是活动场地，设备条件好。教学抓在点子上：抓课堂，上课时间由 45 分钟改为 40 分钟，要求备课细心、上课用心、辅导耐心。学生学得主动活泼。教学手段现代化，教室都有四机，电脑联网，开设多种选修课。抓课外，如执信中学第二课堂很活跃，有生物工程研究，地震预报，太阳能利用的研究等，还有各式各样的文体活动、文学小组。抓论文，每位高级教师每年一篇论文。公开发表论文，给予稿费一半的奖励。广东省实验中学初中学生每周交一板钢笔字，每月背几首诗，5节语文课中用1节由学生自由阅读，写一篇心得。华南师大附中坚持学军、学工、学农。高一学军又学农，高二学工，1年两周，全年级师生都去，培养工农感情。他们对教师要求严格，都有培养年轻教师等制度，高考成绩好，90%的学生进入高校。

这3所重点中学都有自己的追求目标，广东省实验中学的陈校长说，要把广东省实验中学办成改革实验的基地。执信中学的书记说，1921年10月，孙中山先生为纪念朱执信创办了这所学校，我们要把这所学校办成全面发展加特长的高质量学校。华南师大附中的吴校长说，我们的目标是高质量有特色实验性。

在广东实验中学，我特地抽时间找了该校的语文老师罗易，他是我在全国语文研讨会上结识的朋友，他的字写得好，对高考颇有研究。后来，他给我寄来几本公开出版的学生临摹字帖。

我们在考察之余，游览了越秀公园。

回到学校后，我专门召开教研组长会，谈参观广州3校的感想。

《湖南师范大学附属中学优秀作文选评》
序　言

　　坐落在岳麓山下、湘江岸畔的湖南师范大学附属中学，是一所省重点中学，省实验学校。她不仅以优良的校风，严谨的教风，厚实的学风著称于世，而且享有国际中学生奥林匹克"金牌摇篮"学校的美誉。1995 年元月 2 日，是他的 90 周年华诞。为了继承和发扬学校办学的优良传统，展示本校改革开放以来作文教学方面的部分成果，为在校学生提供一本源于同门、用于切磋、旨在提高写作的课外读物，我们特编辑这本《湖南师范大学附属中学优秀作文选评》，并借此与兄弟学校的同学交流。当然，这也是我们奉献给本校 90 周年华诞及海内外校友的一份礼物。

　　本书入选的习作，绝大多数是十一届三中全会以来，我校学生公开发表在全国各省市报刊上的优秀作文，也有几篇是未公开发表但曾在全国级作文竞赛中获奖的佳作。

　　本书以文体为编排体例，将入选的 111 篇作文，编为记叙文、说明文、议论文三部分。每部分前各冠一篇这类文体的写作辅导文章，力求使读者有所得。每篇作文后都附有教师的点评，着重就作文的主要特点加以评价，不求面面俱到。

　　当编完这本书的时候，我由衷的喜悦。在小作者的笔下，万山红遍的岳麓山，百舸争流的橘子洲，还有岳阳楼、君山、张家界、南岳……三湘四水显得格外秀丽，令人神往。而事业心极强的阿爸，在灯下勤奋学习的少年，时代的弄潮儿，淘气的小客人、舅舅、哥哥……这些人物都刻画得活灵活现，展示出新的精神，新的风貌。

　　小作者是热爱生活的。在他们的笔下，不仅春雨和夕阳充满了诗情画意，而且秋色和严冬也显得生趣益然。他们有写不尽的题材，充满生命力的绿色的雨，千姿百态的菊，青青的翠竹，一口小潭，一条小街，一只小动物，一件小玩具，这些看似平常的事物，却都写得那么富有新意和生活情趣。这充分显示出小作者敏锐细致的观察力和丰富多彩的想象力。

小作者也很关心社会。他们不仅把自己熟悉的学习生活、家庭生活写得栩栩如生，而且还把笔触伸向了社会。他们或就当前一些重大问题陈述己见，或对新思想、新事物进行热情讴歌，或对旧思想、旧势力进行尖锐批判，或对不幸者寄予深切同情。他们观察社会之宽阔，目光之敏锐，反映社会问题认识之深刻，文笔之犀利，确实让成年人也为之惊叹。这不能不使人感到：青少年是我们事业的未来，是我们国家的希望。

这些小作者，大的不过十七八岁，小的只有十一二岁。他们的作文，还谈不上什么风格和艺术个性，但是我们从作文中分明感到一些文学大师影响的痕迹。有不少作文也颇具特色，或简练明快，主题集中鲜明；或深沉蕴藉，读后发人深省；或条理清晰，使人一目了然。这对中学生读者朋友练笔会有所助益。

我们感到歉意的是，由于我校已毕业的校友分散在海内外各地，不少优秀作者未来得及联系，即使已收到的来搞，也限于篇幅不能全部入选。又因为本书的编写在繁忙的教学之余，疏漏之处，诚望读者指正。

努力建设一套高效的汉语识字教材

早在 1978 年，我国著名语言学家吕叔湘先生在《人民日报》上点名批评我国中小学语文教学"少、慢、差、费"。他不无感慨地说："10 年时间，2700 多课时，用来学本国语言，却是大多数不过关，岂非咄咄怪事！"20 年来，一些老师勇于探索，勤于实践，创造出成功的经验，也创造出语文教学的高效率，然而大面积的语文教学仍然"死水微波"、"少慢差费"的现象并未从根本上得到改变，这涉及诸多方面的问题，本文仅就汉语识字教材的建设谈几点意见。

汉字是现今世界上年岁最大、使用人口最多、使用地域最广的一种独特的文字。它具有 6000 年的悠久历史，比古老的拉丁文字产生还早，五大洲用汉字的人达 15 亿。从历史上看，汉字凝聚了祖先高度的智慧，为中华民族独具个性的灿烂文化的创造、发展、繁荣和流传立下了不可磨灭的功勋，在世界上起到了很好的交流文化和增进友谊的作用。

可是汉字难学，是语文教学的难点。1955 年，中国科学院院长郭沫若曾感叹："就因为使用这种艰难的文字，我们在进行普通教育的过程中，比起使用拼音文字的国家来说，起码要多费两年。单学习汉字就有这样的艰难，这对于我们是多么沉重的负担啊？"从 20 世纪上半叶乃至中期，国内许多学者，他们把汉字看做阻碍中国走向富强之路的一座大山。汉字似乎不能适应现代化，不能适应未来。然而现在已经证明，汉字是现今世界唯一仍在使用的象形表意文字，它是科学而适用的，完全能够适应现代化的需要。汉字不仅成功地进入了计算机，而且由于表述的简洁和形、音、义的多码性，还具有比拉丁文字输入快速的特点。它完全可以在信息高速公路上畅通无阻。有人提出：既然汉字输入计算机的速度比拉丁文字快，为什么输入人脑就不可以比拉丁文字快呢？这对今天在汉语教学中仍然是一个难点和重点的识字教学，应该是一个有益的启示。

我们设想，如果汉字"输入人脑"有输入计算机那样快，也就是说小学一年级能够快速高效识字，哪怕是能认 2500 个常用字，将产生怎样的效果呢？那将不仅是识字教学的根本性突破，把《小学语文教学大纲》要求的相关任务一下子提前了 4—5 年，而且是开发学生智力的一大飞跃，促进学生更好地学习数学、自然、科学等其他课程。小学的整体教育质量会出人意料地大幅度提高；那将让千千万万国人更快脱盲，让文盲在中华民族大地上尽快消失；那将让国内各少数民族更快地掌握汉语，从而促进经济文化的快速发展，促进民族大团结局面的进一步巩固；那将更快地提高中华民族素质，让更多的国民更快地掌握中文，让汉字走向世界。

怎样编好一本高效率的识字课本呢？

一、吸取我国传统语文教育中识字教育的宝贵经验

识字教育是我国传统语文教育的一个重点。从周秦到清末，陆续出现了许多种识字课本。而影响最大、使用最久的是《急就篇》和后来的"三百千"，即《三字经》、《百家姓》、《千字文》。

《急就篇》是我国现存最早的识字课本，汉魏以后直到隋唐在民间流传了 600 年。编撰者史游是西汉元帝时人，成书起（公元 40 年左右）到现在，已有 2000 余年。一本儿童识字课本，在 2000 年后还能完整地保存下来，在世界教育史和文化发展史上不能不说是个奇迹。但就这一点，就值得我们研究。为什么会出现这样的奇迹？首先，应该说主要在于书的本身。原作仅 2016 字，就大致把当时常用的单字编辑起来。儿童读完这本书，无疑能提供很大的方便。其次，全书编成三个部分。一是姓氏名字，400 多字包括 100 多个姓。二是器服百物，1100 多字，竟包括了 400 多种器物，100 多种动植物，60 多种人体部位器官，70 多种疾病和药物名称。三是文学法理，400 多字。由于实用性强，容纳的知识面广，用为识字课本，可收事半功倍之效。因而能代代流传下来。再则，本书把 200 来个单字，编成三言、四言、七言的韵文，使儿童易读易记，也是它得以流传久远的原因。《急就篇》的这些特点，不但决定了其自身的存在和流传，还直接影响到后来蒙书的编写。

《千字文》、《百家姓》、《三字经》这3种书是我国宋以后一直同时用于儿童识字的主要课本。它继承了《急就篇》的优点而又有所发展。

南朝梁周兴嗣编的《千字文》，是一本公认编写得好的识字课本。它成书于公元6世纪初（502—509），直到清末，我国农村还用它来教儿童识字，流行了近1500年，成为世界上使用最久、影响最大的识字课本，不能不说是教育史上的又一个奇迹。全书250句，1000字，都是古书上常用的，没有重复字，4字1句，前后连贯，还要押韵，这是很不容易的事。其内容包括天地、历史、人事、修身、读书、饮食、居住、农艺、园林，以及祭祀等各项社会文化活动，虽然深深打上了宗法封建社会的印记，但有些话到今天仍有其积极意义，有些描写自然景物的话，显得优美、清新。

北宋人编的，以"赵、钱、孙、李"开头的通行本《百家姓》，472字，共收集438个姓，其中单姓408个，复姓30个，复姓大多由汉以后少数民族的姓名演变而来。全书是姓氏的罗列堆积，彼此间没有什么联系，没有表达出什么意思，但它却从宋流传到民国，经历900多年，有着顽强的生命力。它的长处是4字1句，句句押韵，好读好记，易于流行。它叫儿童在不长的时间里，集中认识一大批字，并学会在日常生活交际中使用这些姓氏名称。

宋代学者王应麟编著的《三字经》，历来被人推崇为"千古奇书"。自宋以后，成为一本家喻户晓、脍炙人口的启蒙教材。全书正文1128字，其内容却非常丰富。有五个方面：第一，讲教和学的重要性，其中一些话成了多年传颂的格言；第二，讲礼教规范，有些故事是我们民族的传统美德；第三，介绍数目、四时、五行、六谷、六畜等基本物名，介绍大学、四书、六经、五子当时的基本常识；第四，讲述历史；第五，讲历史上发愤求学成才的人物故事。3字1句，押韵，便于儿童诵读，它把识字与历史知识和封建伦理融为一体，概括性极强，从宋、元、明、清，直到近代仍在流传。1997年被联合国定为道德读本。

明代理学家吕坤在其《社会要略》中说，初入社学，八岁以下者，先读《三字经》以习见闻，《百家姓》以便日用，《千字文》亦有义理。

"三百千"这套识字课本，其特点有三：

第一，集中识字。3 种书合起来是 2720 个字，除去复字不算，单字大约是 2000 多，一般是一年左右学完，以教会儿童识字为主。

第二，都是整齐押韵的韵文。《三字经》全用 3 言，《千字文》、《百家姓》都是 4 言，这些语言简短、句法整齐的韵文，读起来朗朗上口，便于儿童诵读记忆。

第三，语言较通俗，内容十分丰富。这样，就在识字教育的过程中多少教给儿童一些常识。

二、认真研究当前语文教学中识字教学取得的成果

追求识字效率，是我国小学语文教学的基本目标之一。为了提高汉语识字效率，我国几代学者潜心钻研，不懈努力，他们采取多种形式，先后研制出了多种识字法。20 世纪 50 年代问世的有分类识字、分散识字、集中识字、字族识字等；六七十年代问世的有部件识字、汉标识字、字谜识字等；80 年代有注音识字、奇特联想识字、字根识字、听读识字、韵语识字、炳人识字等。这么多识字法，都是汉字教学取得的成果。它清楚地表明：新中国诞生后，识字教学法的研究就没有间断过，没有停止过。

这些识字法，各有特点，我们都应当认真研究，吸取它们的长处。我这里想着重谈一下引人注目的韵语识字法和炳人识字法。

韵语识字法的创始人是辽宁的姜兆臣，他总结多种识字法的实验经验，遵照分散识字"字不离词，词不离句，句不离文"的思路，坚持集中识字、大密度生字教学的原则，仿照"三百千"，把 2500 个常用字融入 128 篇课文中，总字数 3000 个左右。韵语识字实验教材第一册 1000 字，第二册 1500 字。

1994 年，在首届小学汉字识字教育国际研讨会上，姜兆臣宣读了他的实验成果。

"一年级下学期期末检测"：

1. 识字量：班平均 2652 个。最多的 3357 个，最少的 1418 个。

2. 朗读：正确、流利、有感情地朗读五、六年级课文（不预习），班平均读速每分钟 163 个字，最快的每分钟 256 个字，最慢的每分钟 109 个字。

3. 阅读：阅读中高年级课文后，大部分同学能说出文章的主要内容，大部分词语理解得正确。

4. 作文：学生能写出有中心、有条理、语言通顺、结构完整的短文，平均 180 多字，并且错字较少。

韵语识字的特点是：第一，把识字重点安排在一年级。因为"默记汉字的能力，小学一年级的能力最强，年级越高，默记能力逐年降低"。第二，注重整体输入，学生在能背诵课文后才进行生字教学。姜兆臣说："这是根据儿童认知心理、快速记忆原理设计的，新课教学，学生是整体输入的，这样有利于学生的定位联想。"一位研究汉字的教育专家说："儿童的思考过程与成人相反，是先记忆后理解；先整体，后部分。"这是韵语识字教学设计的理论依据之一。第三，注重定位联想和奇特联想。第四，重视阅读。韵语识字的全名是：韵语识字，尽早阅读，循序作文。姜兆臣认为，阅读比听写更能有效地巩固记忆生字。阅读是巩固识字的最佳途径，更是学生获取知识的有效渠道。据统计，一年级学生课外读书少的 6 本，多的 40 本。

韵语识字法，据《中国教育报》报道：已推广到全国 24 个省、直辖市和自治区，识字效率是普通教学的 2～5 倍。

"炳人识字法"是唐炳人创造的。儿童在 1 年有效时间内（1 年按 10 个月算，每天用半个小时，计 150 个小时）可轻松掌握 3920 个汉字，达到中学毕业的识字量。这是目前国内识字最快、识字量最大的速成识字法。

唐炳人花了近 30 年的心血，悉心研究，将国家语言委员会颁布的 2500 个常用字，1000 个次常用字，420 个非常用字，不重复，不遗漏地编制成 7 言句式的识字口诀。为了便于集训和记忆，口诀的编排句句顶针连环，合辙押韵，并且每句均有较完整的意思。儿童在认读过程中，不但是识了字，而且又接受了风趣活泼的语言训练和健康的思想熏陶。

在教学方式上，依据儿童的接受能力和心理特点，采取寓教于乐的快乐教学法，如编排生动有趣的律动动作，互相对句背诵、群体游戏等等，使儿童在轻松、欢乐的气氛中乐于学、学得快。

这种识字法在河南商丘地区的教学实验中，已取得良好效果。1989 年 8 月国家教育部和国家语言委员会联合召开了"炳人识字法实验汇报暨专家论证会"，与会的专家们观看了商丘第一人民医院小学及两所幼儿园的孩子们现场演示并亲自测试，参加演示的儿童可以顺利地读任何一张报纸和书本，在对 3920 个单字认字卡的随机抽查中，孩子们能轻松识别指认的单字，而这些孩子的年龄大的不到 7 岁，小的才 3 岁。专家们对这种识字法给予了充分肯定，认为效果很好，有重要的推广应用价值。

上面的情况，使我们高兴地看到了汉字快速"输入人脑"的曙光，编好一本高效的识字课本，这是一个系统工程，只要我们抱着科学的态度，根据汉字本身的特点和规律，在继承与拓展传统语文识字教育的基础上，充分利用现代幼儿教育研究成果，是完全可以编好一本全国通用的快速高效的汉语识字课本的。

愿汉字快速"输入人脑"识字课本早日问世。

（载《问题与对策——也谈中国语文教育》，2000 年 2 月，教育科学出版社出版）

教改路上因为有你

我早已过了古稀之年，但一提起语文报社，就像提起一位交往甚密的老朋友一样，有一种情真谊厚的难忘的情怀。

1980年8月2日，作为湖南的代表，我参加了全国中语会召开的北戴河座谈会，与我同室的是一位陌生老师，他大约五十来岁，中等个儿，我们相互问候后，就交谈起来，交谈中，我知道他叫王宗礽，江西人，在山西院师工作，是《语文教学通讯》杂志的编辑。我告诉他：1978年下期，我与同年级组的语文老师，开展了以作文为序的语文教改综合实验。也就在那时，我们语文组收到了《语文教学通讯》创刊号，我和语文组的老师们仔细阅读，觉得刊物办得好，内容实际，栏目丰富，版面活泼，便订阅一份。此后，刊物一到，我便翻看有什么新东西，我把贵刊当作教学的引路人。两年来，在贵刊的帮助下，我们那轮语文实验，取得了很好的成绩，在湖南中语会成立会上介绍了经验，所写论文刊登在《湖南师院学报》和上海《语文学习》杂志上。这次会上，我也打算介绍这届语文教改情况并呼吁编一套中学作文教材。王宗礽对我的话很感兴趣。

9天的会议期间，我们朝夕相处，不仅对语文教改切磋切磨，而且一道游览了秦皇岛、山海关，一同在海滨游泳。临别那晚，王宗礽说："我们聘请你为《语文教学通讯》杂志的通讯员，你愿意吗?"我说："好!"回到学校不久，就收到了《语文教学通讯》编辑部的聘书。就这样，我与《语文教学通讯》结下了不解之缘。

我忘不了与语文报社这位益友的交往。自从我成了通讯员后，《语文教学通讯》一出版，就会赠送我一本。1980年10月，《语文报》创刊了，不久，又聘请我为《语文报》的记者。《语文报》每出一份报，就赠送我一份，至今，我的书房里存放着比较完整的《语文教学通讯》和《语文报》，还存放着语文报社赠送给我的《语文教学通讯》1983 年 1～12 期合订本和《语文报》创刊号、合订本第 2 卷、14 卷、26 卷。我任通讯员、记者的头几年，语文报社每年教师节都寄来贺卡、小皮包等礼品，有一年还寄来几小瓶汾酒——竹叶青。精美的礼品，浓浓的情谊，我很感动，至今收藏着。1982 年 8 月，我赴山西太原晋祠参加全国中语会召开的语文教改实验座谈会，语文报社的一些同志热情地接待了我们，我还结识了年轻的赵建功同志。1989 年 8 月，我受语文报社的邀请，参加报社的座谈会，先在浙江省杭州大学报到，第二天乘车去千岛湖边的一栋宾馆开会。这次会由语文报社创始人陶本一先生主持，我多次发言，我说，《语文教学通讯》确实是语文工作者和爱好者的理想朋友，《语文报》确实是中学生语文的最佳读物，是我们湖南语文教师和中学生最欢迎的报刊，发行量较大，并提出进一步办好刊物的意见，表示还要努力扩大它在湖南的影响。会上，我见到了语文报社的老朋友，结识了几个新朋友，如当时与我同住一室的《语文教学通讯》主编孙传生同志。作为语文报社的通讯员、记者，我能及时报道湖南中语教改动态，每年寄送我省高考优秀作文，而且我都作了评点。自己主动写稿或应约写稿，在语文报社的刊物上发表了 15 篇文章，推荐语文同行发表 20 多篇文章。我还热情地接待来长沙出差的语文报社的朋友，并尽力协助工作，我记得先后有靳保太、齐峰、桑建中、阎银夫、王宇鸿等同志。他们待人诚恳、热情，文质彬彬，给我留下很深的印象。

值得一提的是，1996 年 10 月，我退休了，到 1997 年后，我没有再给语文报社写稿，但是语文报社每年还是照样一期不漏给我赠送《语文教学通讯》杂志。这实在令我感动。

语文报社是我的益友，更是我的良师。1980 年秋，由湖南省教育厅部署，省教育科学研究所具体指导，我校办了首届初高中六年连贯的"整体教育实验班"。该实验德智体美全面实施，并重点改革语、数、英、体 4 科教材教法，我担负语文实验任务，从初一至高三，整整 6 个年头。为了搞好这次实验，我阅读了许多书刊，而我阅读最多的是《语文教学通讯》。我的学生订阅了《语文报》，这是他们喜爱的刊物之一。《语文教学通讯》用沉甸甸的思想诠释语文教育的真谛，用生动活泼的事例解读教育工作者人生的价值。特别是

《语文教学通讯》传达专家学者的指导性意见，传递语文教改的新信息，介绍各地教材改革方案、先进的教学方法、引人瞩目的封面人物，等等，给了我急需的精神食粮，不断丰富我的头脑，使我仿佛来到了清澈的泉水源头。可以说，《语文教学通讯》刊登的中学语文教育界的主要研究成果，我都重新思考过，认为可取的，也试行过。它让我在实验改革中找到了进取的阶梯。

在语文实验的 6 年中，因为有了《语文教学通讯》的帮助，我的教育理念不断更新，实验教材编写有了新意，教学内容丰富多彩，形成了严谨、实在、新颖、灵活的教学风格，深受学生喜爱。参加长沙市课堂教改评优，获唯一的一个一等奖。该班学生高中毕业参加湖南省预考和全国高考，语文人平成绩均为全省第一。这一实验曾先后在 1989 年国家教委组织的"全国语文实验教材汇报会"和"全国作文研讨会"、"全国中语会第四届年会"上作发言介绍，写成的文章，载于《课程教材教法》、《教育实验与全面发展》、《中学语文著名特级教师教育思想精粹》、《新中国中学语文教育大典》等书刊上。其实验内容编入影响 20 世纪的教育大著《中国语文教育史纲》和国家教委编的《中国教育年鉴》（1986—1987）。所创"中学自能作文分项训练法"，全国有 30 多种书刊进行评介，"分项训练体系"作为词条编入上海《写作大辞典》。1986 年，我也被遴选为《语文教学通讯》的封面人物。我取得这些成绩，怎能不感谢语文报社呢！

语文报社成立 30 周年了，可喜可贺。

愿语文报社在创造辉煌历史的基础上，明天更加辉煌。愿《语文教学通讯》更高地举起教改大旗，跟筚路蓝缕的改革者同舟共济，为教学改革贡献更大的力量；愿《语文报》更好更多地给青少年奉献美味可口的精神食粮。

（载《历史与细节》，2008 年语文报社出版）

二师碑

我虽过了古稀之年，仍有两位老师铭记于心，没齿不忘：一位是我的启蒙老师，另一位是我初中的语文老师。

启蒙老师邓名锟

上世纪 40 年代初，正是抗日的艰苦时期，我那个湘南的偏僻小村，还只有"私塾"，我入私塾的时候，大约六岁多，教我的先生叫邓名锟。

入私塾前，听大人说，教书先生都有竹板或戒尺，学生一不听话，就会打手板或打屁股，可是教我的邓先生，身着长衫，文质彬彬，为人很温和，经常带我们一起摇头晃脑读书。他从不打学生，甚至连高腔都没起过，而学生却很崇拜他。

因为他有才学，有本领。

他的书教得好，《三字经》、《千字文》、《百家姓》、《诗经》、《论语》、《孟子》，他都滚瓜烂熟，谁也难不住他。我们背书，或是漏掉一字，丢掉一句，或记得上句忘了下句，他不用看书，可随口指出来，并说"要多读书啦！"此后，同学们不敢怠慢。他平时还教我们唱歌，跟我们做游戏，让我们快快乐乐的。

他一手漂亮的字写在黑板上，端正有力，让我们临摹。村子里的人，逢年过节或红白喜事，都请他写对联，奉为上宾。他还会行医，不说村里人病了，会来找他，甚至二三十里开外的村子，有疑难病人，也来找他开药方。所以，后来他没有教书了，而是到东城乡卫生所当了一名中医，深受老百姓的欢迎。

他给我的启蒙教育是：读书不要读成书呆子。

让我爱上语文的邓能湘老师

当初，教我高小数学的父亲要我学好数学，将来做一个工程师，所以我努力学数学，数学成绩很好。

初中一年二期，来了一位西装革履、风度翩翩、气宇不凡、有一种独特的文人气质的语文老师，他自我介绍是大学美术专业毕业，名叫邓能湘，字公大。

他讲课的声音极富张力，抑扬顿挫，声情并茂，很有吸引力。他善于作文教学。为了提高我们的写作水平，他引导我们熟读课文精彩部分，背诵一些古典诗文，还要求我们多读课外书，多看报纸杂志并做好读书笔记。他叮嘱我们要热爱火热的生活，仔细观察生活，做生活的主人。一次，他让同学自己命题作文，写自己最熟悉的生活。我写了《家乡的小溪》一文，没想到他在我的作文本上用红色大字批上"佳作"二字，并让我在班上朗读，还当堂奖了我一副他自己创作的"梅花图"，图画上题词："为有暗香来。"老师的表扬和奖励让我高兴了好一阵子。从此我爱上了语文，遵循老师的话，在学习语文上下工夫。我有几篇作文，经老师推荐，先后刊登在学校办的刊物上。这又使我增加了学习语文的信心。到了三年一期，学校举行多项比赛，我不仅获得了数学一等奖、跳高比赛奖、时事竞赛奖，更令我高兴的是获得了作文竞赛一等奖，学校奖给我一本书，我如获至宝，一直珍藏到今天。

以后，我越来越爱语文。1956 年考大学，我报考的专业是湖南师院中文系，毕业后，在一所重点中学教语文，著述 200 多万字，事迹载《当代湘籍著作家大辞典》和《中国当代著作家大辞典》，被评为湖南省语文特级教师。可以说邓老师的表扬鼓励，改变了我的一生。

可惜，这两位令我一辈子怀念的老师，几年前都先后作古了，今天，写这篇纪念性的文章，就只能作"碑"了。

我的初 75 班学生

一辈子从教，当过 11 年班主任，让我最难忘的是我当班主任时间最长的初 75 班学生。

这班学生入学时间是 1963 年 9 月 1 日，我任班主任兼教语文。接这个班以前，我已当过 4 年班主任。郴州师范中师毕业后，到桂阳城南完小任过五年级班主任 1 年（这个班在我任班主任时被评为优秀集体），任过一个中心小学的校长兼学区主任半年。1956 年考入湖南师院（今湖南师大）中文系本科，毕业后留该院附中，当了 3 年班主任。

总结班主任工作的经验和不足，我深深地认识到，当好一个班主任，一要正己、二要敬业、三要爱生、四要奉献、五要上好课，特别要让由小学升入初中的新生，很快适应中学的生活和学习。因为小学生是老师扶着走路的，而中学是老师带着学生走路的。为此，我在开学前就做了一些了解学生的工作，并初步拟定了班主任工作计划。当学生走进教室报到时，我就能叫出全班每个学生的名字，让学生坐在事先安排好的座位上。等全班同学到齐后，我宣读了学校制定的课堂纪律、寝室纪律、食堂纪律和一些注意事项，并且宣布了临时班委会干部、小组长和课代表，然后召开干部会议，让干部明白自己应该做的事情。

正人先正己，身教重于言教，教师要求学生做到的，自己必须先做到。我和学生朝夕相处，清晨一起上早操，一起早读，上午一起做课间操或眼保健操，自习课常常一起自习，课余一起下棋或游戏。

上好语文课，这对增进师生的感情，树立教师的威信很重要。虽然我已上过近千节语文课，上过文道统一的研究课和对外的一些公开课，但我备课、批改作业仍然很认真，不敢马虎一点。我努力上好阅读课和作文课。阅读课让学生多读、多思，严格要求学生将经典段落、名言警句熟读背诵。作文讲评以表扬为主，以课文和学生优秀习作引导学生写作。总之，要让学生上语文课有所收获。就这样，学生很快适应了中学生活，干部力量逐渐显露出来，形成了一个良好的班集体，各项活动大都走在年级6个班的前面。任课老师反映上课好，寝室食堂纪律也不错。课间操比赛，学生着装一致，动作整齐，获年级第一。田径运动会获精神文明、运动成绩优秀奖。黑板报内容丰富，字迹端正，图文并茂，获年级评比第一，等等。一期下来，班级被评为年级唯一的优秀班。第二学期，又被评为年级唯一的优秀班。我班学生黄三三（后改名黄山）的家长在长沙市教育局任科长，他了解我班情况，通过学校教导处主任，要我总结了这个班的经验，油印出来，作为长沙市教育工作会议的交流材料。

后来随着年级的增高，班干部的越来越强，大多数学生越来越自觉，班集体也越来越出色。而我那时担子越来越重了，学校叫我担任了年级组长，语文教研组长去农村"四清"，学校最受师生尊敬的教育家李迪光校长，又亲自动员我担任了语文教研组组长，我的《从雷锋到王杰》一文的讲稿在湖南广播电台播出，此时的我，工作劲头更高，我跟同学们下乡支农，积极组织学生跟农民"三同"，受到农民的赞扬；一起上岳麓山采茶，背树；有一段时间，甚至在一起排队进食堂，跟男同学睡一个寝室。同学们表现好，集体荣誉感强。每个学期都被评为优秀集体，获得了不少奖，奖状贴在教室后面的墙上，占了大半个墙面，这对班上的同学和我个人都是一种鼓励和鞭策。

我的初75班学生可说"学不逢时"。1966年，他们快要初中毕业准备升入高中之际，"文化大革命"爆发，那是一个以所谓阶级斗争为纲的时代，血统论横行，非工农子弟低人一等，教师成为"臭老九"，非工农出身的教师威信一落千丈；读书无用论泛滥，学校无法上课。后来是干脆停课"闹革命"。1967年才复课"闹革命"，工宣队进入学校，我班学生都来了。不久，又搞上山下乡运动，除个别学生因病留城外，大多数同学都被动员下乡了。有的去靖县、有的去海南、有的去安乡，还有的自找去农村的门路。此后，我跟学生几乎没有什么联系，即便偶尔碰见从农村回家探亲的学生，也只是打打招呼而已，这时的我，心是悲凉的。

改革开放，春风吹拂，万物复苏。我跟初75班学生逐渐有了往来，这种往来，到1994年和1995年，日益增多。1994年的一天，学生请我和老伴到荣湾镇的一个酒店聚会，共有十几个人到场。1995年1月2日，学校90周年校庆，初75班来了二十几位同学。我们在学校集体合影后，他们又来到我家里，大家兴高采烈、欢欢喜喜，谈笑风生，照了好多相。

最让我难忘的，是学生为我祝贺60岁生日。说实在的，我们这一辈子的人，繁忙的工作，沉重的家务，往往让我忘记了那个日子。可是1995年2月3日，初75班同学却为我提前过了一个最快乐最温馨的60岁生日。同学们为我庆寿，作了精心安排：首先请摄影师到学校为我和老伴录了像，又派来专车接我们到天心炸鸡店的一个宽大的厅里，那里早已摆好寿宴，同学早已等在那里，我们一进门，就热烈鼓掌欢迎。餐厅正面墙上贴着一个大大的"寿"字，"寿"字的两侧是一副对联："纬帐三千春风早沐，称觞六十寿酒同斟。"我和老伴坐在正墙下边，同学们坐成一个半圆形。主持祝寿宴的是过去班上的小不点，现任长沙市教育学院教务主任的甘一群。祝寿会开始，先是每个同学自我介绍离校28年的经历和家庭情况，我听了大家的介绍，感慨良多。接着曾任班学习委员的袁家亮代表同学致生日贺词，贺词都是对我当班主任和教语文的一些赞扬的话。然后向我赠送生日礼物，同学们都走来站在我周围，由做医生的邓雪云和在市28中教生物的刘敢抬着一个大镜框，里面镶嵌一幅"六鹤同春"的湘绣，放在我面前，并拍下了集体照，还送了一本同学录（同学录里有生日、住址、电话和给老师的贺词，有的还贴上自己的照片）。

这次祝寿会一共来了26个人，除长沙的外，还有来自广州的张玮、香港的简清。同学们鼓掌欢迎我讲话，面对眼前这20多张诚挚热情的脸，置身在这温馨的气氛中，我真的感到自己是世界上最幸福的人，我激动地说："我感谢同学们，衷心的感谢，如果有下辈子的话，我还会当教师。"同学们也很感动，师生沉浸在这融洽的爱的海洋里。寿宴上，同学们轮流给我敬酒祝福。

聚餐后，我们又来到了原班上聪明、活泼、成绩优秀、爱好文体的卢石平家。她热情地招待了大家，同学们开怀畅谈，舒心极了。

　　同学们还为我在长沙电视台点了歌。当晚 8 时许，我打开电视机，等着看同学们点播的歌曲节目，终于播音员口中念出了："湖南师大附中初 75 班全体同学为邓日老师点播《长大后我就成了你》"这首歌曲。过了几天，一位同学送来了这次活动的录像带。

　　每当我想起那天的情景，心中就涌起一股幸福的暖流。能够赢得同学们如此的真情和祝愿，作为一个教师，我还有什么不满足的呢？谢谢同学们为我精心安排了这么隆重、这么热烈、这么活泼的祝寿活动，谢谢同学们对老师的深情厚意。我激动地写了《六十生日抒怀》：

　　弟子祝寿心头喜，花甲一轮存豪气。

　　硕果累累香四溢，风光满眼尽桃李。

　　我还不能忘记的是，70 岁时，同学们又为我做了生日。我的生日是 5 月 7 日，附中校庆是 5 月 6 日。那天上午 20 几位同学参加校庆。下午又为我在《裕丰楼》举办生日宴会，先举行了隆重的祝贺仪式。由沈佩兰主持，肖壮白、黄山献花，黄治辉发表了热情洋溢的讲话。

　　让我没有想到的是，2009 年 5 月 6 日晚，杨力功、李地、蔡继刚、沈佩兰、邓雪云、王太明、黄治辉、甘依群、文竞之、肖壮伯10 个同学，乘两部小车来我家看望我，给我送了花和生日蛋糕，祝贺我 74 岁生日。这是同学们第三次祝贺我的生日了。我与初 75 班的同学，1963 年 9 月，有缘相聚在湖南师大附中，那时同学们还是十二三岁天真活泼的少年，到 2010 年，同学们即将步入晚年，大多数同学要满 60 岁了。我想为他们庆祝 60 大寿，以表我这老班主任的一点心意。我兴奋地对当时前来为我祝寿的同学说："明年 10 月长假时，我给同学们祝贺 60 大寿！"在马驹塘的集会上，我又说明要祝贺同学们 60 大寿，同学们都赞同 2010 年秋季，举办一个热烈隆重的初 75 班同学 60 岁生日大庆聚会，并推举卢石平为联络员。

　　过去，同学们还多次邀请我和老伴参加初 75 班宴会，多次来家看望我。我与我的初 75 班学生，相聚相交，从 1963 年 9 月至 2010年的今天，将近半个世纪了，半世纪的师生情谊，叫人说不尽，写不完。

这几年，先后参加活动的同学有：文竞之、王太明、邓雪云、邓汉瑜、甘依群、卢石平、卢中奇、吕业峰、吕敬元、刘敢、刘培新、孙征、李地、李一于、李京婴、李忠敏、李振斌、吴佑龄、张小东、张玮、张金香、陈学东、肖平安、肖壮白、沈佩兰、严春山、杨力工、胡翠娥、袁家亮、黄治辉、黄山、黄孝玮、黄仲陶、龚曼辉、彭轶伦、彭棣威、喻兴芝、蒋克掀、童明皓、简清、谭月娥、蔡继刚、戴湘平等。他们中，有教师、医生、财务工作者、职员、公务员、企业家等等；从职称看：有小学高级教师、中学高级教师、大学教授，主任医生、工程师、高级技工师、高级政工师、会计师等；有科级、处级、厅级干部。他们在各自的岗位上，勤奋工作，发光发热，为祖国的建设，尽心尽力，作出了贡献。有部级劳模（王太明）、有救人英雄（杨力工）、有上市公司常务董事（张小东），有房地产公司副总（蔡继刚），有的还成为单位或部门的负责人。作为教师，我为他们感到光荣而自豪。

2009 年，我又高兴地看到卢石平创建的后来又由李地、黄山、张小东值班的网易"75 班同学录网站"。这个网站办得热闹温馨，有情趣，可谓有声有色，图文并茂。这个网站继承和发扬了附中优秀集体初 75 班的优良传统，融入了友情、亲情、师生情，团结了同学，增进了友谊，给人以信心和力量。

回忆和初 75 班同学相处的 3 年多时间和以后的许多日子，我们有许多快乐的时光，有许多难忘的记忆，也有一些遗憾。不过，好在今日遇上盛世，大家都过得很好，在即将集体庆贺同学们 60 大寿的时候，衷心祝愿同学们健康，幸福，快乐！

（载 2010 年 9 月初 75 班编的《我们同学一辈子》）

◎ 诗歌　对联

七一抒怀

人间翘首甘露盼，巨雷一声惊宇寰。
冰消树已萌新绿，春浅人岂怯春寒？
群群蜂攀千树醉，朵朵花艳九天香。
何妨改革染双鬓，且喜行行桃李芳。

（写于 1981 年）

老马奋蹄

阵阵春风暖心房，老马奋蹄意犹酣。
架满新书勤耕读，教改云梯努力攀。
滋兰树蕙世方好，浇花育苗日正长。
甘作春蚕丝吐尽，热血报国写华章。

（写于 1987 年）

退休感言

一支粉笔写人生，三尺讲台四十春。
教书育人爱当先，因材施教人为本。
翰墨点滴润花朵，彩笔批改铸灵魂。
今喜杞梓成栋梁，来世仍甘当园丁。

（1996 年）

获"新中国课堂教学开拓者"偶书

小序：在共和国 60 华诞之际，中华人民共和国教育部主管的《基础教育课程》杂志联手《中国教师报》等，共同发起"寻找新中国课堂教学的开拓者"主题活动，并说明"此次活动是一次分享新中国教学改革经验的过程；同时也让千万中小学教师得以重温历史，在此走近那些为新中国课堂教学改革做出了杰出贡献的先行者们"。他们经过"海量的文献检索，咨询相关专家等多种方式，寻找到杰出教师近百位"。"并撰写了他们的小传（包括其经历，主要教育观点、代表著作），刊登在《基础教育课程》杂志和杂志网站上"。湖南两位，我是其中之一。这些"开拓者"，有的已经仙逝，如上海的段力佩、南京的斯霞、北京的霍懋珍、河北的张孝纯，多数人健在，而我已退休13年了。当我知道获"新中国课堂教学的开拓者"称号时，写了如下一首诗。

蒲峯寨下生，启蒙界牌村。①

求学岳麓山，教书附中人。

育才四十载，树木早成林。

分科教学好，教改颇费心。

自能作文法，远近有名声。

老居和平园，意外传佳音。

教学"开拓者"，称号含诗韵。

缘何获殊荣，教育人为本。

施教在于导，植树先浇根。

启动内驱力，"三权"交学生。②

"主体"动起来，课堂旧变新。③

讲台有学问，开拓无止境。

但愿人长久，努力再攀登。

（2009 年 11 月 15 日）

注：①蒲峯寨：桂阳县东城乡的一座岭。

②三权：读书权、思考权、讨论权。

③主体：学生为主体。

附：我获此殊荣，湖南师大附中、湖南广益实验中学、广益卫星远程教育等学校的网站和"湖南师大附中校友通讯"进行了报道，现将湖南师大附中的报道录如下：

我校邓日老师荣获"新中国课堂教学的开拓者"荣誉

近日，《基础教育课程》杂志联手《中国教育报》、《南方周末》、凤凰网、网易等十几家媒体，开展了"寻找新中国课堂教学的开拓者"主题活动，推出了近 100 位教育名家、名师。这些开拓者们一辈子献身中国教育事业，他们成名的起点在课堂，他们的理念实践产生了广泛的影响，他们都是在教学实践中做出了原创性贡献的优秀人物。我校原语文教研组组长、副校长、全国优秀教师邓日老师因为"让学生自能读书、自能作文的经验"，"课堂教学应还给学生读书权、思考权、讨论权的思想"，"分科教学实验内容载入全国第一部语文教育通史《中国语文教育史纲》的成绩"而光荣入选，获得"新中国课堂教学的开拓者"称号。

60 年，100 位，能跻身其间，这是邓日老师的光荣，是附中的光荣。在此，特向全校师生报喜。

"114 班师生联谊会"有感

小序：114 班是湖南师大附中"高初中连贯整体实验"首届实验班（学生 1980 年入学初一，1986 年秋高中毕业）。该实验德、智、体、美全面实施，并重点改革语、数、英、体 4 科教材教法。我任语文教学，王建纯老师任班主任和体育教学，刘菊桃、方龙伯两位老师分别任数学和英语教学，整个实验由王之方副校长全面负责。该班成绩卓著，其事迹载《湖南师大附中百年校志》《湖南教育志》《中国教育年鉴（1987 年）》。2006 年 10 月 4 日，学生重回成长的地方（母校师大附中）。我在"114 班师生联谊会"上赋诗一首。

红枫时节聚一堂，笑语欢声弦歌扬。

同窗六春携手进，离园廿秋衣锦还。[1]

李艳犹含山外雨，桃红更带霞中光。

天长地久湘江水，师生谊重岳麓山。

注[1]：衣锦还：衣，穿（衣）。该班同学 1/3 在国外，2/3 在国内。现有教授、研究员、工程师、律师、公务员、企业家，有硕士、博士、博士后、博士导师等。

贺"初 75 班同学六十华诞庆典"[1]

浏阳凤凰庆耳顺，张灯结彩真开心。

欣喜"同学一辈子"，快乐"回家"半世情。

血荐轩辕山川秀，汗流桃李天地春。

祈福健康每一天，淡泊明志学养生。

注①：见本书"我的初 75 班学生"一文。

（2010 年 9 月 8 日）

给禹之谟烈士扫墓有感

　　禹之谟（1866—1907），湖南双峰县人，我国民主革命先驱。1903 年加入华兴会，1906 年 4 月加入同盟会，任湖南分会首任会长。5 月发动长沙学生万余人公葬陈天华、姚洪业二烈士于岳麓山，毛泽东在《湘江评论》称赞此举为"惊天动地可记的一桩事"。同年 8 月 10 日在长沙被捕入狱，秘密解往湘西靖州，备受酷刑，坚贞不屈。次年 2 月 6 日，被绞杀于靖州东门外。临刑前高呼："禹之谟为救中国而死，救四万万人而死！"慷慨就义，年仅 41 岁。禹之谟狱中遗书云："宁可牛马其身而死，毋奴隶其心而生。"1912 年公葬于岳麓山。

　　禹之谟于 1905 年 4 月 12 日在长沙创办唯一学堂，旨在"保种存国"。一年后改名广益中学，为湖南师大附中前身。

　　　　　　　　师生默默麓山行，凭吊广益创始人。
　　　　　　　　烈士塔内悬遗像，青松岭上葬忠魂。
　　　　　　　　诤骨警世垂千古，殷血醒言抵万金。
　　　　　　　　今喜人民早做主，高山仰止敬先生。

（1964 年清明）

谭千秋颂

　　　　　　　　地震无情人有情，舍生救出四学生。
　　　　　　　　顷刻英名满神州，无疆大爱铸师魂。

（2008 年）

自　勉

一

　　　　　　　　苍松正直为吾友，翠竹虚心是我师。

二

　　　　　　　　一生喜读《爱莲说》，半辈吟诵《陋室铭》。

（1990 年）

三

育人传道，重言教更重身教。

教书授业，勤舌耕亦勤笔耕。

四

古君子曰：立功、立德、立言。

今儒者云：爱天、爱地、爱人。

游子归

离乡一千里，背井二十年。[①]

一声游子归，双泪滴娘前。

(1982 年春节)

注①：1962 年回家一次，到 1982 年再回家。母亲、雷文秀（1915—1987），生于桂阳洋市镇老楼冲。

祖母坟前

慈爱似贾母，勤劳赛村姑。

弥留仍唤吾，长跪祭老祖。

(1995 年清明回乡扫墓)

注：祖母刘红桃（1881—1965），生于桂阳雷坪镇堆上。

忆祖父

起早摸黑一生勤，慈祥善良爱长孙。

叮嘱勤学求上进，将来做个有用人。

祖父话语牢记心，献身教育报祖恩。

注：祖父邓堂立（1879—1951），湖南桂阳县洋市镇界牌洞人。

龙年春晚忆李迪光校长

德才兼备善治校，文理皆佳会教书。

师生齐颂李校长，所任学校成明珠。

注：李迪光（1921—1991），湖南长沙人，毕业于中山大学化学系，曾任我

校党支部书记、副校长，主持学校工作。他品德高尚，博学多才，通晓中学各门课程，能按教育规律办事，为附中的建设和发展作出了重大贡献，深受师生爱戴。

参加"初 57 班毕业 50 周年庆典"喜而有作

五十春秋一聚会，兴致盎然畅谈欢。
趣说往日开心事，笑称当年如意班。
桃红柳绿争呈艳，虎跃龙腾勇登攀。
盛世夕阳无限好，快乐幸福享平安。

注：初 57 班，是我 1960 年从湖南师院毕业分到附中后，首次担任班主任兼教语文的一个班。该班同学有中小学教师、大学教师、公务员、技术人员、中国作家协会会员等。

晚 年

欣逢盛世，乐享小康。
妻贤子孝，鸟语花香。

（2006 年 10 月）

重晚晴

山高人为峰，水深情更浓。
夕阳真正好，人间重晚晴。

（2006 年 11 月）

偶 感

去岁登临岳阳楼，今日朗吟橘子洲。
伟人情怀心中涌，英雄豪气天地流。

（1983 年）

答老翁

序：2005 年 11 月 27 日，我因左脚膝盖充水，住进湖南省中医研究院，12 月 8 日出院，为减轻脚的负担，医生建议我走路拄拐杖，于是家人给我弄了一副拐杖。12 月 27 日，我因拐杖短了点，又因用力猛了点，右拐一溜，扭伤了右手腕，腕骨半脱位，又未及时到医院治疗，脚痛手痛，加上痛风，只得躺在床上，时间一久，便生了褥疮。四病缠身，心情郁闷。某晚做一梦，梦见一白发银须老翁，拿着拐棍，从岳麓山上徐徐飘下，走到我面前，问我何时同他上西天，梦醒后，想了如下几句话。

一　问

湘江水流海，麓山鹤成仙，

老翁来相约，何时上西天？

二　答

七十古来稀，如今不稀奇。

独怜老伴情，活过年八十。

讽刺诗

牛耕田来马吃谷，众人辛苦他享福。

抢得几顶高帽戴，"快来看啊我多酷！"

（2008 年）

梦里上课

梦里又上研究课，内容还是闻一多。

抑扬顿挫声震耳，一惊醒来自嗟砣。

（2008 年）

致友人

相逢各年青，于今过稀龄。

何日君动身，叙旧长沙城。

（2008 年春节）

自我按摩好

谁道古稀岁月残，自我按摩乐天年。

经络畅通精气旺，身强哪用补品丸。

（2009 年）

赠欧阳舒兄（二首）

一

少小结金兰，长大各一方。

白发情依旧，山高水流长。

二

端午信函寄深情，湘水秦淮一样清。

六十年前老屋聚，七四寒士忆犹新。

芳弟遇难在天堂，舒兄科研是精英。

更喜仁君凌云志，钟山欲升文曲星。

（2010 年）

注：欧阳舒，桂阳县洋市镇人，老屋完小高小同学，当时我与他、邓武芳 3 人结拜为兄弟。他在南京中科院地质古生物研究所工作，曾任孢粉室主任、中国古生物学会理事、中国孢粉学会副理事长等。研究员，1992 年享受国务院特殊津贴专家。著作有《云南二叠·三叠纪孢粉组合》、《中国地质时期植物群》等。

赠大学窗友

陈鹏飞

鹏程九天揽月，飞奔万里追龙。

注：陈鹏飞，祁阳人，祁阳一中中学高级教师，诗文皆佳。

陈春芳

春光明媚满园春，芳草葱郁遍地芳。

注：陈春芳：醴陵人，云南某厂子校校长，高级讲师。

陈明钧

名士常怀育才志，君子最重携友情。

注：陈明钧，临澧人，湖南机电学校校长，高级讲师。

罗克和

克勤克俭身强体壮事业成，和谐和睦花好月圆家庭旺。

注：罗克和，衡山人，衡山一中高级教师，喜爱体育。

胡德怀

德高望重爱友情，怀宽心虚探学问。

注：胡德怀，攸县人，曾任株洲教育学院副院长、党委副书记、副教授，著有《齐梁文坛与四萧研究》、《六朝文学丛论》。

吴月堂

一

月月年年爱唱歌，堂堂正正会做人。

二

贺吴月堂、廖新元新居

新堂富贵年年有，元月荣华代代传。

注：1. 吴月堂：新邵人，湖南师大政治系哲学副教授，著有《刘少奇哲学思想研究》、《马克思主义哲学基本原理》等。

2. 廖新元：宁乡人，湖南中医大学副教授，参编了《中国医学发展简史》、《医古文选讲》等。

孟 容

星诚芙蓉，杏坛女杰。

注：孟容，邵阳人，曾任长沙市八中校长，中学高级教师，退休后，兴校办学，成绩卓著。

杨志超

模范夫妻扬晚报，美丽诗画寄深情。

注：杨志超：南县人，湖南师大政治系副教授，曾任学生会主席，爱好书画。

刘登伦

登养生之道高峰，论修炼所说大著。

注：刘登伦：新化人，副教授，曾任湖南教育学院政治系主任。

邓立绪

小学同窗，中学同窗，大学又同窗，真的有缘有情。

少年争强，壮年争强，老年仍争强，确实可钦可佩。

注：邓立绪，桂阳人，中南林业大学副教授。

赠家人

老伴李求秀

一

求索诗书成正果，秀丽山河香晚年。

二

桃李遍天下应赞师表，勤俭一辈子堪称楷模。

三

春回大地山山秀，鹊闹暖树处处闻。

老树古藤发新芽，博客诗文皆上品。

（2008 年春节）

注：老伴李求秀，南县人，湖南师院中文系本科毕业，湖南师大附中语文高级教师。著述 40 多万字，参加了《中学写作手册》、《古代诗词选读》、《高中语文选修课本》等书的编写。在《中学语文教学》《语文教学通讯》等刊物发表过十几篇论文。

大妹夫史家主

家庭和睦万事兴，主人勤奋百业旺。

注：史家主，桂阳东城乡老鸦权人，小学高级教师。

内弟李云奇

云自强志高天上，奇发奋功立杏坛。

注：李云奇，南县人，小学高级教师。

大儿邓岳松

岳麓景色妍如画，松柏高洁挺而拔。

创造发明显才干，新曲再谱为中华。

注：邓岳松，湖南师大硕士、中山大学理学博士、浙江大学博士后，广州市某公司原技术总监。获 4 项国家专利，发表 60 多篇科学论文。2008 年被评为全国饲料添加剂科技创新先进工作者。

大儿媳李劲云

劲头十足追先进，云开日出万象新。

勤快细心服务好，朴实节俭家盛兴。

注：李劲云，广东梅县人，本科文化，广州市某医院医务工作者。

二儿邓清

邓家传承更重德，清白为人是本色。

手灵源于满智慧，巧夺天工琴瑟瑟。

注：邓清，大专文化，多篇有关电脑和音响的论文在报刊上发表，长沙市某电子公司经理。

二儿媳戴爱军

爱字当头白领人，军喜花园勤耕耘。

最能拼搏事业旺，孝顺长辈得人心。

注：戴爱军，长沙市望城人，本科文化，某公司副总。

孙女邓昀昀

昀照万里晴，拳拳少年心。

想当科学家，愿做带头人。

苦心天不负，有志事竟成。

若怀五车书，将成栋梁星。

（2008 年）

孙子邓东明

东方红万道霞光，明事理积极向上。

健全体魄善锻炼，康壮身心幸福旺。

勤动双手和大脑，学好四会走四方。

有志努力攀高峰，为国为民创辉煌。

（2011 年 12 月 12 日）

注：四会：会做人，会求知、会生活、会创造。

◎ 附 录

老伴贺词

二十九岁生日

日出"二九"喜相逢，祝君寿比麓山松。

傍山湘江流不尽，水秀山青总是春。

三十九岁生日

小序：邓日满三十九岁时，在厨房洗菜，深叹自己没什么作为。其实，他工作努力，成绩颇佳，因当时某些社会原因，入党等事均受阻碍，我赋诗以慰。

君叹无为枉自悲，兢兢业业十五年。

因经风浪胸更阔，不为名利劲还添。

从来作为看贡献，哪在虚名地位间。

千年旧见须除尽，作为就是总向前。

六十岁生日

一

花甲初度心宽体胖，

百友齐称望重德高。

二

界牌长盛长长盛[①]，

附中日明日日明。

①长盛，先生的乳名。

七十岁生日

杏坛苦耕数十载硕果累累，

秉性天成一辈子大肚谦谦。

七十六岁生日

生日快乐七十六，四十六年与执手。

相怜相知相偕老，你搀我扶慢慢走。

儿、孙贺词

贺父亲七十五岁大寿

可亲可敬可佩，

厚爱厚德厚教。

儿 岳松、媳 劲云

贺父亲75岁生日

祝福笙歌绕厅堂，邓府家尊庆生忙。

父辈慈爱胸襟宽，亲人温存子孙贤。

生意盎然合家欢，日子惬意花满园。

快意幸福身康健，乐享天伦福寿绵！

儿 邓清、媳 爱军

2011 年 5 月 7 日

TO：爷爷

生于界牌洞，日耕有白发。

快活似神仙，乐得笑哈哈。

孙女 昀昀敬上

2011 年 5 月 7 日

在这春意盎然的日子里，让我祝爷爷生日哈皮，祝爷爷75岁快乐！

妹妹、妹夫贺词

邓日内兄七旬晋一志庆

自立苦攻成大器，岳麓学府展宏图。

今朝诞辰逾古稀，华章激情歌上寿。

妹夫史家主、妹妹邓冬荣敬贺

二〇〇六年古三月初五

学生贺词

昔日恩师教诲南山欣作颂

今日桃李祝寿北海喜开樽

——沈佩兰

注：沈佩兰，曾任某公司纪检书记，高级政工师。

绛帐三千春风早沐

称觞六十寿酒同斟

—— 卢石平

注：卢石平，爱好文体，曾获湖南省少年女子乒乓球比赛冠军。

忆昔日辛勤耕耘

看今朝桃李芬芳

——肖壮白

注：肖壮白，曾任湖南农业科学院子校副校长，中学高级教师。

循循善诱

诲人不倦

——黄山

注：黄山，曾任长沙市教科所专职书记，中学高级教师，湖南省德育专业委员会副理事长，长沙市心理健康教育专业委员会理事长。

桃李不言

下自成蹊

——李地

注：李地，工程师，有小提琴演奏特长。

大学同学贺词

贺邓日仁兄七十大寿

一

梅开绝色寒弥丽　兰送幽香远亦清

二

莲出污泥而不染　梅对寒雪以开颜

杨雪权　乙酉年

注：杨雪权，长沙县人，长沙政法学院副教授，书法家。

邓林锦绣谷，日照杏田香。
求索不畏险，秀出南斗旁。
书奉
邓李伉俪正之。
辛卯新春鹏飞诗。
赤江篆书，时年八十五岁。
篆刻朱文赤江。
阴文刘顺然印。

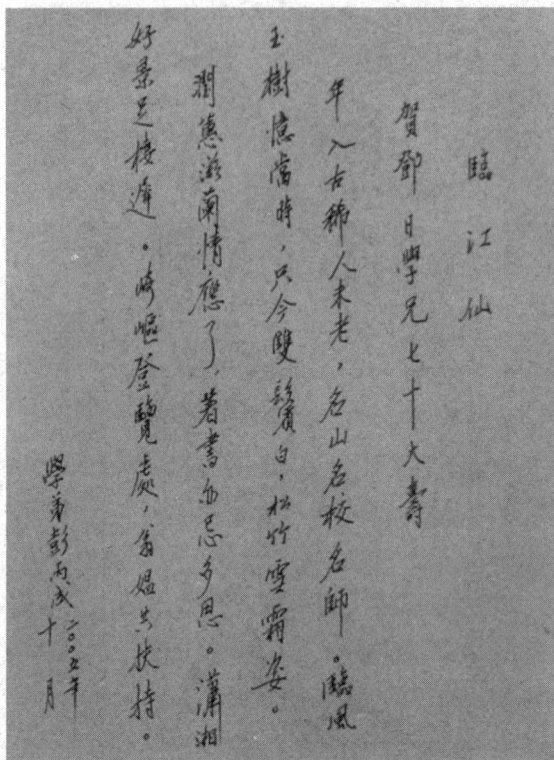

临 江 仙
贺邓日学兄七十大寿

年入古稀人未老，名山名校名师。

临风玉树忆当时，只今双鬓白，松竹雪霜姿。

润蕙滋兰情应了，著书亦忌多思。

潇湘好景足捷迟，崎岖登临处，翁媪共扶持。

学弟 彭丙成

2005 年 10 月

注：彭丙成，浏阳人，教授。曾任湖南师大中文系主任，师大出版社总编辑，湖南省大学语文教学研究会会长，全国韵文学会理事。著作有《唐宋文学》、《大学语文教程》等。

名校名山记当年俦才札梓费
仔肩半毕中得诿人生乐绿桷
咸荫满阶阼

师大附中卅追高艺大其正秩寿延玉若仙贺
乙酉秋

郭田兄枫友湘南

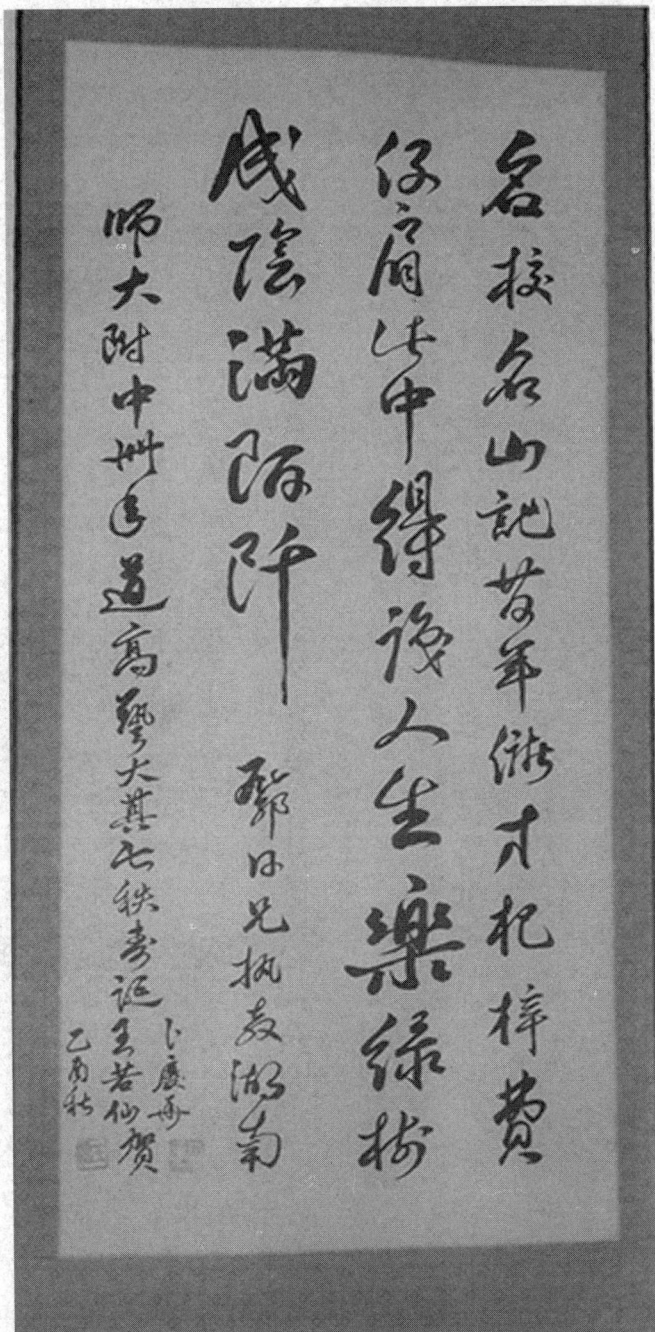

注：卜庆华，益阳县人，研究员，享受国务院特殊津贴，曾任湖南师大学报主编，湖南省高校学报研究会副会长，中国郭沫若学会理事。著作有《郭沫若评传》、《郭沫若研究札记》等。

曾长名枝荣桃李

今添七旬寿日星

邓日学长稀暨法度

张会恩张云明恭贺

宪兄治艺一何纯

本铎初鸣迈尔群

执掌名园名辈立

稀龄康福贺情真

邓日宙友七十寿庆

张会恩恭贺

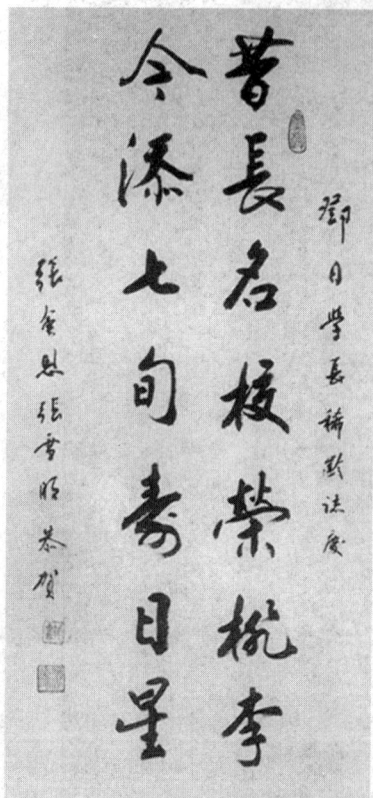

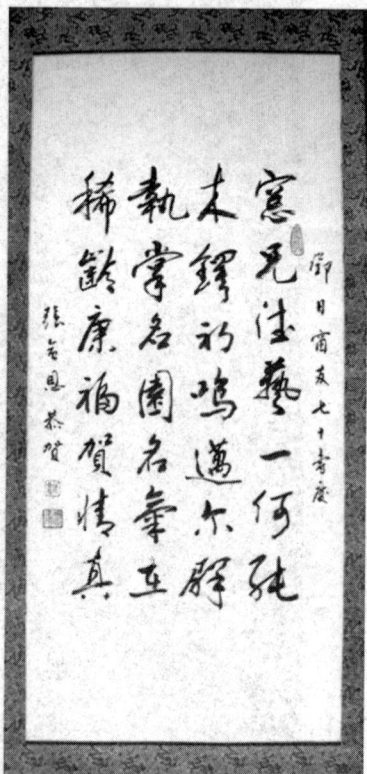

注：张会恩，桃江人，教授。曾任湖南师范大学中文系写作学教研室主任，湖南写作学会会长，中国文章学研究会副会长。著作有《文章学史论》、《文章学初论》等。

邓日同窗七秩大庆

禹贡之域桂阳地，

桂水横烟坛山碧。

疆连五岭百宝藏，

峯对九嶷灵脉吉。

江山代有才人出，

今列名师数邓日。

自能作文不待改，

开发右脑创奇迹。

教学真谛在于导，

导游艺术远胜昔。

贤士何止七十二，

沅芷澧兰广为植。

国师光晕耀眼明，

芸芸其谁得扫及。

功业高广比麓山，

华寿当并麓山立。

　　　　李维琦 邹文芳贺

　　　　乙酉孟冬

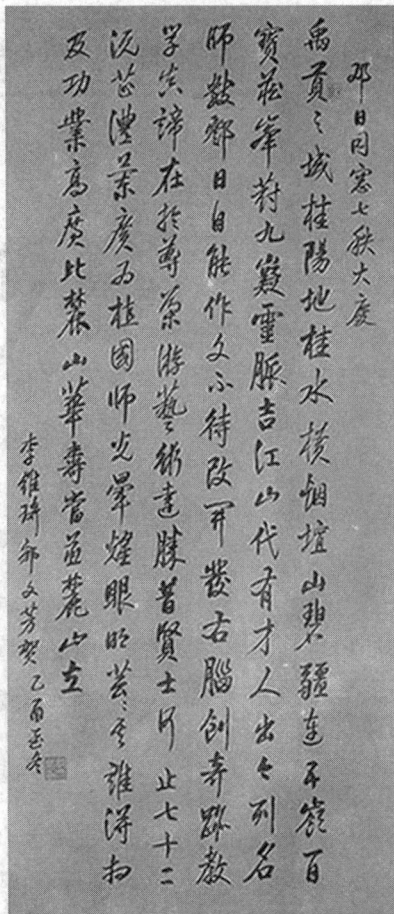

注：李维琦，祁阳人，教授。曾任湖南师大副校长，湖南省语言学会理事长，《古汉语研究》主编。著作有：《修辞学》、《古汉语同义修辞》、《佛经释词》等。

邹文芳，岳阳人，副教授，女才子，书法诗文皆佳。著作有《从心集》等。

冬梅题词

注：谭冬梅，笔名湘人，双峰县人，当代著名书法家、剧作家。曾任湖南政协副秘书长。

教育工作 40 年所获荣誉记载

一、优秀个人奖

1. 1974 年，长沙市优秀教育工作者

2. 1979 年，湖南师范学院先进工作者

3. 1982 年，湖南师范学院优秀教师

4. 1984 年，长沙市教科所、教育学会教研活动积极分子

5. 1985 年，湖南教育学会优秀工作者

6. 1987 年，长沙市教委教改积极分子

7. 1987 年，湖南师大优秀共产党员

8. 1987 年，湖南省直机关党委优秀共产党员

9. 1987 年，湖南师大附中教书育人优秀奖

10. 1989 年，湖南省优秀教师、并授予湖南省教育系统劳动模范

11. 1989 年，全国优秀教师，并授予全国优秀教师奖章

12. 1990 年，长沙市西区第十届人民代表大会代表

13. 1991 年 4 月，湖南省中学特级教师

14. 2009 年，获"新中国课堂教学的开拓者"荣誉

二、教改教研成果奖

15. "语文教学科学化的有效途径

——初中《阅读》、《写作》分科教学实验三年的初步体会"

获 1985 年—1987 年度湖南省中语会一等奖

16. 获 1986 年—1987 年度湖南师大附中教学优秀一等奖

17. 1986 年，114 班文学社被评为中南地区文学社团一等奖，邓
日获 1986 年中南地区文学社团优秀辅导员一等奖

18. "中学自能作文分项训练法"

获 1987 年长沙市教委课堂教改课题一等奖

19. "中学自能作文分项训练法初探"

获 1990 年 湖南师范大学优秀论文奖

20. "中学自能作文分项训练法"

获 1990 年 湖南省教委首届基础教育教改教研成果二等奖

21. "中学语文分科教学 6 年的实验报告"

获 1991 年湖南教育学会语文教学法研究会建会十周年优秀论文奖

22. "在作文教学中开发学生右脑的尝试"

获 1994 年度湖南师大张德琇教育科学研究优秀论文奖

23. "教育实验与全面发展

——湖南师大附中整体教育实验的探索"

获 1990 年国家教委首届教育科学优秀成果评比二等奖

（国家教委颁发证书，获奖名单：孟湘砥、王楚松、王之方、吴良俅、邓日、徐斐尔）

24. "优化教育措施。发展学科特长实验研究"

获 1993 年省教委第三届基础教育教改教研成果二等奖

（省教委颁发证书，获奖名单：邓日、朱石凡、李安、冯跃峰、毛国林、杨纯然、江文笔）

25. "为培养跨世纪人才打基础

——湖南师大附中整体教育改革的探索"

获 1995 年省教委第四届基础教育教改教研成果发展奖

（特等奖）获奖者：王楚松、邓日等

26. "一种高素质教育的探讨

——湖南师大附中超常少儿教育实验报告"

获 1995 年省教委第四届基础教育教改教研成果二等奖

（省教委颁发证书，获奖名单：邓日、赵尚志、黄月初、何麦秋、黄长泰、王紫阳、汤正良、邓小鸾 等）

1981 年以来公开出版的著作目录

一、独著、主编的著作

1. 《高中作文（三年级）》，邓日编著，湖南教育出版社和海南人民出版社 1987 年出版。

2. 《读写基本训练》，邓日、李星编写。湖南教育出版社 1982 年出版。

3. 《初中作文课本》，邓日、方春耕、白乃明编著。文心出版社 1985 年出版。邓日写了其中二年级的各单元，并负责三年级各单元的审查修改工作。

4. 《初级中学试用教材作文（共 6 册）》，湖南省中语会作文研究中心编，湖南省教育科学研究所审定。邓日作为当时作文研究中心主任，负责组织讨论，确定了该书编写方案和书的编写，并写了"前言"、单元样稿及第一册二、三单元和附录（应用文）。全书采用了邓日的"自能作文分项训练法体系"。湖南教育出版社 1986 年出版。

5. 《高中语文现代文综合训练》，邓日主编，湖南大学出版社 1986 年出版。

6. 《初中课堂作文指导》（六册），邓日、周科发主编。此书现改名为《初中课程基础训练写作·口语交际》，并增加主编吴稷曾。海南出版社 1991 年出版，发行至今。

7. 《湖南师大附中优秀作文选评》，邓日、郑定子主编，湖南师大出版社 1994 年出版。

8. 《作文灵感屋》丛书，邓日为该丛书总编，确定了编写方案。丛书分三册：《中学记叙文题型导写》，吴稷曾主编；《中学议论文题型导写》，李真微主编；《中学说明文应用文题型导写》，邓日主编，并为该书写了 21 万多字。湖南师大出版社 1997 年出版。

9.《高中文言文阅读解题精典》，邓日主编，编著者邓日、周望城、黄长泉、李求秀、易红芝、李鲜林。海南出版社 1996 年出版。

10.《初中文言文阅读解题精典》，邓日主编，编著者邓日、刘敬明、胡绪阳、欧阳昱北。海南出版社 1996 年出版。

11.《教育实验与素质发展》，王楚松、邓日主编。湖南教育出版社 1994 年出版。

12.《中学超常儿童教育的实践与研究》，葛朝鼎、邓日、徐有标主编。河南教育出版社 1994 年出版。

13.《写作·口语交际》，邓日主编，编著者邓日、李求秀、张海蛟、李真微、周科发 等。海南出版社 2004 年出版。

二、参编的著作

14.《初中实验课本·作文》，中央教育科学研究所教改实验小组编。邓日赴北京参加了作文编写方案的讨论，并写了第五单元"静物写生"。1981 年教育科学出版社出版。

15.《高级中学课本语文》（五、六册），人民教育出版社语文二室编写，邓日参加了高中语文课本编写方案的讨论，编写了高中语文课本第五册的第三单元和第六册的第一单元。人民教育出版社 1987 年 7 月出版，一直用到 2002 年。

16.《高级中学语文课外阅读》（该书是与课本配套的一套课外阅读书），邓日编写了第五册的第三单元和第六册的第一单元。人民教育出版社 1989 年出版。

17.《中学生知识辞典（语文分册）》，张隆华主编，邓日撰写了六万多字。湖南人民出版社 1987 年 7 月出版。

18.《初中升学考试作文选评》，湖南教育科学研究所编。邓日选编了两万多字。湖南人民出版社 1985 年出版。

19.《中学写作手册》，周凤、冯正主编，邓日写了"写作讲评"一章。湖南教育出版社 1989 年出版。

20.《初中作文》（共六册），邓日先后写了五个单元。湖南教育出版社 1989 年、1990 年和 1991 年出版。

21.《写作学》小学教师进修大专试用教材，邓日写了第十二章。湖南教育出版社 1990 年出版。

22.《1991 年会考后高考考生答题统计与评析》，国家教育委员会考试中心主编。邓日撰写了语文部分，6 万多字，湖南教育出版社 1992 年出版。

23.《作文题库》，范守纲编著，邓日出了 10 道作文题。漓江出版社 1994 年出版。

24.《中国超常少儿教育的理论与实践》，全国中学超常少儿教育协作研究组编写，邓日为编委，编写了第六章、第十二章的部分内容和两名超常少儿个性特征个案。新华出版社 1996 年出版。

25.《素质教育与主动发展》，邓日为编委，入选两篇论文。湖南教育出版社 2000 年出版。

26.《湖南师大附中百年校志》，邓日为编委，编写了"学校要事志"中的"湖南师大（师院）附中 1979 年—1989 年"部分，整理了"文章著述志"中的 1991 年及其以前的由教科室提供的材料，还参加了书中部分材料的校核和审稿。湖南教育出版社 2005 年 3 月出版。

1978 年以来公开发表的文章目录

除了本书选载的 29 篇文章外，还有下面公开发表的文章：

1. 《语文教学实验》，《中学语文教学研究通讯》（1981 年 12 月北京）。

2. 《分科教学好》，《湖南教育科学研究》（1983 年第 12 期）。

3. 《初中语文〈阅读〉〈作文〉实验教材编写初探》，《新中国中学语文教育大典》（2001 年语文出版社出版）。

4. 《我的探索》，张定远主编《中学著名语文特级教师教育思想精粹》，1999 年语文出版社出版。

5. 《回延安》，载湖南人民出版社 1980 年 11 月出版的《初中语文教学参考资料》。

6. 《提高阅读能力的有效方法》，载湖南《教育科学研究》1981 年第 23 期。

7. 《在培养能力上下功夫——语文分科教学初探》，《云梦学刊》（1983 年 1 月）。

8. 《在作文教学中开发学生右脑的尝试》，1993 年参加南阳全国作文研究中心座谈会的论文，在大会发言，论文同时被北京《中学语文教学》1994 年第 1 期和北京《教育研究》1994 年刊登，1994 年 4 月北京《教育文摘周报》分两次摘要刊登。

9. 《读贺敬之的〈回延安〉》，湖南师院《语文教学》1979 年第 1 期。编入《语文教学篇目索引》。

10. 《君子忧道不忧贫——〈叔向贺贫〉中心思想浅析》，北京《中学语文教学》（1984 年第 4 期），与李求秀合写。

11. 《学习写调查报告》等三篇课文的教案设计，沈阳《语文教学论坛》1988 年第 3 期。收入《高中语文新课文讲析》一书，1990 年新蕾出版社出版。

12. 《作文教学改革的一点尝试》，1980 年 4 月在湖南中语会成立大会上宣读，先后在湖南教材教法研究室编的《教学研究》和《湖南师院学报》上发表。

13. 《怎样指导学生写"生活速记"》，武汉《写作》1981 年创刊号。

14. 《初中作文教学的训练序列设计》，武汉《中学语文》1983 年第 1 期。文心出版社 1987 年出版的《1984 年中国作文年鉴》一书收编。

15. 《改革作文教学的探索》，山西《语文教学通讯》1986 年第 6 期。

16. 《中学自能作文训练法初探》，1984 年在郑州举行的全国作文研究中心成立大会上发言。由河南《作文研究》一书收入，1986 年文心出版社出版。编入《写作大辞典》，上海大辞典出版社出版。

17. 《高中语文第五册第三单元作文训练（设计）》，山西《语文教学通讯》1988 年第 8 期。

18. 《高中语文第六册第一单元作文训练（设计）》，山西《语文教学通讯》1989 年第 3 期。

19. 《"中学自能作文分项训练法"简介》，四川《语文》1988 年第 3 期。

20. 《中学自能作文分项训练实验》，《湖南教育》1990 年第 10 期。

21. 《〈解剖兔子——记一堂生物实验课〉》作文讲评》，山西《语文教学通讯》1983 年第 12 期，中国人民大学报刊复印资料《中学语文教学》1984 年第 1 期列篇目。

22～26. 说明文写法组编：《怎样把事物说明白》、《怎样写程序说明文》、《怎样写事理说明文》、《怎样写文艺性说明文》、《怎样写实物说明文》，连载于《初中生》署名日耕。后收入《怎样写好作文》一书。1988 年 4 月湖南少儿出版社出版。

27. 《合理布局》，载《中学作文指导辞典》，1994 年海峡文艺出版社出版。

28. 《指导学生写"应需之文"须求真》，载《语文学习》1994 年第 7 期。

29. 《湖南师大附中奥赛摘金夺银的奥秘》，载《现代特殊教育》1995 年第 1 期。

30. 《由模仿到创造》，载全国中学语文教学研究会会报《语文报》，1992 年 6 月，第 500 号。

31. 《理论与实际紧密联系的典范》，载《语文报》1990 年 3 月。

32. 《从雷锋到王杰》，湖南人民广播电台 1964 年播出。

33. 《〈希望就在这一代人身上〉简析》，《语文报》1990 年 9 月。

34. 《条理清楚地说明事物》，载《高中语文写作·口语交际》第二册。

35. 《传记》，载《高中语文写作·口语交际》第四册。

36. 《中学自能作文分项训练法》，载《中学语文》1989 年第 1 期。中国人民大学报刊复印资料《中学语文教学》全文复印。

学生的话、一封信和三篇文章

1. 学生的话

①1963 年的金秋时节，我们这一群还未脱稚气的懵懂少年怀着喜悦，揣着梦想，走进了湖南师范学院附属中学的大门（现湖南师大附中），聚集在初中 75 班的教室，开始了我们共同学习的中学生生活，结下了我们一辈子的友谊情缘。

我们的班主任兼教语文课的邓日老师那时才二十六七岁。高高个子，浅色玳瑁眼镜后一双炯炯有神的眼睛，留给同学们的第一印象是：帅气而又不失严肃。记得那是进学校的第一节课，当他站在讲台上，不用花名册，就一一报出每位同学的姓名时，师生间的距离一下子就被拉近，一股无形的力量从此将我们四十多位同学凝聚在一起。当然更令人钦佩的是他那深厚的文学根底。每当上他的语文阅读课，那激情四溢的描述，总会把大家带入无尽遐想的空间；那有的放矢的作文讲评，把我们一步步引入写作的殿堂。

（该文选自袁家亮的《初 75 班叙事》。袁家亮，原初 75 班学生，小学高级教师，曾任长沙市高新博才学校教导主任）

②忆 75 班，最忆当然是恩师和同学……

恩师邓日：邓老师讲课，抑扬顿挫，投入精彩。经他一讲，古文《荔枝图序》显得别样的清新雅致，《春》让我觉得生活美好不已。我更喜欢的是邓老师启发式的教书，记得在讲《雪浪花》时，老师提过的问：老泰山回答姑娘们说海边奇形怪状的岩石是浪花咬出来的？"咬"字有何妙处？老泰山跟作者分别时，夕阳里，踏着小车，弯腰在路边掐了一枝野菊花有何含意？仿佛在我心田播撒着爱好文学的种子。还记得讲《霓虹灯下的哨兵》时，老师叫几个男女同学分别扮演春妮，排长，指导员……让我们体验角色，体验生活，进而体验课文。虽然当时我们的理解是那样的稚嫩，但学会体验让我们受益终生。

（这段话选自初 75 班学生陈学东《我感觉老师，感觉同学》一文。陈学东，湖南师大图书馆馆员。）

③邓老师的语文课，能将现在看来不过是二三流的文章，讲得激情四溢，神采飞扬，培养了我们一生受用无穷的人文情怀。

（这段话选自初 75 班学生张小东《回家》一文。张小东，武汉大学新闻系硕士，某上市公司常务董事。）

2. 学生的一封信

邓老师：

您好！

您昨天和今天的 E－mail 都已收到。您的致谢信我已转发给在美国的其他同学，相信他们很高兴读到您的来信。

谢谢您的真心和细心。听凌石凡说您保存了 100 篇我们的作文，我真的很感动。记得中学时代您就是我们最喜欢的老师，不仅因为您精湛的教学，更是因为您待我们的平等与真诚。您不仅教我们知识，更教会了我们为人。有幸得您传道授业，是我们一生的财富。

……

看到照片上您和各位老师慈祥的面容，和蔼的笑容，真的觉得十分亲切。很希望有机会再聆听老师的教诲。也希望让我的孩子读到妈妈当年的文字。想想当年刻苦努力倔强活泼的小姑娘已为人妻人母，让我们感叹时光飞逝的同时更懂得珍惜现在的生活。

再次谢谢您的来信和关心。祝您

全家幸福，健康长寿！

您的学生　余天骄

2006 年　11 月 2 日

（余天骄，86 届 114 班学生，中国人民大学法律系硕士，在美国做律师。）

3. 学生的三篇文章

毕业前夕向老师谈谈心里话

高三114班 王 忠

邓老师，此时考试铃声已经响过，窗外正下着淅淅小雨。我坐在教室里，一阵清风送来，心似乎也变得沉静些了，但我的喉咙却像有什么东西噎着似的，我真想向你谈谈心里话。

在这毕业前夕，我想起了您。六年来，您一直教我们班的语文，现在回想起来，我真要感谢您对我的教诲。

记得在初一入学时，您曾说过："我希望你们成为优等生，成为我们学校的骄傲。因此，我们要努力，要付出代价。"的确，您是这样说的，也是这样做的。在课堂上，您努力改进教学方法，活跃同学们的思维。一次上《柏林之围》时，您让我们讨论儒夫上校是不是爱国者，当时两派观点争论激烈，认为儒夫上校是军国主义的意见占了上风。这时，您指导我们认真阅读教材，用具体的事实说服大家，使我们认识到儒夫上校确实是个爱国者。像这样的课，不仅使人学到了知识，而且充满了乐趣。为了让同学们更深刻地领会教材，您常常引用各种资料，提出不同的观点，让我们思考、比较。您的博学，您的辩才，使我们口服心服，我真为有您这样的老师而感到骄傲。在课外，您带领我们去观察大自然，让我们养成细心观察的习惯。您在班上成立了语文小组，去游览长沙名胜，回来后写游记，写散文，从而提高同学们的写作能力。记得那次游览橘子洲头时，您给我们朗诵了毛主席的词《沁园春·长沙》，当读到"子在川上曰：'逝者如斯夫！'"时，您轻轻地摇了摇头，心理似乎有无限感慨。是啊，为了教好我们班，您不辞辛苦，呕心沥血，虽然白发已攀上您的双鬓，但您仍以青年人般的朝气教育着我们。邓老师，您真是我们的好老师。

毕业前夕，您问我将来想做什么，我说："要像您一样，做一位光荣的教师。"您笑着说："要教好书，可不是轻而易举的。作为老师，不光要知道本科目内的知识，而且还要懂得与之相关的知识，更重要的是要懂得怎样做人。"的确，六年来，您不光教给了我们知识，而且教导我们怎样做人。我想，也许正是这个原因，才使我决心做一位像您一样的教师。到那时，我想，我一定会教育好学生，甚至比您教得更好。邓老师，您相信吗？

这，就是我要向老师说的心里话。

（王忠，86届114班学生，中南大学学士，广州市某公司工程师。）

我们的语文老师

86届初二　向倚天

我们的语文老师，高高的个儿，大概已届"中年"了，但是在他身上却怎么也不显"人到中年"的印迹。他姓邓。提起邓老师呀，就在我们同学中产生敬重而又亲切的感情。邓老师常穿一件蓝色的中山装，高高的鼻梁上架着一副黑边眼镜，给他添了几分英气。常看到他眼里射出两道炯炯有神的目光。

邓老师和同学们在一起时，总是有说有笑，对待同学和蔼可亲。他和同学常常为了一件什么事，亲密无间地交谈着，争论着，时而哈哈大笑，简直不像我们生活中的长者。他有时又像慈父一样关心同学们的生活，他对同学和蔼可亲是与他对同学严格要求分不开的。有一次，我缺交了作业，碰巧这天在路上遇到了邓老师，他见了我，问道："你的作业呢？"我不好意思地说："忘了。""是忘了吗？你老是拖拖拉拉的，要改啊！像你这样怎么能行呢？"寥寥数语，说得我脸红起来。还有一次，发下作文本，邓老师把我找去，对我说："你的作文里有几个错字没有更正，快去改过来吧！"我一听，心想："原来就是这个，这算啥？只不过错了几个字罢了！"邓师仿佛看出了我的心思似的，对我说："是的啊，今天只错了几个字，到明天说不定会错更大的呢！"一句话，说得我心服口服。

他讲的课，对我们来说，仿佛就有一股魔力似的吸引着大家。

有一天上语文课，是讲鲁迅先生的名著《孔乙己》。要把这课上好可难呢！因为"孔乙己"这个人物是在旧社会受害的知识分子，而我们现在生活在新社会里，理解当时情况是比较难的，"叮呤呤"，预备铃响了。邓老师背着手，低着头来回踱着，就像演员上台前酝酿感情。上课了，邓老师大步流星走上讲台，把书准备好，然后用有神的眼光扫视了一下全班，等大家安静后，便用粉笔在黑板上写了三个字"孔乙己"。他挺了挺胸，接着就用他惯有的半普通话半家乡话开始跟我们讲课。

邓老师仿佛知道我们心理似的，先仔细地讲了当时的社会环境，接着便给我们分析作品内容。他为刻画人物的性格、特征，常常模仿着书里人物的语言，有时为了说明更清楚，两只手还不停地比划着。如说到"孔乙己"买酒，用手排出九文大钱时，邓老师把书本当道具，引得我们一阵发笑，使我们印象更深刻。当他说到"孔乙己"断了腿，与嘲笑他的人申辩"是跌断……跌"时，学着"孔乙己"的口气，使我们对"孔乙己"这个受旧时科举制度毒害的人有了进一步的了解。

邓老师就是这样，分析人物时总是绘声绘色，模仿得惟妙惟肖。有人说，邓老师讲起课来，就是演戏。的确，他讲解人物时，就像个演员，手里的书俨然成了道具，然而，与其说他是演员，倒不如说他是个出色的导演，因为他不仅把人物心理揣摸得清清楚楚，而且把我们的心理也揣摩得清清楚楚。

这大概就是大家对邓老师的课特别喜欢的原因吧。

（向倚天，86 届 114 班学生，武汉大学双学士，北京某公司经理。）

我们的语文老师
86 届初二 114 班　方晓红

朋友，你认识我们的语文老师吗？

当你走过实验班办公室时，就可以看到一位四十多岁的老师，他高高的个儿，戴着一副大眼镜，穿着整整齐齐的服装，连扣子也一丝不苟地扣着。他喜欢反剪着双手，抬着头，在那儿来回踱步，似乎在考虑什么……他就是教我们语文的邓老师。

我们班的同学可喜欢听邓老师的课啦！

上课铃刚响过，邓老师就大跨步地走进了教室。他先检查同学们上节课学过的生字新词，并就同学们上节课讨论的两个问题做总结，他兴致勃勃地打开讲义夹，滔滔不绝地讲起来。他一边讲，一边做着手势，抑扬顿挫的声调，生动的比喻，仿佛把我们带入一个奇妙的语文世界，知识在那儿展开，像一幅幅美丽的图画，映入我们的心坎里。

邓老师还经常向我们介绍一些名家、名著。什么世界三大短篇小说家和他们的作品呀，鲁迅的作品呀，中国古典小说呀，唐诗宋词元曲呀……他讲得头头是道，兴趣来了，还吟几句名诗名句。他说要看些文学作品，特别是名著，可以陶冶性情，了解当时的社会，学习它们的写作特点……他要求我们读《西游记》、《水浒》、《三国演义》、《红楼梦》，使我们对古典小说产生了浓厚的兴趣。

邓老师待人和蔼，我们都愿意和他亲近、在一起谈话，我们都毫不拘束，就像和自己的父亲在一块一样。但是，有时邓老师可严肃了啦，比如哪个同学上课讲小话，不按时完成作业，他一定要问明白，不管是成绩好的还是成绩差的，他都要严肃批评。当你在学习上有困难时，他总是耐心帮助你，他，就是这样一个老师。

有一天，我们上作文课。上课铃响过，我们都没有看见大步走进来的邓老师，同学们十分着急。这时，教导处的余主任来了，他告诉我们，邓老师眼睛发炎，正在治疗，不能上课。同学们都大吃一惊。邓老师从没病过呀！有的同学说："我们每周要交作文、生活速记、摘抄，还有预习本，他都给我们看过了。他又要看作业，又要备课，一定是过度疲劳把眼睛弄坏了。"我们更焦急不安了。

余主任给我们布置了作文题，又给我们读了两篇范文，我们立刻写起来。放学后我跟几个同学一起去邓老师家看望。邓老师家离学校不远，一会儿就到了。我们见到邓老师，他一只眼半眯着，上了药。一见到我们，他便急急地问我们作文课的情况。他问我们写了哪些内容，我们告诉他，我们写的自我介绍，许多同学都是写的缺点。"这怎么行呢？"他立刻不安地说，"应该写自己的兴趣、爱好、缺点。你们怎么都写缺点呢？""余主任给我们念的范文都写的缺点呢！""糟糕！糟糕！"邓老师连声说，看见他这么急，我们忙说："还有许多同学不是写的缺点呢。"邓老师叹了口气。接着我们问他眼睛怎么样了。"没啥，我明天就能上课了。"

"还没啥，明天不能去上课！"一个声音从外面传来，原来是邓老师的爱人李老师回来了。李老师接着说："医生开的病假条还在口袋里呢，你的眼睛坏了怎么办？"

"那可不行，可不能误了他们的课呀！"邓老师着急地说。

"你跟别的老师调课吧！"李老师说。

"对呀！邓老师明天不要去上课了，我们这就跟班主任王老师讲。"我们说。

"调课会影响其他老师课程安排，再说，我明天又不是不能上课。"邓老师坚持说。

"能上！能上！"李老师有些生气了，我们也劝邓老师，邓老师没开口了。

谁知第二天上语文课时，邓老师又精神抖擞地大步走上了讲台。只见他一只眼包着纱布，手里夹着一叠作业本，满面笑容地把作业发给同学。当同学们看到发下的作业本上的圈圈点点和批语时，泪水模糊了同学们的眼睛，那包着纱布的眼睛的形象深深地映进了大家的脑海里……

同学们更加发愤学习，成绩大大提高了。

邓老师就是这样勤勤恳恳地工作。他像春蚕，默默无声，把心血凝成的丝织进四化的锦绣图画里；他像蜡烛，燃烧着自己，照亮了别人，有一分光，发一分热，为了祖国，辛勤培育着下一代。邓老师啊！我们决不辜负您的期望，让您今天的希望化为明天的美好的现实。

下面这段话，摘自方晓红回忆录《毕业二十年》：

这段时间，我发表了不少研究论文，这在很大程度上也得益于中学阶段的基础。我刚到美国后不久，写了一个会议论文摘要，"老板"就惊讶不需他做什么修改。他几次说我写的论文思路清晰，很有条理，问我是经过了什么训练。虽然在去美国前我也发表过几篇论文，但并没有专门学过或有意考虑过如何写科研论文。其实，无论是英文还是中文的各种写作都是相通的，我的基础还是在中学时的语文作文，加上数学逻辑思维等。只是，经过理科的熏陶，写作已只会纪实，毫无文采了，好在科研论文强调的只是纪实和条理。

（方晓红：湖南长沙人。我校86届高114班毕业。中共党员。北京大学化学博士。加拿大滑铁卢大学、美国佛罗里达大学化学博士后。中科院化学研究所研究员、博士生导师。入选"新世纪百千万人才工程"。科技部纳米科研项目首席科学家。曾获国家自然科学基金委杰出青年奖等。）

在实验中进行语文改革

——邓日语文教学研究介绍

王之方

在中学语文教学领域里，邓日老师留下了一行清晰的足迹。

1980 年他从湖南师大中文系毕业后，分到该校附中教语文。他执教的三个年代，恰好形成了他研讨语文教学的三个阶段。60 年代，他总结过课文教法及文道的关系。70 年代着重探讨了以写带读和初中作文教学序列问题，相继在《语文学习》、《湖南师大学报》上发表过论文。1980 年学校办了整体教育实验班，该实验德智体美技全面实施，并重点改革语、数、英、体四科教材教法。邓日担负语文实验的任务，既是设计者，又是实施者，从初一到高三，已近六年。在 80 年代他将自己的研究推向新的阶段：实验研究阶段。

邓日语文实验研究的方法，首先是充分利用整体实验提供的条件：(1)采取了随意编班的原则，对象具有代表性；(2)实行了六年一贯制，对象具有稳定性；(3)监视了课程、课时、作业量，避免了单科自我膨胀和被挤压的现象；(4)部署了整体教育、管理，保证了常态的非智力因素。其次用观察的方法积累材料。课内表现、学习成绩、课外阅读、看电视、听广播、写作、摘抄等情况，从初一起即作了跟踪调查。第三，对实验效果，作定性定量分析。

在实验语文教学实践中，邓日着重研究了中学语文分科教学、中学作文教学、语文教学中的思维训练三个问题。实验语文按分科独进、各成体系、相互照应、注重自学、培养能力、发展智力的原则，分阅读、写作两科教学。写作平均周课时初中 2 节，高中 1.5 节，成绩分科评定。邓日认为，分科教学，目的任务明确，内容相对集中，更能体现语文的特点，有利于探索读写规律，逐步实现教材科学化；有利于教师改进教学方法，提高学生学习兴趣和语文水平。试验阅读教材，初中共选课文 265 篇，另选诗词 150 首，警句、谚语、歇后语 300 条。编排上注重系统性、阶段性。各册编有阅读指导、不同文体的阅读能力训练、文言文和文学作品阅读欣赏等单元。高中按文学作品鉴赏、快速阅读、作品研究等能力和文学史系统组织教材。

中学作文教学，邓日拟定并实践了分项训练法。这一教学法，以写作内容为突破口，以学生生活、心理实际为阶段，按写作过程列训练点，落实在能力培养上，走出了一条培养中学生自能作文的路子，在省内外产生了一定的影响。在解决学生作文难的问题时，他以学生的生活和认识为本原，以开拓思路为手段。为解决学生自感生活贫乏、思路闭塞的问题，他着力训练学生观察、分析、联想、想象、推理能力。为了提高这些能力，他设法养成学生积累生活、剖析事理的习惯，让学生人人摘抄、剪报、作卡片，初中阶段写生活速记，高中阶段写分析笔记。至于表达能力的训练，则放在各种问题写作训练中分项进行。实践证明这套办法是有成效的。实验班学生在初一时，即出现了想写、能写、会写、写得快、写得好、喜欢写的良性循环，学生作文欲望至高三而不衰。

数学有体操之美誉。那么语文呢？语文在发展学生思维方面应发挥更大的作用。邓日认为，语文课要做到以学生为主体，必须把思维训练作为课堂教学的中心。在阅读和写作教学中，他改进教学方法，除了通过教材本身的系统性，训练学生思维由简到繁、由具体到抽象、由低级到高级的发展，培养学生良好的思维品格外，还着力发展学生的创造思维。他的方法有：(1)课堂教学中，鼓励学生对课文（包括注解、练习设计）质疑、挑刺，放胆让学生对课文的某些情节进行再创造；创设创造情境，组织课堂讨论、辩论，在论争中让学生创造思维的火花迸发。(2)教材编排上组织比较教学单元。如鲁迅不同时期作品主题比较，论六国灭亡原因不同作者作品比较，写白杨不同文体的作品比较，写秋色秋声不同特点的作品比较。让学生从比较中不仅领悟"原来他是这样构思的"，而且产生"我也试试看"的欲望。(3)设置思维训练项目。这些项目主要有：联想、想象、分析、推理。如初一口头作文，命题为"山"，让学生当堂展开合理联想。学生由形到形，由形到神，由形到事，由形入理，相关相联由此及彼发散思维度相当大。又如集中国内外对中国女排夺冠所写评论的一些标题，分析其立论角度，再从自身出发，拟题作文。

邓日进行语文研究，有两个显著的特点。其一，理论和实践高度统一。他在日常教学中进行改革，在改革中探讨语文教学科学理论，做到研究、改革、教学三合一。唯其如此，他的理论有深厚的实践基础；他的实践，有明确的理论指导。实验教学 6 年中，他未丢弃一堂课；大、小作文，剪报、生活速记、预习本、课文练习本等，每周几大堆，他都认真处理。但他不是一个"教书匠"。近十年来，他一直订阅国内几种主要的教育和中学语文教学报刊。可以说，中学语文界的主要研究成果，他都重新思考过；认为可取的，他也实行过。每年，他撰写论文在 3 篇以上。特点之二是宏观研究与微观研究的统一。他从教育适应三个面向需要，培养创造型人才着眼，又从语文本身特点、学生生活、心理实际着手。如以《我看见细胞了》为题的写作训练，要求记叙上过的一堂生物实验课，命题即落在学生身边、心上，又诱发学生写作的情趣、才思。阅读课中快速阅读能力的培养，勾点圈画的训练，即出于学生读课文的需要，更是考虑到现代社会对人才阅读能力的要求。高中阶段，进行了多种应用文体的阅读训练和开展调查报告，"中学毕业论文"，科技小论文写作训练，都是服务于跨世纪的人才的素质要求的。

方向明，工夫深，自然能出成果。近几年邓日在省级以上报刊发表论文 30 多篇，其中《语文教学科学化的有效途径》获湖南省1985 年中学语文论文一等奖，《怎样指导学生写生活速记》发表在中国写作学会主办的《写作》创刊号上。他主编和参加编写初中、高中作文教材多种。实验班学生 45 人，学习过程中发表习作 30 多篇。在全国和省、市有关竞赛中，多次获奖。1985 年元月，学校设立辛亥革命先驱禹之谟先生思想、著作研究的"之谟论文奖"，大部分奖为该班学生所得。学生初中毕业时，白话文、文言文阅读及写作，均达到本校当时高二学生水平，高二时参加 1985 年高考，全班平均 76.4 分，比本省理科语文高考平均分高 16.1 分。

邓日老师在语文教改实践中，表现了一个教改实验工作者的志愿兵精神。六年来，他如牛轭在肩，不分昼夜，没有寒暑假，天天奋蹄迈步，不怕困难，不畏艰苦。他兼教研组长，组内教改，他总是谦谦和和，与老师们共同研究，热情帮助青年教师取得成果。他对自己取得的研究成果，评估非常慎重，但对未来目标的追求是非常勇敢的。

（载全国中语会会刊《语文教学通讯》1986 年第 6 期"封面人物"。王之方：湖南师大附中原副校长，后调入广东江门教育学院任副院长、教授）

"中学自能作文分项训练法"简介

满园农

邓日同志的"初中自能作文分项训练法"（以下简称"分项训练法"）是一项中学语文教学改革成功的探索，更是一项中学语文教学科研收效显著的成果。它已成为国内中学作文训练体系重要流派之一，受到语文教育界的普遍关注和重视。

"分项训练法"有明确的指导思想。设计者根据中学语文教学大纲的精神，按照中学生的作文心理特点和基本写作过程，吸取国内外作文教学的新成果，融和自己三十年来所积累的作文教学经验，建立起一个较为完整的新型作文训练体系。它本着以心理能力训练（主要为思维能力训练）为前提，以写作技能训练为基础，以文体运用训练为主体这样三条准则，来划分训练项目，安排训练序列，以培养学生自能作文的能力。这个训练体系，可以简要地概括为：1个目标，3个阶段，3条线索，11种能力，48个项目。

1个目标：就是要达到叶圣陶先生所倡导的中学生须"自能作文，不待老师改"的程度。这是作文改革的归宿，也是教师作文训练的主攻方向。

3个阶段：按照文章反映客观事物的规律，把作文过程划为"摄取—加工—发表"3个阶段。

3条线索：第一条线索是心理能力的训练，主要是思维能力的训练；第二条线索是写作技能的训练，即学生在写作一篇具体文章过程中所需要掌握的审题—立意—选材—布局谋篇—语言表达—文章修改等基本写作技能的训练；第三条线索是文体运用的训练，即掌握记叙、说明、议论、应用等4种实用文体的训练。

11种能力：根据写作基本过程3个阶段所需要的各种写作能力，确定观察、积累、想象、联想、分析综合、立意、选材、布局谋篇、语言表达、修改 11 种。以上各种能力，在写作过程中，往往彼此渗透、相互交织，很难截然分开。

48 个项目：将 3 条训练线索所需要培养的各种能力，分解为 48 个具体的训练单位（即训练点），这就是分项训练的具体项目。计有心理能力训练 11 项，写作技能训练 6 项，文体运用训练 31 项。然后，以训练项目为教学单元，依次安排到初中 3 个年级的 6 册《作文》课本之中，每册 8 个单元；应用文训练则作为"附录"，安排在各册单元之后，这样就组成一个分项训练的完整体系。

一、分项训练法的特点是：重视作文基本过程的训练，突出了建立作文教学体系的根本

现实生活是文章的源泉，从生活到文章，要经过"摄取—加工—发表" 3 个阶段；或者说要经过"物—意—文"这样 3 个阶段。要完成这一过程，就必须实行两重转化，即第一重由事物到认识的转化，第二重由认识到表达的转化。两重转化，可以说是写作过程的本质属性，这是我们在作文教学中必须认识和掌握的。三个阶段、两重转化的过程，既符合唯物主义认识论的原理，也符合现代信息论的原理。因为写作三阶段的过程，也是一个"输入、储存—信息加工、处理—信息输出、发布"的过程。这 3 个阶段，不仅各自相对独立，而且互相密切联系，它反映了写作的基本规律。无论是学生作文，还是作家创作，都必须认真遵循，而不能有所背离。因此设计者并没有把注意力停留在以文体训练或写作技能训练为基点的构思上，而是把对写作基本过程的训练作为建立这个体系的前提，并据此确定写作训练的线索和序列。这就抓住了关键，找到了"分项训练法"的根本依据。无论在写作教学理论上，或是在写作教学实践中，这样做都是具有十分重要意义的。

二、理清写作能力的基本结构，强化了心理能力的训练，全面地设置各类训练项目

写作能力是一种复杂的、由多种能力构成的综合体。设计者根据写作基本过程训练的实际需要，来确定作文能力的基本结构，以作为设置训练项目的直接依据，这就是心理能力、写作技能和文体运用能力。其中又特别强调了以思维为主的心理能力，它包括观察、

想象、联想和分析、综合等能力。这是因为人的心理器官是大脑，而大脑拥有直觉、记忆、思维和想象四大功能区。写作训练就是如何开发并调动这四个功能区的潜在力，运用语言文字，来反映现实生活的一种实践活动。由于直觉功能区主管观察能力，而观察能力是获得写作素材的主要手段和展开想象、联想的必要基础，所以"分项训练法"在初一安排了3个训练项目。记忆功能区主管大量知识、信息的储存和积累，所以在初一又安排一个阅读和积累的训练项目。判断功能区主管对知识、材料的分析、综合、抽象、概括等思维能力，而分析和综合又是思维最基本的形式，所以在初二、初三，分别安排了两个分析能力和两个综合能力的训练项目，以突出对思维能力的培养。想象功能区主管想象、联想能力。它们和和思维能力一样，都是写作过程中不可缺少的心理素质。因此在初一、初三分别设置两个想象能力和两个联想能力的训练项目。设计者之所以把心理能力放在写作能力结构的首位，一方面是因为认识到它是写作能力的根本，不能忽视；另一方面也是鉴于长时间以来，它没有引起语文教育工作者足够的重视，或者虽得到重视，但往往不是训练内容笼统，就是训练项目简略，以致收效不大。为此，设计者就心理能力训练安排了11个训练项目，以保证训练的落实。另外两种写作基本能力，分别是写作技能和文体运用的基本能力，亦即《苏联的作文教学》所说的一般写作能力和特殊写作能力。这是一直受到重视的两种基本写作能力，尤其是后者，现行语文教学大纲和通用语文教材的写作教学序列，就是以文体运用为主线来设计的。对此，"分项训练法"也同样予以重视，在文体运用能力训练线上共安排了31个项目；另外在写作技能训练线上安排6个训练项目。二者同时分布在初中三个年级、六册《作文》试用教材之中。这样，就形成了一个以上述三种基本写作能力为训练线索，全面划分训练项目的比较完整、比较科学的写作体系。

三、合理设计训练序列，组成训练网络，安排训练项目，建立起一个有机的训练整体

为了把3条训练线索拧成一股绳，较好地解决训练序列问题，设计者采用了许多行之有效的作法：首先是3线并进，纵横交叉。

即以心理能力训练为纲，以文体训练为经，以写作技能训练为纬，经纬交织，组成一张训练网络，网点就是训练项目。其次是以"纲"为序，分段布点。即按中学语文教学大纲规定的文体训练顺序（初一重点为记叙，初二重点为说明，初三重点为议论），以年级为大段，以学期为小段，每个小段都有计划地安排 8 个不同类别的训练点（项目），也就是每册课本安排 8 个教学单元。以免单线独进顾此失彼。再次是主次兼顾，互相渗透。即每个小段的训练项目各有侧重。从总体上看，文体训练的项目始终处于主体地位；同时也兼顾其他两种能力的训练，但各类训练项目又互相渗透，彼此融合。例如，初中一册《作文》，侧重于心理能力的训练，8 个单元中，将观察、积累能力的训练共安排了 4 个单元；其次为记叙能力的训练，共安排 3 个单元；再次是作文常规要求的训练，安排 1 个单元。同时，在心理能力训练中，又渗透了文体能力的训练，如同册第四单元"观察能力训练（3）"中，又指导学生通过观察"写生活速记"。这样设计，不仅一举数得，而且还能收到相辅相成之效。

总之，"分项训练法"的探索方向、实际意义和科研成果，都是值得充分肯定的。但毕竟它是一项科学实验，一种对写作规律的探索，还不很成熟，还有待改进和完善。

（湖北《中学语文》，1989 年 1 月。满园农：湖南师大中文系教学法副教授）

"教学的真谛在于导"

——访中学语文特级教师邓日

方丁丁

  邓日老师有句口头禅:"教学的真谛在于导。"在湖南师大附中采访他时,其所任班级的学生,也不约而同地说"邓老师上课从不'填鸭',他俨然一个高级导游,总是站在不远处,引导我们前行,指点我们去欣赏每一处风景"。我就这一点饶有兴趣地追问邓老师,他却丢给我平平淡淡的一句:"我的拿手戏也就是两个,一个分科教学法,一个'自能作文'。"话虽平淡,话里的内容可不平淡。30多年教坛生涯,他一步步地摸索教学规律,担任初高中六年连贯制整体实验班语文教学,进行分科教学实验,将语文课分为阅读和写作两大体系,通过系统的教学培养学生听、说、读、写能力;编著作文教材和阅读教材;他创建的"中学自能作文分项训练法"已成为中学作文训练体系重要流派之一。

  邓日一向信奉:"科学引导远胜于强迫。"阅读课,他善于"迎合学生口味"因势利导。如讲《屈原》,有的学生认为爱国可以有别的方式,不必投江,邓日便结合课文背景和屈原的性格,诱导学生当一回屈原,体味屈原的感受,从而理解屈原的"投江"。

  邓日喜欢活跃的课堂氛围,并且他认为活跃不光表现在积极举手发言,更在于学生的脑子要跟着转,甚至抢先转。因此他总提一些学生认为有点"狡猾"的问题,让他们通过讨论甚至争论得出答案,使他们"跳一跳"才能摘到果子。他鼓励学生主动提出不同见解,"制造事端"。他认为这正是学生的思维跑到前头去的表现。一次在分析《一件小事》中车夫的品质时,一个学生在下面嘀咕了一句:"老妇人违反交通规则,车夫不要去理她嘛,真傻!"邓日忙示意他大声发表看法,从而引起一场争论,最终得出"即便是老妇人不守规则造成后果而车夫还能相救，更可见他勇于承担责任的品质"的结论。

邓日善于调动学生的写作积极性，他着力培养学生的观察力，由景物到动物、景物到人物，由场面到大活动，循序渐进，指导观察。在他的带领下，学生也乐此不疲。一位家长说："那天我的孩子不知怎么了，只呆呆地看着桌上那条瓷鱼出神，我们问他，他也不理，后来才明白，原来是邓老师带着孩子们搞观察呢。"后来这学生写了篇《瓷鱼》，发表在《少年作文辅导》上。天气好的时候，邓日还带着学生走出课堂，到岳麓山看枫树，拾红叶，到岳麓书院领会古代学府风味，到岳阳登临岳阳楼，泛舟洞庭湖，周游君山岛。外出活动之前，邓日都认真地进行"预习"，查资料，找地图，了解目的地的地理、历史概况和掌故、人物、风情等等。带着学生游览时，信步所至，这些"配套物"便可信手拈来。游君山时，过柳毅井讲柳毅传书，过杨幺钟讲杨幺起义，过二妃墓讲湘妃啼竹，学生听得津津有味之余，惊呼："邓老师真有点儿导游先生的风度呢。"

回来后，他们仍兴奋不已，主动写了好几篇日记、杂感，掩饰不住得意地请老师过目，慢慢地，学生们都养成了积累生活素材的好习惯。

作文命题，邓日采用教师命题与学生自拟题相结合的方法，以学生自拟为主，教师只规定大方向。题目定下后，他又组织讨论，拓宽题材，创新题意。如邓日要求写群体人像描写，学生笔下便有了《瞧，我们这一班》、《一张珍贵的毕业照》、《课间十分钟》、《一次有趣的争吵》等等，从不同侧面和角度完成了邓日的大题目。

对批阅作文，邓日有个原则，即尽量少动笔墨。他反对教师大动手笔，将学生文章改得"满目疮痍"，认为那不是学生自己的东西了，即使发表，也没多大意思，而且容易助长学生的依赖心理。"教师的工作只是在文后作总结性评论，在文章某处点一两句提示性的话，让学生自己去想，自己去改，才不会改变其学生味道。"

讲评作文，邓日认为，不怕多讲好话，学生写得较好的地方他当众点名朗诵，特别是平时作文比较差的学生，哪怕他文中的一句话有可取之处，也要念给大家听，然后分析好在何处。学生们都愿意听讲评课，每次他们都能获得一些鼓励和信心。不足之处当然也要亮出来，不过从不道姓名，亮相的是文而不是人，有时邓日还用一种这样的方法，将几篇较差劲的典型文章综合起来，凑成一篇，再念出来分析，学生听起来既像自己的，又不全像自己的，顾了面子又能有进益。"导的学问大着呢，我还刚刚触及它的边。"邓日老师告诉我，"我现在正着手研究'在作文教学中如何开发学生右半脑'问题……"据我所知，这是一个世界水平的问题，目前国内语文界很少有人问津。

看样子，深谙导游艺术的邓日老师又要带领着他的学生欣赏另一道更新异的风景线了。

（载《湖南教育报》1993 年 6 月 19 日）

附中在市教改课题评选中成绩优异

本报讯　我校附中在长沙市中学首次课堂教学改革课题评优活动中所报六个课题全部被评为优秀课题并获奖。长沙市中学课堂教学改革课题评优活动是去年 9 月开始的，在这以来，附中语文、数学、外语、物理、生物学科集体和个人课题共 6 项，参加了这次评优活动，评定结果是：

一等奖：语文组邓日"自能作文分项训练法"（全市共两个）。

二等奖：外语组"听说读写侧重"系列训练；数学组朱石凡。"数学引导探索教学法"；物理组何麦秋"实验引导探索法"。

三等奖：语文组"语文自学辅导教学法"；生物组"寻找新材料改革生物实验课的探索"。

所有课题都实施一年以上时间，经历了制订方案—课堂反复实践—接受检测—撰写论文—通过答辩五个过程，课题承担者为此付出了艰辛的劳动。

（载《湖南师大报》1987 年 6 月 20 日第二版）

谈谈今年高考语文命题的思路

——访中学语文特级教师邓日

龚鹏飞　张海蛟

　　湖南师大附中副校长邓日参加了今年全国高考语文命题，很多人渴望知道命题的一些思路。我们在 7 月中旬的一个晚上走访了他。

　　邓日说，今年的考题基本上是遵循考试大纲，考察双基。因为全国的语文教材多达 14 种，为了防止顾此失彼，我们没有考书本上的，而是重在考迁移能力。对语文基础知识，命题组没有像往年一样出名词术语，而是重在考察考生对词的选择和运用。这次基本上考的是词语、成语和关联词语，更加突出了语文学科的务实色彩。这套试题，注重了对中国古典诗词的考试，有的还是书本上没有出现的。如"沉舟侧畔千帆过，病树前头万木春"，阅读面宽广的考生是能够答出来的。这样出上句古典诗、要求填写下句的试题，命题组认为，以后的考试还要考，如果不敦促学生涉猎和背诵一些东西，学生的语文水平无法提高。

　　我们谈起今年的语文试题有了一些改革，如今年的现代文阅读增加了一首新诗，这意味着什么？邓日站起身说，古典诗年年考，而新诗却几乎从来没有考过，当然这与古典诗凝固性强，而新诗扑朔迷离有关。毛泽东同志也曾号召青年人莫写古体诗，要写新诗，新诗的阅读者大部分是青年。特别是汪国真热的出现，阅读者很普遍。这次考的《水乡行》选自《现代诗歌欣赏与写作》一书，是诗人白沙的代表作，意境优美，可以考查学生的审美欣赏能力，而这方面能力的培养在中学语文教学中是个薄弱环节。另一道现代文阅读题，选自美学大师宗白华的《中国书法里的美学思想》，鉴于这篇文章对于中学生来说比较难懂，作了一些删节。这道题有一定的难度，能够考查考生对文章的整体把握能力。

邓日谈到作文的命题过程。开始准备出命题作文，选出了 30 多个富有哲理的题目，都觉得不理想，一位同志带来了某刊物登载的一幅漫画，命题组觉得比较好，拟了"要学会关心别人"和"谈回报"两个题目。命题组同志亲自动手写作，觉得画面有歧义，会引起误解。过去人们不吃鸡爪，现在大家把吃鸡爪作为一种时髦；鱼头营养丰富，也开始为食客所重视。针对这种情况，命题组采取了措施，第一，漫画前面加"讽刺"二字；第二，请出版社一位画家把鱼头画糟一些，把后一幅漫画中母亲的样子画得惊愕些，试题就鲜明了。作文试题送交北京大学两位教授审查，教授们认为思想性强，对考生既是一种道德教育，又是一种爱国主义教育。

55 岁的邓日老师是湖南桂阳人，在教书的岗位上奋斗了 30 多个春秋，撰写了《高中作文》，主编了《高中现代文阅读》，参加编写了 16 本书，发表了 40 多篇学术论文。他是我省特级教师，在全国大大小小的学术团体中，挂了不少头衔，在中学语文教学界颇有名气。访问结束时，他叮嘱我们说："不要忘记转告明年高考学生，虽然今年试题没有考书本，但是如果丢弃书本，就会是舍本求末。还是要系统地复习课本，才能考出好成绩。"

（《长沙晚报》1991 年 7 月 29 日第 3 版。龚鹏飞：湖南教育报刊社副社长、副总编辑、编审。张海蛟，湖南师大附中高级教师，多届的年级组长）

让学生"自能读书""自能作文"
是邓日老师一生无悔的追求
——新时期湖南中学语文教研人物访谈录

刘秋泉　许云莉

凡是年长一点的语文老师对邓日这个名字都不会陌生。在当时的中语界，特级教师、湖南师大附中副校长邓日可说声名赫赫。他于 1991 年参加了全国高考语文命题，当时全国只有两位中学教师获此殊荣。而他的"中学自能作文分项训练法"，更是中学语文教学科研一项收效显著的成果，曾成为当时国内中学作文训练体系重要流派之一，受到普遍关注和重视。

"自能作文"本着以心理能力训练（主要为思维能力训练）为前提，以写作技能训练为基础，以文体运用为主体这样三条准则，来划分训练项目，安排训练序列，以培养学生的自能作文的能力。这个训练体系，可以简要地概括为：

一个目标：就是要使学生达到叶圣陶所倡导的中学生"自能作文，不待老师改"的程度。这是作文教改的归宿。三个阶段：按照文章反映客观事物的规律，把作文过程划分为"摄取—加工—发表"三个阶段。三条线索：一是心理能力的训练，主要是思维能力的训练；二是写作技能的训练，即学生在写作一篇具体文章过程中所需要掌握的审题、立意、选材、布局谋篇、语言表达、文章修改等基本写作技能的训练；三是文体运用的训练，即掌握记叙、说明、议论、应用 4 种实用文体的训练。十一种能力：根据写作基本过程三个阶段所需各种写作能力，确定观察、积累、想象、联想、分析、综合、立意、选材、布局谋篇、语言表达、修改 11 种。以上各种能力，在写作过程中往往彼此渗透，相互交织，很难截然分开。四十八个项目：将 3 条训练线索所需要培养的各种能力分解为 48 个训练点，计有心理能力训练 11 项，写作技能训练 6 项，文体运用训练 31 项。然后以训练项目为教学单元，这样就组成了一个分项训练的完整体系。

　　"分项训练法"的特点是：重视作文基本过程的训练。比如从生活到文章，要经过"摄取—加工—发表"三个阶段，或者说要经过"物—意—文"这样三个阶段。要完成这一过程，就必须实行两重转化，即第一重由事物到认识的转化，第二重由认识到表达的转化。三个阶段、两重转化的过程，既符合唯物主义认识论的原理，也符合现代信息论的原理。因为写作三个阶段的过程，也是一个"信息输入、储存—信息加工、处理—信息输出、发布"的过程。邓日并没有把注意力停留在以文体训练或写作技能训练为基点的构想上，而是把对写作基本过程的训练作为建立这个体系的前提，并据此确定写作训练的线索和序列。这就抓住了关键，找到了"分项训练法"的根本依据。然后，理清写作能力的基本结构，强化了心理能力的训练，全面地设置各类训练项目。合理设计训练序列，组成训练网络，安排训练项目，建立起一个有机的训练整体。

　　邓日喜欢活跃的课堂氛围，他总提一些学生认为有点"狡猾"的文题，使他们"跳一跳"才能摘到果子。他鼓励学生主动提出不同见解，"制造事端"，提倡学生的思维跑到前头去。他还带着学生走出课堂到岳麓山看枫树、拾红叶，到岳麓书院领会古代学府风味；到岳阳登临岳阳楼，泛舟洞庭湖，周游君山岛。外出活动之前，邓日认真地进行"预习"，查资料，找地图，了解目的地的地理、历史概况和掌故、人物、风情等等。带着学生游览时，信步所至，这些"配套物"便可信手拈来。游君山时，过柳毅井讲柳毅传书，过杨幺钟讲杨幺起义，过二妃墓讲湘妃啼竹，学生听得津津有味之余，惊呼"邓老师真有点儿导游的风度呢。"回来后，他们仍兴奋不已，主动写了好几篇日记、杂感，掩饰不住得意地给老师过目。慢慢地，学生们都养成了勤于积累生活素材的好习惯。

　　（2006 年第 7 期《湖南教育》"长岛人歌动地诗——新时期湖南中学语文教研人物访谈录"）

特级教师邓日

周望城

邓日老师，男，桂阳人，55 岁。1954 年底毕业于郴州师范，在桂阳教小学语文，并先后任班主任和学区主任。1956 年 8 月考入湖南师院中文系，1960 年 8 月本科毕业后分配到师院（大）附中工作至今，一直教语文，并先后兼任备课组长 3 年、教研组长 17 年、班主任 11 年、年级组长 3 年，现任副校长，党委委员。1987 年首批评为中学高级教师，同时被聘为中学高级职称语文学科评审员。1989 年被选为长沙市西区人大代表。1991 年 4 月经省人民政府批准授予"中学特级教师"称号。

邓日老师热爱教育事业，30 多年兢兢业业耕耘于中学教学园地。他所带的班级，均成为优秀集体，他负责的教研组，曾多次评为学校、师大和长沙市的优秀集体。特别是，他在中学语文教学理论和实践方面做出了引人注目的贡献。在担任初、高中六年连贯制整体实验班的语文教学中，为了探索提高语文教学效率的途径和规律，进行了分科教学实验，并编著作文教材和阅读教材；该班学生参加省会考和全国高考，语文人平成绩均为全省首位。这一实验曾在1989 年国家教委组织的"全国中学语文实验教材汇报"会上作发言介绍；写成的文章《中学语文分科教学六年的实验报告》载于《课程、教材、教法》；《语文教学科学化的有效途径》获中语会优秀论文一等奖，《初中作文教学训练序列设计》一文被选载于全国首卷《中国作文年鉴》。近十年来，他出席过 8 次全国性语文研讨会，在省内外作过 40 多场学术报告，参加过中央教育科学研究所语文试验课本和人民教育出版社统编高中语文课本的编写工作，参加过湖南省会考和全国高考的语文命题工作，在全国和省级 15 种刊物上发表论文 40 多篇。主编和参加编写的著作有 16 本，其中《高中作文》

（三年级）为个人专著。共计发表的文章字数有 100 多万字。他创建的"中学自能作文分项训练法"已成为国内中学作文训练体系重要流派之一，全国 16 种书刊为他及其训练法作过介绍，1987 年获长沙市中学教课堂改评优一等奖，1990 年获湖南省首届中小学教改教研优秀成果二等奖。

邓日老师曾多次评为湖南师大和省、市"先进工作者"和"优秀教师"，1987 年评为湖南师大和省直机关优秀共产党员，1989 年被评为全国优秀教师、湖南省教育系统劳动模范。

（载《湖南教育研究》1991 年 7、8 期"三湘名师"。周望城，湖南中语会副理事长，湖南师大附中原党委书记，中学特级教师）

邓日小传

江　源

邓日，男，1936 年 5 月生，湖南桂阳人，中学特级教师。1960
年湖南师院中文系毕业，一直在该校附中教语文，长期当教研组长。
现任副校长，全国作文研究中心研究员，湖南中学语文教育研究会
副理事长兼作文教学研究中心主任，湖南中学高级教师评审委员会
副主任委员兼语文、历史两学科评议组组长。分别于 1981 年和 1986
年参加了中央教育科学研究所语文实验课本和人民教育出版社统编
高中语文课本的编写，1991 年参加了全国高考语文命题工作。

他 30 多年在中学园地辛勤耕耘，师德高尚，教育思想端正，全
面关心学生健康成长。他语文功底深厚，长期致力于教学改革，积
累了丰富的教学经验，形成了严谨、实在、新颖、灵活的独特的教
学风格，给省内外同行上公开课，获得普遍的肯定和好评，1987 年
参加长沙市课堂改革评优获一等奖，他的学生有 20 多人在省内外语
文和作文比赛中获奖，50 多人在报刊上发表文章。

为了探索提高语文教学效率的途径和规律，他在实验语文教学
实践中，按分科独进，各成体系，相互照应，注重自学，培养能力，
发展智力的原则，分阅读、写作两科教学，并编著阅读、写作教材。
该班学生参加省会考和全国高考，语文人平成绩均为全省首位。这
一实验曾在 1989 年国家教委组织的"全国语文实验教材汇报"会上
作发言介绍；写成的文章《中学语文分科教学六年的实验报告》载
于《课程、教材、教法》，《语文教学科学化的有效途径》获得省优
秀论文一等奖。其实验内容编入了张隆华教授主编的全国第一部语
文教育通史《中国语文教育史纲》。

他对培养和发展学生自能作文的能力，包括写作能力的构成、
写作能力的训练项目和程序，提高写作能力的方法和途径作了系统

深入的探索，拟定并实践了"中学自能作文分项训练法"。即按照中学生作文心理特点和写作基本过程，以心理训练为前提，以写作技能为基础，以文体训练为主体，这样三条线，来划分训练项目，安排训练程序，并以训练项目为单元组织作文教学，达到"自能作文，不待老师教"的目标。全国有《语文教学通讯》、《现代教学论》、《语文教育学》等16种书刊为他及其分项训练作过介绍。1990年获湖南省首届教改成果二等奖。"分项训练体系"作为词条，编入《写作大辞典》。

他在工作之余，孜孜不倦，辛勤笔耕，近十年来，先后发表了50多篇教学论文，出版专著及主编书籍计17本，共计200余万言。

他的教育教学成绩显著，因而多次被评为湖南师大和省、市"先进工作者"和"优秀教师"，1987年被评为省直机关优秀共产党员，1989年获全国优秀教师称号。

（载《中学语文》1993年5期"封面人物"）

语文分科教学实验

满园农

湖南师大附中以特级教师邓日为首的语文分科教学实验，始于1980 年秋季，实验年段包括从初一到高三的 6 个年级。主要作法是，将语文分为阅读课和写作课两种，基础知识则放在阅读课内，集中时间进行教学。

总的目的是，探讨提高语文教学效率的途径和规律，克服语文教学中的少慢差费现象，全面迅速提高学生听说读写的能力，以适应社会主义现代化对人才培养的需求。

关于阅读课的实验

第一步，改革教材。阅读教材将阅读能力分为 5 种：认读能力，理解、分析、概括，朗读、默读、背诵能力，精读、泛读、速读能力，鉴赏能力，阅读浅易文言文的能力。

为了培养这 5 种能力，适当扩大阅读量。初中 6 册教材，1 ~ 5 册，每册课文 45 至 50 篇，第六册 30 篇；1 ~ 4 册，每册选入诗词 30 ~ 35 首。初中 6 册共选编课文 265 篇，诗词 150 首，警句、谚语、歇后语 300 条，高中 6 册，共选课文 210 篇，1 ~ 4 册每册 35 ~ 38 篇，5、6 册相对减少。

第二步，合理安排训练重点和序列。阅读训练仍按文体划分单元，组成序列。初中各年级训练侧重点有别于统编教材：初一以记叙为主，着重培养一般基本文章的基本阅读能力。初二，阅读各种常用文章，着重培养理解和分析文章的能力。初三，继续培养理解能力，并在此基础上培养欣赏文艺作品的能力。高中阶段，以文学史为序编排单元课文，重点补充反映当代社会生活和科普方面内容的文章。同时，初高中都安排听说训练的单元。如说话训练，初一，以朗读、复述和讲故事为主。初二，以概述、说明为主。初三，以辩论为主。高一，以演讲为主。高二，以专题报告为主。高三，以论辩为主。

第三步，注重阅读知识与能力训练的结合。通过教学，把阅读知识同训练项目紧密结合起来，以利于能力的培养。如各册的实用文单元，结合课文、练习，编入该文体阅读知识短文。初二共选有说明文18篇，配合选入说明文知识短文3篇。另外各册都安排有文言文单元，初中共85课，结合课文讲些文言语法常识；高中70课，则系统编入古汉语常识。从初三到高三，各册都均安排文学鉴赏单元，分别选入散文、诗歌、小说、戏剧各类作品的课文，同时也编入有关的文学常识。至于其他语文基础知识，均按年级作合理安排。如汉语知识部分，初一，讲文字、词汇；初二，讲语法；初三，讲修辞、逻辑。每册集中安排几个单元，为培养阅读能力打好基础。

关于写作课的实验

这项实验，本着以心理能力训练（主要是思维能力训练）为前提，以写作技能训练为基础，以文体运用训练为主体这样三条准则来划分训练项目，安排训练序列，培养学生自能作文的能力。这个体系概括为：一个目标，三个阶段，三条线索，十一种能力，四十八个项目。

一个目标："自能作文，不待老师教。"

三个阶段："摄取—加工—发表。"

三条线索：心理能力训练线索，主要是思维能力训练；写作技能训练，即学生在写作一篇具体文章过程中所需要掌握的审题—立意—选材—布局谋篇—语言表达—文章修改等基本技能训练；文体运用训练线，即记叙、说明、议论、应用等实用文体的训练。

十一种能力：观察、积累、想象、联想、分析、综合、立意、选材、布局、表达以及修改等。

四十八个项目：将上述11种能力，分解为48个具体训练单位。计心理能力训练11项，写作基本能力训练6项，文体运用训练31项，然后，以每个训练项目作为一个教学单元，依次安排初中3个年级的6册《作文》教材之中；每册8个单元，统一分量和过程。

应用文训练，则以"附录"的形式安排在各册单元之后。列表如下：

初中写作训练安排

内容 年级　　重点	文体训练	心理能力训练	写作能力训练	文章内容与 表达的要求
初一	记叙描写	观察想象	立意选材	言之有物 通顺清楚
初二	记叙说明	观察分析综合	布局谋篇	言之有序 结构完整
初三	记叙议论	分析综合联想	语言表达修改	言之有理 内容充实

高中写作训练，是在初中的基础上，着重于议论能力的训练。表列如下：

高中写作训练安排

学期 年级　　项目	上学期	下学期
高一	观察、想象	分析综合　新闻报道
高二	科学论文　演讲稿	思想评论　调查报告
高三	文艺评论　经验总结	综合训练

高中写作训练同样划分具体项目。如高一的观察能力训练分成景物特征的观察、环境概貌的观察、事物差异的观察、人物表里的观察等四个项目。每个训练项目形成的教学单元，由训练要求、写作、指导、示例评点、练习设计和习作讲评等五部分组成，有目标，有知识，有范例，练习形式多样，讲评突出重点，强化了单元结构。

（载中国第一部语文教育通史，被称为影响中国 20 世纪教育大著——《中国语文教育史纲》第八章"现代学校语文教改经验"，张隆华主编，1991 年湖南师大出版社出版）

探索语文教学民族化、
现代化、科学化途径

　　湖南师大附中从初中到高中的整体改革试验第一届已于 1986 年毕业。语文教材突出其面向社会的工具职能，实行阅读写作分开教学，探索语文教学民族化、现代化、科学化途径。语文阅读教材，参照了国内多种试验课本，按阅读能力的体系编排单元。写作教材，自编了初中作文 1~6 册，高中作文全 1 册。这些教材有三个特点：选用了一些反映现实生活和科技成果的文学、科普作品；使自己编写的知识短文构成语文知识体系；形成了听说读写四种能力的训练系列。

　　抓基本功，突出双基训练的实践性。语文的写，自始至终抓直接生活材料的积累和间接书本知识的积累。初中阶段学生人均写生活速记 150 多篇，人均摘抄 10 万多字，每人还有分类剪贴本。高中阶段人均写作 120 多篇，普遍做资料卡片。

　　（摘自国家教委主编的《中国教育年鉴 1986—1987》p309 页）（湖南教育出版社 1987 年出版）

语文教学中的少慢差费
状态是可以改变的

曾仲珊

从 1980 年秋季起，湖南教育科学研究所在长沙市一中、湖南师院附中开展语文教学改革实验。要求学生毕业时，语文能力达到或超过大纲规定的水平。这些实验班采取如下几项措施：（一）语文与数学、外语、体育同时开展教改实验，这样更有利于各科教学互相配合，互相促进，有利于德智体全面发展。（二）增加阅读课文篇数，由原来的 30 篇左右加到 50 篇左右。此外，还加强课外阅读指导，增加课外阅读量。（三）增加作文次数，由原来的每学期七、八次加到每周一次（大小作文结合），此外还有课外作文。（四）寻求建立教学内容的科学体系。两校均自编了教材。长沙市一中教材为综合型，把阅读和写作综合编在一个课本里。湖南师院附中为分科型，分别编写了阅读教材和写作教材。两校的阅读教学和写作教学，都试图安排一个比较合理的顺序。（五）把训练语文能力（听说读写能力）和进行思想教育、开发智力结合起来。（六）改进教学方法，做到学生既能多读多写，又不至于负担过重。办法是正确处理教与学、学与思、知识与能力的关系；处理精读与博览的关系；课堂内做到精讲多练，讲练结合；使学生学得主动，学得生动活泼。

今年暑假，实验班的学生已达初中毕业。实验的结果比较好。据湖南师院附中实验班（114 班）的统计，学生除了学好课本上选的文章（约 300 篇）外，还读了不少课外书。全体同学都读了《西游记》、《水浒》、《三国演义》。平均每人读课外书 10 本，270 余万字。他们都备有课外摘抄本，平均每人摘抄 10 多万字。除了课内作文外，平均每人写"生活速记"和"分析笔记"130 篇以上。这些学生已具备一定的自学能力，思维比较敏捷，分析理解文章的能力比较强。他们拿到相当于初三教材的语体文，能独立解释字词、划分段落、概括中心思想；拿到一篇浅显的文言文，借助工具书，也能独立阅读和翻译。写作方面，多数学生能在 45 分钟内写七八百字的文章，思路比较开阔，材料具体，语言通顺，层次结构比较清楚。

　　我参加了上述实验活动，看到学生的进步，特别是读了他们的作文，感到由衷的高兴。这些实验，说明语文教学中的少慢差费状况，是可以改变的。

　　（摘自《语文教学杂记》一文，该文载 1984 年 7 月人民教育出版社刘国正主编的《我和语文教学》。作者曾仲珊，研究员，原湖南教育科研所语文教研室主任，湖南中语会会长）

初中"自能作文分项训练法"的
设计实验（摘要）及评介

张隆华

调查，事先要作好计划，实验，也莫不如此。教育调查，实验是一项十分艰巨的工作，更需要把计划定好，否则浪费人力和财力，造成很坏的影响。计划订得科学严密、切合实际，就能减少盲目性，避免产生某些不良后果。

制订计划，首先要明确调查、实验的目的，要解决什么问题，达到什么要求。其次要确定调查、实验的步骤和方法，各步骤所需时间、力量配备、经费开支等。在调查、实验过程中，随着工作的步步深入，有时还要对原计划作某些修改。

计划定好之后，还要在某些有关人员中展开研究和讨论，使计划的执行建立在充分可靠的基础之上。下面选择两份有联系的语文教育实验计划，并略加评价，供参考。

甲、"初中作文分项训练法"的设计实验（摘要 邓日）

"初中作文分项训练法"，是按照学生学习作文的过程，分序列、分项目地指出作文的要点和方法，以思维能力训练为重点，培养学生"自能作文"的一项语文教改实验。

（一）设计的指导思想

设计时的主要构想：（1）改变"重阅读轻作文"的状况，使作文教学有独立的体系。作文是一种智力技能，主要还是在作文实践中形成。（2）纠正"重表达轻认识"的做法，使作文所需各种能力都得到培养。写作全过程所需的能力应该是认识能力和表达能力的统一。（3）克服盲目性，使作文教学序列化、科学化。训练要有计划，依次安排一个个训练项目。

（二）训练序列设计

作文训练程序的设计，分为两条线索：

第一条线索，以文体训练为主线，基本上按记叙、说明、议论的顺序进行训练。训练项目如下：

记叙文的训练项目和序列：一幅画面、小工艺品、动植物、小建筑物（以上为状物）；叙一件事、叙几事（以上为叙事）；具体写人（写外貌、动作、对话、心理）、自我介绍、一人一事、一人多事、多人多事、人物特写（以上写人）；写景游记、托物寄意。另外还有改写、缩写、扩写、概括写等单项训练。

说明文训练项目和序列：说明实物的外观、说明实物的结构和用途、综合说明一个实物、综合说明一类实物（以上为实物说明）；使用方法的说明、制作方法的说明（以上为程序说明）；说明事物的一个或几个道理、说明一类事物的一个或几个道理（以上为说明事理）；科技说明文、文艺性说明文的说明方法训练。

议论文的训练项目和序列：确定论点、一事一议、读后感、用几个事例阐述一个道理（并列论证、进层论证）、批驳错误言论等。

实用文的训练项目和序列：通知、启事、计划、总结、记录、实验报告等。

第二条线：以学生作文过程中各阶段的一般能力训练为线索。初中学生作文，大体包括三个阶段，即准备材料（输入）阶段，加工（或叫构思、思维、整理）阶段，表达阶段。这三个阶段训练九种能力：观察、积累、联想、想象、分析综合、立意、选材、语言运用（练字、选词、造句）、布局谋篇、修改等。

以上几种能力，教学中要反复进行训练，这样，才能让学生逐步掌握作文的规律。整个初中阶段的训练序列设计，列表如下（略，见上文《中学语文分科教学六年的实验报告》）。

（三）教法设计实验

一要研究学生心理。初中学生作文常常是从自己最熟悉而又最感兴趣的事（或人物）开始的。有三条原则可实验：第一，多写生活速记。让他们把在生活中看到、听到、想到的记下来。第二，调动写作积极性。把作文题出在学生心上，出在学生身边。第三，重视作文前的思路指导。思路理清，文章脉络就容易清楚。

二要教会学生观察。观察实验的方法有：对事物的色彩观察，形态观察，变换距离的观察，定点观察，多角度观察，动态观察，比较观察。观察实验的指导：结合语文活动（如登山观景、游记等），有目的地指导观察活动；发展学生有意注意，引导学生细心留意周围有趣的事物、现象；扩大观察范围，社会、大自然、实验室等都可以作为观察对象。

三要结合范例，适当传授写作知识。课本中的知识如《描写和说明》、《说明文的方法》等。根据范文、例文恰当地讲授知识，如《说明文的结构》、《文艺性说明文的写法》等。

四要注重练习多样化。练习实验的种类：分单项和综合两大类。如说明文的单项训练有——下定义、作解释、分类别、作比较、引资料、用数据、附图表等。一般说明文大都是综合的。

乙、评价

这份设计实验，是湖南师大附中语文教研组组长邓日同志于1978年设计的。经过初中两个回合的实验，证明效果是显著的。1983年5月经省教科所"中学生读写能力考试题"测验，多数学生文章思路开阔、中心明确、内容具体、层次清楚；在45分钟之内，能写出800字左右的文章，最少的也不少于600字。据不完全统计，有四分之一的学生，先后在12种书刊上发表了25篇习作，个别的也在省内外作文竞赛获奖。

这项实验，是该校整体实验的有机组成部分，它与"说话训练设计"是配套的。单从以上作文训练的设计实验来看，着眼于初中的训练，致力于训练的序列。这是一份符合初中学生写作特点的训练计划，指导思想明确，训练序列比较科学，实验的方法也考虑得比较周密。在指导思想里，明确要克服"重阅读轻写作"、"重表达轻认识"、"作文训练无序列"等三大毛病，务期初中三年达到"自能作文"的境地。如果"自能作文"的目的达到了，这就是中学语文教学的大成绩。在训练序列的设计上，既重视一般作文能力的训练，又重视几种常用文体的训练，有点有面，点面结合，计划是十分周密的。如果语文老师能够做到全局在胸，稳扎稳打，使作文训练序列化，科学化，则学生的写作水平会大大提高。在教学方法的改革设计上，这份试验计划也是很有特点的，首先抓住了作文的思路训练，切中要害。思路，是一种心理现象，文章思路不清，说明写文章的时候心里没有想清楚。什么叫想清楚？"为什么要写，该怎么写，哪些必要写，哪些用不着写，哪些写在前，哪些写在后，是不是有什么缺漏，从读者方面想是不是够明白了……诸如此类的问题都有了确切的解答，这才叫想清楚。"其次重视作文的观察训练，使学生言之有物。观察的方法训练，多种多样，只要坚持长久，也是会取得良好效果的。再次也讲究练习的方法，注意练习次数的控制。

　　这项设计实验，从 1978 年秋开始，到 1983 年夏，在初中进行了两轮实验。现在又开始第三轮的实验。当然，在实验过程中，也有某些方面的修改、补充，但总体思想是没有变的。邓老师的实验在省内外教改实验交流经验会上曾作过多次介绍，有参考价值，故本书在编写这一章时摘要推荐。

　　（载《语文教育学》，张隆华主编，1987 年重庆出版社出版。张隆华教授：原湖南省中语会学术委员会主任，湖南语文教学法研究会会长、中国教育学会语文教学法学术委员会副主任。）

简介初中作文训练序列

杨成凯

近年来，反映全面综合训练之序列的文章，语文教学刊物上常有登载，这说明对作文训练序列的探索有了新的突破。下面简介湖南师大附中的"初中作文训练序列"，以供参考。他们安排训练序列是根据培养学生写作能力的规律，遵循由浅入深、螺旋式反复的原则，采取文体训练、思维基本能力训练和写作基本能力训练交叉进行的方法确定每学年训练的重点与具体训练项目。

初中三个年级的训练重点（略，见《中学语文分科教学六年的实验报告》）

初中各年级训练项目

一年一期

第一单元：观察与积累：①观察（课外写生活速记）；②积累（课外摘抄、剪贴）。

第二单元：记叙能力训练（状物）：①一幅画面；②小工艺品；③动植物；④小建筑物。

第三单元：联想和想象能力训练：①联想；②想象（扩写、缩写、根据画面情节想象）。

第四单元：记叙能力训练（叙事一）：①叙事片断（如写一个场面）；②记叙一件完整的事（自己经历的一件事）。

附：书信

一年二期

第一单元：立意和选材能力的训练：①立意；②选材。

第二单元：记叙能力训练（叙事二）：①记叙一件完整的事（见到或听到的一件事）；②叙几件事。

第三单元：记叙能力训练（写人A）（具体描写人）：①外貌描

写；②动作描写；③对话描写；④心理描写。

第四单元：记叙能力训练（写人 B）：①自我介绍；②一人一事。

附：通知和启事

二年一期

第一单元：布局和谋篇能力。

第二单元：记叙能力训练（写人 C）：①一人多事（如《记××二三事》）；②多人多事（如写两个思想性格不同的人）。

第三单元：观察能力的训练——写说明文该怎样观察。

第四单元：说明能力的训练（一）——说明实物：①说明实物的外观；②说明实物的结构或用途；③综合说明一个实物。

第五单元：修改能力的训练。

附：计划与总结

二年二期

第一单元：分析能力的训练。（一）——怎样分析：①分析的方法；②分析的角度；③分析的重点。

第二单元：说明能力的训练（二）——程序说明：①使用方法；②制作方法（如实验报告）

第三单元：说明能力训练（三）——事理说明。

第四单元：记叙能力训练——写以绘景为主的游记。

第五单元：议论能力的训练（一）——一条建议：（论点的提出）。

附：记录

三年一期

第一单元：分析能力的训练（二）：命题分析与选题分析（课外写作分析笔记）。

第二单元：议论能力的训练（二）：①一事一议；②读后感。

第三单元：联想能力的训练（二）：①由此及彼阐述一个道理；②一事多角度联想议论。

第四单元：记叙能力训练——托物寄意。

第五单元：记叙能力的训练（写人 D）——人物小传。

附：壁报

三年二期

第六单元：议论能力的训练。（驳论第一单元：运用语言能力的训练；练字、选词、造句；记叙文、说明文、议论文各自的语言特点。）

第二单元：记叙能力的训练（叙事三）——古叙事诗改写。

第三单元：记叙能力的训练（写人E）——人物特写（如《记班上的三好学生》）。

第四单元：说明能力的训练（四）——文艺性说明文。

第五单元：议论能力的训练（立论）——用几个事例阐述一个道理：①并列论证；（如《谈文明》）；②逐层深入论证（如《立志成才》）；③批驳错误言论。

（载《初中语文教材教法》的七章作文教学，秦文生主编，1985年湖南教育出版社出版）

作文分项训练法

许超荣

这是湖南师大附中在教学教改实验中所创造的一种作文教学方法。它力求遵循学生写作能力形成和发展的规律，密切结合作文教学的特点，初步使作文教学序列化、科学化，达到更好地提高学生写作能力的目的。其具体方法：

1. **建立分项训练程序**。

作文分项训练程序分两条线：一是培养一般作文能力的线。它包括观察、积累（属于准备材料阶段）、联想、想象、分析、综合（属于加工材料阶段）、立意、选材、布局、谋篇、语言运用与修改（属于表达阶段）等 11 种能力。二是培养写作不同文体能力的线。按照记述、说明、议论各种文体不同的内容和技能要求，由易到难，分成训练序列，确定初、高中各年级训练重点。以初中为例，初一的训练重点是：文体训练是记述和描写；构思能力训练是观察与想象；写作能力训练是立意与选材；对作文内容与表达的要求是言之有物，通顺清楚。初二的训练重点是：文体训练是记述与说明；构思能力训练是观察与分析；写作能力训练是布局与谋篇；对作文内容和表达的要求是言之有序，结构完整。初三的训练重点是：文体训练是记叙与议论；构思能力训练是分析、综合与联想；写作能力训练是语言运用与修改；对作文内容和表达的要求，是言之有理，内容充实。

2. **结合范例教授写作知识**。

教材中有《描写和说明》等写作知识，需要教师结合范文予以具体生动的阐述。更重要的是教师应善于从学生学过的课文、例文和学生作文实践中，归纳出规律性的写作知识与技能。

3. **练习方法灵活多样**。

练习是学生将作文知识转化为自能作文能力的基本实践。它又分为单项与综合、思维与语言、模仿与创作三大类。如说明文的单项练习便有：下定义、作解释、举例子、做比较、引材料、用数据、附图表等。一般说，一篇说明文，是综合的文体。对说明文的练习应是单项练习与综合练习有分有合。练习的方法，应该是灵活多样的，可以一项多练，或者一题多作。练习的次数要适度，做到精练高效。

4. 根据学生心理特征进行训练。

作文分项训练既要从学生的心理特征出发，又要促进学生的心理发展，如此螺旋上升，才能逐步获得作文教学的最佳效益。例如初中学生的心理活动，存在着独立性与依赖性、幼稚性与成熟性等错综复杂的特征。其中观察能力与小学生相比，有了一定的发展，但是观察力的准确性和概括性还比较弱。为此，教师按照观察能力发展的过程进行灵活多样的培养。对事物的观察，可以从色彩、形态、变换距离、定点、多角度、动态和比较等方面进行观察；有时结合校内外的重大活动，有目的指导学生观察；还可以发动学生选择自己最感兴趣的事物进行观察。观察多了，就乐于观察，为作文积累生活素材，积累思想观点。思维力和想象力又是思维基本能力的核心，初中学生虽然是抽象逻辑思维日益占主导地位，但是思维中的具体形象思维成分仍起重要作用。他们往往只看到孤立的人和事，不能概括出人与人、人与事、事与事之间的关系，在作文时不会联想，受孤立的人或事的束缚，文思枯竭，无话可写。所以教师要善于在日常教学中密切联系实际，启发学生积极思维，同时，要发展联想力，使学生由此及彼，从人及己，从物及人，从小到大，从表及里，展开联想的翅膀；由不同的事物中，概括出相似之处，找出相似之理，把握联想线索，提高联想能力，才能文思活跃，下笔成文。初中学生其他心理特征，同样是作文训练的心理基础，又是作文训练的重要任务之一，教师要有目的、有计划地将二者辩证地统一起来，既依靠学生心理发展的规律，提高作文训练的效益，又通过作文训练促进学生心理的更好发展。

（载《现代教学论》第十二章第三节，湖南教育研究所编，1988 年湖南教育出版社出版）

邓日的"中学自能作文分项训练法"

杜清纲

在中学语文教改实践中，邓日一直如牛轭在肩，潜心于作文教学的探索，终于摸出了一条中学生自能作文的路子，总结出了一套以学生的生活和认识为本源，以开拓思路为手段，着力训练学生观察、分析、联想、想象、推理能力的"中学生自能作文分项训练法"。所谓中学生自能作文分项训练法，就是按照中学生作文的心理特点和一般写作过程，以思维训练为中心，成序列、分项目、按单元地训练学生各种写作能力，达到"自能作文"目的的一种作文教学方法。

其具体做法，可分三个方面来说明：

一、训练的程序设计和基本内容

"中学生自能作文分项训练法"的程序设计分为两条线（略，见《中学语文分科实验六年实验报告》）

二、教学方法上的几点主要做法

（一）命题方法。在每项训练教学中，邓日都采用教师命题和学生自拟题相结合的方法，并以学生自拟题为主。教师首先要给学生讲明本次训练的目的、要求，再引导他们有的放矢地去观察生活，认识生活，然后让他们就自己有感受的事物去拟题，写文章。如对"群像描写"这一项目，邓日要求学生写班上的同学，学生便在各自观察的基础上拟出了好多恰当的题目：《瞧，我们这一班》、《珍贵的毕业照》、《课间十分钟》、《一次有趣的争吵》等。通过自拟题，促进了学生们的积极思维，培养了他们独立观察生活、选取题材、开拓主题的能力。

（二）邓日在指导学生作文时，总是让学生进行讨论，充分发表各自的见解；尽力从各方面、多角度启发他们观察事物、思考问题，引导他们从不同方面探索客观真理，发挥自己的创造性。如在讨论《雪的启迪》这个作文题时，许多学生都从正面赞扬雪，他有意识地鼓励学生唱反调，从反面去贬雪。经过讨论，出现了"揭露雪的虚伪——以洁白的外衣掩盖世间的污秽；揭露雪的残酷无情——雪压冰封，万木萧条"的新颖立意，不但提高了学生的认识能力，而且发展了他们的求异思维。

（三）在作文讲评中，邓日主要采用了对比剖析的方法，抓住每次作文的两个极端，针对写作要求，作"解剖麻雀"式的分析，让学生从对比分析中知其所以然，从而更好地掌握写作规律。在讲评的基础上，再让学生根据自己作文存在的问题，一题多做，或者一文多改，成功为止，收效显著。

（四）在作文批改中，邓日采用的是教师批改与学生批改相结合、并以学生自改为主的方法。教师对学生的作文要全面过目，记上分数，重点批改，发动学生自改。具体方式可采用学生自评，两人互评，集体评改，师生合改等方法。如在训练"由物及人"这个项目时，邓日选了一篇以《一双布鞋》为题的习作，印发给学生，引导学生对这篇习作的优缺点进行讨论，学生们积极动脑，认真分析，你一言，我一语，很快找到了这篇文章的主要毛病。接着进一步引导学生找出修改的办法，办法确定下来后，再让学生亲自动手修改这篇文章。这样，学生在修改作文过程中，写作水平也随之提高。

邓日在教学实践中，根据学生的实际，挖掘学生头脑中潜在的自能，使学生的作文能力得到了提高。他教过的班级，曾有 7 名学生在全国性或省级作文竞赛中获奖，1/3 的学生在省内外 18 种书刊上发表过 40 多篇习作。

三、一项成功的探索

邓日的"中学自能作文分项训练法"是一项中学作文教学改革的成功探索，也是中学语文教学科研中一项收效显著的新成果。目前已受到了许多专家的肯定和好评。

　　"中学自能作文分项训练法"有明确的指导思想。设计者依据中学语文教学大纲，按照中学生的心理特点和写作基本过程，吸收国内外作文教学的新成果，融合自己30年来所积累的作文教学经验，建立起来的一个较为完整的新型的行之有效的作文训练体系。它又有明确的目标，就是要使学生达到叶圣陶先生所倡导的中学生必须"自能作文，不待老师教"的程度。其程序设计，由易到难，由简到繁，循序渐进。既符合中学生知识发展的规律，也符合现实生活的客观实际。现实生活是作文的源泉，从生活到文章，要经过"摄取—加工—发表"三个阶段。要完成这一过程，就必须实行两重转化，即由事物到认识论的转化，再由认识到表达的转化，可以说这是写作过程的本质属性。这既符合唯物主义认识论的原理，也符合现代信息论原理。因为写作的三个阶段，也是一个："信息输入、储存—信息加工、处理—信息输出、发布"的过程。它反映了写作的基本规律，抓住这个基本规律，就抓住了写作训练的关键，这就是"自能作文分项训练法"的理论依据。

　　"中学自能作文分项训练法"理清了作文的基本结构，合理地设置了各类训练项目，充实了作文教学的内容。

　　（一）以学生"自拟题为主"就把师生从"教师出题目，学生搜索枯肠地写作"的旧的传统作文模式中解放出来，开辟了作文教学的新天地。通过各项训练，巧妙地激发了学生作文兴趣，调动了他们写作的积极性；有效地开拓了学生头脑中潜在的能力，发展了他们的求异思维；使学生作文过程中的各种能力都得到了培养和提高。

　　（二）采用教师批改与学生自改相结合的方法，就把教师从繁重的作文批改中解放出来；教给学生批改作文的方法，引导他们自改，是提高学生作文能力的很关键的一环。

　　（三）解剖麻雀式的讲评，能使学生从具体分析中知其所以然，从根本上获得能力；学生可以凭借这种能力进行举一反三的创作和修改自己的作文。

　　总而言之，邓日的"中学自能作文分项训练法"基本上解决了学生作文难、教师批改难的两大问题，是理论上经得起推敲、实践上经得起考验的好经验。

　　当然，作为一个新生事物，它不可能一下子就那么完善，"中学自能作文分项训练法"，作为作文教学的一个完整体系，如何更好地同语文讲读教学有机地结合起来，还有待于进一步研究和探讨。

　　（载吉林《中学语文教改实例评价》，佟士凡、蔡宋隽主编，1991 年北方妇女儿童出版社出版）

分项训练体系

写作训练序列之一，指依据中学生的心理特点和认识能力的发展规律，训练程序两线并进，在各类文体训练的全程中贯穿各种能力的训练。第一条线，以学生作文全过程所需的一般能力为线索。这一条线包括三个阶段（准备材料阶段、加工阶段、表达阶段）和十一种能力（观察、积累、联想、想象、分析、综合、立意、选材、布局谋篇、语言运用、修改能力）。列简表如下：

→生活	输入→	思维→	表达→	文章
	观察能力	想象能力	立意能力	
	积累能力	联想能力	选材能力	
		分析能力	布局谋篇能力	
		综合能力	语言运用能力	
			修改能力	

另一条线，以文体训练为线索，基本上按培养记叙、说明、议论和应用文能力的内容（物、景、事、情、理，解决"写什么的问题"）和技能（驾驭各种文体的能力，解决"怎样写"的问题）要求，由易到难的分成一个个训练项目，而每个训练项目是根据各类文体的特点和内容表达的需要，以及在训练过程中可能遇到的问题而确定的。如说明能力的培养，其训练项目和序列如次：说明事物的外观、说明事物的结构和用途，综合说明一个实物、综合说明一类实物（以上为事物说明）；使用方法的说明、制作方法的说明（以上为程序说明）；说明事物的一个或几个道理、说明一类事物的一个或几个道理（以上为事理说明）；科技说明文、文艺性说明文等。分项训练体系的教学方法十分重视以下几点：一是研究学生心理，讲求实效。如引导学生多写生活速记，重视作前思路指导，把作文题出在学生心上，出在学生身边。二是教会学生观察，引导学生注意

周围的事物、现象，扩大观察范围。三是使学生学会积累书面资料。四是结合范例，适当传授写作知识。五是注重练习多样化。训练实验的种类分单项与综合、思维与语言、模仿与创造 3 类。

（载上海《写作大辞典》第 920 页，庄涛、胡敦骅、梁冠群主编，1992 年汉语大辞典出版社出版）

中学自能作文分项训练实验

赵雄辉

中学自能作文分项训练，是按照中学生的心理特点和认识能力的发展规律，对学生进行思想语言文字的系统训练，着眼点则在引导学生从积累生活素材入手，经过加工、表达、修改等方面分项目循序渐进的写作练习，从而初步达到以"自能作文"为目标的一种作文教学方法。

该教学方法由湖南师大附中邓日老师进行实验，并取得了良好效果。

一、自能作文分项训练的指导思想

1. 改变"重阅读轻作文"状况，使作文教学有一个相对独立的体系。作文是一种智力技能，主要还是在作文实践中形成。

2. 克服盲目性，使作文教学序列化、科学化。训练要有计划，依次安排一个个训练项目。

3. 纠正"重表达轻认识"的做法，力求作文全过程所需要的各种能力都得到培养。写作全过程所需要的能力，应该是认识能力和表达能力的统一，因为写作是一门综合性的脑力劳动，是多种素质多种智能综合运用的结果，在写作过程中，思维是最活跃的因素，它是从生活素材到文章成品的桥梁，一个人思维能力的强弱，直接关系到文章内容的深度和广度、关系到语言表达力。因此，作文教学一定要重视对学生的思维训练，把提高学生的认识能力和增强学生的表达能力有机地结合起来。

二、分项训练的作法

分项训练程序，分为两条线。（略。见《中学语文分科实验六年

实验报告》）

三、实验效果

在湖南师院附中的实验中，分项训练方法取得了以下显著效果。

第一，初一就调动了学生学习作文的积极性主动性，培养了学生写作的兴趣。出现了想写、能写、会写、写得快、写得好、喜欢写的良性循环，作文愿望至高三而不衰。

第二，学生写作素质和能力得到普遍提高。经过验收，初中二年级、实验班学生作文思路开阔，中心明确，内容具体，层次清楚，在 45 分钟内一般能写出 800 字左右的文章，多的可达 1200 字，最少的也不少于 600 字。初中三年级，湖南省教科所出一道命题作文，该班平均 31.6818 分，高二班 30.8291 分，略高于高二班。高中毕业，学生当年参加湖南省预考，全部上线，语文平均成绩 99.37 分，全班除 5 个优秀学生被保送外，其余都参加全国高考，语文平均成绩 91 分，这其中当然离不开作文成绩。

第三，发展了一些学生的特长，培养了一些写作苗子。实验班有些学生由爱好作文，逐渐成为写作上的尖子。据不完全统计，实验班占全班 2/5 的学生先后在 22 种省级或全国出版的书刊上发表了43 篇习作。有 9 个学生获得了全国或湖南省，长沙市的作文比赛或征文的一等奖、二等奖。班上的文学社获"中南地区优秀中文学生文学社团一等奖"。一些文学社成员高中毕业后，被保送或考上了中国人民大学、武汉大学、南开大学等文科专业。

（载《中国基础教育研究》第一卷，1993 年北京师大出版社出版。赵雄辉，湖南教育科学研究院副院长、研究员、博士生导师）

《记叙的详略》作文讲评课①
（课堂纪实）评析

周庆元

师：[小结上次作文《记叙中学生活中的一件事》，指出其中较突出的问题]有些同学该写具体的没写具体，而不该具体的又写得很细，也就是说，详略不当。因此，这节课重点解决"如何做到记叙详略得当"的问题，试以作文中绝大多数同学所写的解剖兔子一事为例。有位同学开头描写头一天大家的心情："下午，快上课了，从门外走进来一位四十上下的男老师。他就是我们的生物老师——杨老师。杨老师的脚刚跨进教室门，同学们就'叽叽喳喳'地嚷开了。有的问：'杨老师，明天解剖兔子吗？'；有的哀求：'杨老师，明天就解剖兔子喽！'"杨老师习惯地摇摇手说：'好，明天就解剖兔子。'同学们一下子全都拍起手来。"然后写第二天，从早上一直盼到第三节课，"大家三三两两地一边向实验室走去，一边小声地议论着：'把一只可爱的兔子杀了，真可怜'，'这有什么了不起，兔子又不是人，怕什么？'……不知不觉我们来到了实验室。"接着写解剖："杨老师说'现在大家开始解剖兔子，分成两大组，每组一只兔。'我们组分到一只兔子，全身雪白，一对水灵灵的红眼睛似乎恐慌地望着我们。这时王大勇抱起兔子，'你们不敢剖，我来！'他左手提起兔子耳朵，右手拿块木板使劲打它。我忙闭上眼，不知过了多久，兔子死了。一些男同学七手八脚地把兔子放到解剖台上，然后在它身上洒上水。王大勇一手抓住兔子兔皮，一手用剪刀沿着兔子的腹部中线向颈部剪去，把皮肤拨开，露出胸腹部。费了九牛二虎之力好容易露出胸腹内器官。"最后写了一句："解剖完了，大家认真地观察了兔子的内部结构。"这篇文章写得好不好？

---

① 执教者 邓日，本文选自《湖南教育》1982 年第 7 期。

学生有的说不好，有的说好。教师指名谈。

生（1）：我觉得不太好，解剖写得不具体。

生（2）：我认为写得好，很细致。「学生议论纷纷」

师：写记叙文要写具体，怎样写法？

生（3）：记叙文的几个要素要写具体。

师：哪些要素？

生（齐）：时间、地点、人物和事情的原因、经过、结果。

师：对。「板书」：1. 明确交代记叙的要素：时、地、人、事。（原因、经过、结果）。写解剖兔子，哪个要素最重要？

生（齐）：解剖经过！

师：「边讲边板书」2. 围绕中心事件具体写出事件的经过或场面。那么，刚才这篇作文写得怎么样？

生（4）：文章写解剖经过只写了几句，而解剖前老师宣布要解剖兔子消息，去实验室路上的议论准备解剖和打死兔子反而写得很细致。解剖工作是文章的中心事件，却没有写具体。

师：是的，该具体的才具体，不该具体的就不要具体。这叫做……

生（部分）：详略得当。

师：［板书］3. 详略要得当。那么，这篇文章怎样改好？

生（5）：前面两段要略写，可以压缩成几句话，简要交代一下就行了。

生（6）：解剖前的准备和打兔子等情况要尽量少写，主要写解剖的经过。

生（7）：要详细写出怎样解剖和剖开胸腔后观察兔子内脏的场面。

师：为什么这样写呢？

生（8）：这是一堂生物课，上课是为了解剖兔子的内部构造。一剖开兔子就算了，怎么能观察到它的内脏呢？只写解剖，不写观察，并没有达到作文的要求。只有具体写出大家观察兔子内脏的动作、神态和场面，才能反映这堂课的真实情况，也才能真正表现这篇作文所要表达的中心思想。

师：讲得很好！这次作文有的同学就是这样写的，柳伟华同学，念念你的作文。

柳：（念）

解剖兔子

老师宣布带我们去解剖兔子时，我高兴极了，一下课就往实验室跑，要知道，这是我第一次解剖兔子呢！

来到实验室，只见桌上一只大黑兔子：兔毛黑黑的，耳朵尖尖的，嘴上还长了几根毛，眼睛又黑又亮，尾巴短，卷曲着。同学们坐到凳子上，有的提兔子，有的翻书，还有的拿起解剖用具。杨老师向我们提出了一些要求，告诉我们解剖过程，鼓励我们要勇敢些，然后，解剖开始了。

徐虎按住兔子，王忠用一根针样的东西从兔子后颈刺进去，破坏兔子的神经系统，兔子不动才好解剖。可是，扎了好一阵，兔子照样活蹦乱跳。王忠就提起兔子，用镊子打它的后脑，兔子倒下了，头上流着血，我们赶忙把它放到盘子里，用水打湿兔子毛，徐虎用镊子提起兔子皮肤，王忠用剪刀沿着兔子腹部中线剪开皮肤，内脏露出来了。实验室气氛紧张起来，屋里还有一股血腥味。我们用镊子指着，观察兔子的内脏，有的说："这是小肠。"有的说："那是大肠。"戴伟用镊子拨开大肠，看见小肠弯弯曲曲地插在大肠之间，说："这真是九曲回肠了。"陈华说："这块红的是胆吧？"我想：不对，胆不是红的。我在家里吃猪肝的时候，看见生猪肝是红的，虽然哺乳动物的外形不一样，但内部构造是相同的。那么兔子肝不也是红的吗？于是我说："不，这是肝脏，中间的黑块才是胆呢。"方晓红用镊子碰碰肝，像海绵似的，很有弹性，真的和猪肝差不多。接着又剪开了兔子的肋骨，里面露出一个红枣那么大的心脏，外面还包了许多血管；肺是网状的，在心脏的两边；心脏已经不跳动了。陈华说："把肋骨扒开点，仔细看看。"我使劲用镊子扒开肋骨，觉得很像猪的排骨。我用手摸摸自己身上，也有肋骨，我笑说："我的肋骨和兔子的构造一样。"一会儿，杨老师来了。他取出兔子的心脏，，一部分一部分地讲开了，什么右心房啦，左心室啦，还说："兔子的肠子有它身体的三四倍长。这是因为它是草食性动物。"我听了很吃惊，竟没想到动物的构造如此复杂。

这天晚上，我做了一个奇怪的梦，梦见自己变成了一个生物学家，在美丽的大森林里，探索着生物界的奥秘……

师：这篇作文好在什么地方？

生（9）：解剖兔子的内脏和观察兔子内脏的场面都写得很细致、很具体。这种细致具体又是围绕中心来写的，详略安排很恰当。

师：讲得好，下面请作者柳伟华同学谈谈自己的体会。

柳：写解剖兔子要在"解剖"二字上多作文章，要仔细看清兔子的内部构造，看清各个器官在什么地方，还要注意老师的讲解和同学的谈话。总之，要抓住关键地方看细一点，想细一点，写细一点，做到有详有略，突出中心。另外，要认真读书，学人家怎么写。我写这篇文章就仿照了田晓梅《我看见细胞了》的写法。

师：从以上两篇作文的对比、大家的讨论和柳伟华同学的体会来看，记叙要做到详略得当，主要是要围绕中心具体写出事情的经过或场面，其他次要部分则宜从略。

评点：

这是一堂成功的讲评课，其成功之处就在于它设计精巧，效果佳胜。这种讲评，熔多种讲评方法于一炉，既是专题讲评，又有对比讲评，又有典型讲评，还有经验介绍。它反映了初中记叙文讲评的一般特点。讲评问题来自学生作文的实际，针对性强，全课教学目的明确，重点突出。教学组织安排也较周密，课前做好了准备，根据讲评重点物色了有代表性的作文，并引导作者总结了写作体会；课堂上先概述全貌，肯定成绩，然后导入讲评中心，充分运用了写得较差和较好的两篇文章，边讲边议边改，既是讲评，又是作文批改，能使学生实实在在地感受到哪些地方记叙该详，哪些地方记叙该略，当堂见效。选用学生的习作例子，安排学生现身说法谈体会，更使学生感到自然、亲切，易于接受，说服力强。师生边讲边议，则使课堂气氛融洽，生动。同时，结合讲评复习了一些有关的记叙文知识，使能力训练与知识教学融为一体，也有利于学生智力的发展。

（载《语文教学设计论》，周庆元著，1993 年广西教育出版社出版。周庆元，中国高等教育学会语文教育专业委员会会长，湖南师范大学教授，博士生导师）

有关文摘

邓日，1936 年生，东成乡人，湖南师大附中特级教师，1960 年湖南师范学院毕业后一直在该校附中工作。参加初、高中六年连贯制整体实验班的语文教学实验，在国家教委组织的"全国中学语文实验教材汇报会"上重点介绍。专著有《高中作文》，创建的"中学自能作文分项训练法"已成为国内中学作文训练体系重要流派之一，全国有 20 多种书刊做过介绍，1990 年获湖南省首届中小学教改教研优秀成果二等奖。在国家和省级 20 多种刊物上发表论文 60 余篇，其中"语文教学科学化的有效途径"获省中语会优秀论文一等奖，"初中作文教学训练序列设计"被选载于全国首卷《中国作文年鉴》。1989 年被评为全国优秀教师、湖南省教育系统劳动模范，1996 年退休。

（载《桂阳县志·人物专记》，五洲传播出版社 2004 年 3 月）

邓日，1936 年生于湖南桂阳，1960 年从湖南师大中文系毕业后，一直在该校附中教语文，长期任语文教研组长，1989 年任主管教学的副校长，直至退休。中学高级教师、特级教师。

让学生"自能读书"、"自能作文"是邓日一生不懈的追求，他认为"实施教学的真谛在于导"，课堂教学应注重自学，还给"学生三权"（读书权、思考权、讨论权），培养能力，发展智力。在实践中他积累了丰富的经验，形成了严谨、实在、新颖、灵活的教学风格。他的"分科教学"实验内容载入全国第一部语文教育通史《中国语文教育史纲》。

他曾获湖南教育系统劳动模范、全国优秀教师称号。主要著作有《高中作文》、《中学语文教育实验与研究》、《作文灵感屋》等。

（载中华人民共和国教育部主管的《基础教育课程》2009 年第 10 期："新中国成立 60 周年特别纪念：寻找新中国课堂教学开拓者"）

篇名：中学语文分科教学六年的实验报告

作者：邓日

出版：《课程·教材·教法》1989 – 1

提要：该文主要介绍和总结了湖南师大附中从 1980 年起开始的首届整体教育实验班的语文教改实验任务的承担情况。分别以阅读课的实验和作文课的实验两方面介绍了教材改革和教法改革等措施。

（载中小学教育改革与实验丛书《普通教育的改革与实验论文资料索引》，中央教育科学研究所教育实验研究中心编，四川教育出版社 1997 年 12 月）

一些学校或老师大胆改革教材教法，也取得了可喜的成绩，提供了可资借鉴的宝贵经验。如上海育才中学的"读《西游记》写东游记"教改经验，北京师大实验中学语文基本过关及其富有写作特色的教材体系，华师大一附中陆继椿的"双分"教材（分类集中分阶段进行语言训练），湖南师大附中邓日老师为首的阅读作文分科教学实验等。

（载 2008 年 10 月从网上下载：《一个跨世纪的话题——当前语文教改大讨论之述评》，作者高万祥）

1979 年冬，教育部中语室组织两批语文教育工作者分赴福建、四川两省进行语文教育调查。调查结果发表后，直接推动了语文教改的进行。紧接着，1979 年 12 月在上海举行了全国中学语文教学研究会成立大会暨第一次年会，给语文教育带来了新的活力，语文教师的思想大为解放，各种教法改革实验便如火如荼地开展起来。陕西千阳中学，以统编教材为主，作必要的增、删、补、换，按文体组织单元，实施初中三年学完高中语文教材的实验；河北遵化一中，扩大读写量，培养语文能力，进行 3 年完成 5 年任务的教改实验；北京师范大学实验中学教师谭雪莲组织以写作为体系，阅读为基础，读写结合，精讲多练，启发自学的实验；安徽芜湖一中特级教师蔡澄清的语文年段分科教学实验；湖南师范大学附中的邓日在初一到高三的 6 个年级进行了语文分科（阅读课、作文课）实验，探索提高语文教学效率的途径和规律；西安六中董敏堂把教学内容重点从课文转移到语文基础知识上来，建立了以语文知识为主干的新的教材体系；上海育才学校的"读读、议议、讲讲、练练"八字教学实验，等等。这些实验，从南到北，从东到西，综合起来形成了探讨语文教学科学化道路的局面。促成这种局面，固然与改革开放的大环境分不开，但也反映了语文教学走理性发展道路的内在需求。

（摘自《中国语文教育通史》"现代语文革新期：革新期义务教育基本内容"）

当代教改先行者莫不鼓励学生的"质疑"。湖南省特级教师邓日在《我的探索》一文中，介绍了自己的做法，提倡"三个敢于怀疑"："敢于怀疑教师，敢于怀疑教材，敢于怀疑试卷。"

（2008 年 10 月从"语文天地网"下载：《略论作文中创新能力的培养》，作者北京王彩慧）

在语文生态系统中，以利于个人发展为目的，要格外重视学习环境的养护。教师的教学行为中有三种因素在起作用：强制性因素，亲和性因素和操作性因素。其中亲和性因素，对课堂气氛和学习状态影响最直接。按日本广岛大学教授冈德雄的说法，将课堂气氛分两种：支持型气氛和防卫型气氛。支持型气氛是由积极学习心态形成的，有利于学生创造力的发展。课堂支持型气氛的形成，取决于教师的四种行为：1. 接纳感受；2. 赞赏或鼓励；3. 接纳意见；4. 善于发问。因此，在课堂气氛的形成中，教师的影响是非常明显的。这就需要教师在教学中努力营造轻松、活泼、充满生气的学习状态，有积极向上的良好氛围。只有这样，学习的个体生命状态才能保持最优化。以课堂环境为例，要有和谐、自然的师生关系。

另以著名特级教师邓日的生态环境建设为例：他抓阅读和作文两条训练线。突出阅读的做法包括：指导学生摘抄、剪贴、召开课外作品阅读研讨会等。加强课外练笔以指导学生写生活速记为主要形式。这些做法收到了良好的效果。学生在接触生活和大量的阅读中，潜移默化地在接受熏陶。虽然教师没加强制力，但学生乐得完成，其中语文环境所起的作用不言而喻。

（2008 年 1 月从网上下载：《论生态语文建设》）

全市进行的"中学首届课堂教学改革评优"已经经揭晓，从200 个试验课题中评出 26 个优秀课题，其中师大附中邓日的"自能作文训练体系"等试验课题，现已进行推广。

（摘自 1987 年 9 月 10 日《湖南日报》"长沙市表彰 1000 名教改积极分子"一文）

"初中自能作文分项训练"试验，系湖南师大附中邓日的试验成果。此项训练体系分两条线进行，一是以作文全过程所需要的能力为线索，一是以文体训练为主。从 1987 年推广，现参与试验的有 18 所中学、29 个班、24 位教师。此项试验，1990 年被评为省教改实验成果二等奖。

（摘自 1991 年版的《长沙教育志》p164）

近年来，对作文训练的体系、训练内容、方法、训练量、实施步骤等，各家各派相继提出不同的见解和主张，并在实践过程中，逐渐完成自己的体系，形成其特点。

分项训练序列，从训练的角度出发，"以训练项目为主线"来安排序列，形成训练项目为单元组织教学的样式。这种样式，将写作教学各方面的内容划分成若干项目，形成由浅入深、由单项到综合发展的训练体系。湖南师院附中邓日老师的"自能作文分项训练法"属于这一类。

（摘自中国人大报刊复印资料 1987 年第 5 期《中学语文教学》"作文训练流派"一文，作者冯明生，原文载四川重庆《语文》）

特级教师、副校长邓日的"自能作文"产生了广泛影响。自能者，顾名思义，就是让学生掌握方法后自己能行。其中，初中作文教学的训练序列设计方面，邓老师首先让学生明确"为什么写"、"写什么"、"怎么写"，然后将这个序列确定为一个目标、三个阶段、三条线索、十一种能力，并按照先易后难的原则，确定了三个年级的训练重点，确定训练项目。掌握这些方法和要点，作文"自能"就宛如"寻常一首歌"了。

（摘自 1997 年《人民教育》"四大发展目标一条高速航线"一文，作者 刘宏文、刘秋泉、胡绪阳）

快速作文是历史发展的必然。

　　一是它有千百年来的历史沉淀……

　　二是它有几十年来的不懈追求。新中国成立初期，常青教学法以"我写我，向外转"的便捷作文武装了刚解放、尚少文化的工农子弟兵；后来，"分格教学法"又因进行的简便，使在校的中学生在提高写作能力获益。改革开放，十年教改，全国进行广泛的作文教学改革尝试，北京月坛中学刘胐胐的"观察—分析—表达"三级训练体系，湖南师大附中邓日的"中学自能作文分项训练法"便是其中的代表。他们的目标都在于追求中学作文教学效益的大面积提高。

　　（2008 年 1 月从网上下载：《快速作文是历史发展的必然》，原文载《湖南教育报》，作者周庆元）

　　把"写"作为语文教育的突破口。具体如何写，则有不同的招数。例如，邓日是"三段训练"；常青是"分格训练"；田家骅是"快速作文训练"。他们从不同的角度切入，都取得了巨大的成果。这在微观上体现了"多个突破的可行性"。

　　（2008 年 10 月从网上下载：《试论语文教育改革的突破口》，原载 1997 年《课程　教材　教法》，作者林德成）

　　从 1978 年开始，随着政治上的拨乱反正和经济上的改革开放，中国语文教育掀起过一场前所未有的改革热潮。一时间，各种教学方法，各种教学模式，各种试验教材，各种教学流派，各种教研活动，争先恐后，争奇斗艳，异彩纷呈。北京的宁鸿彬、章熊、王育良、高原、刘胐胐，上海的于漪、钱梦龙，辽宁的魏书生、欧阳黛娜，陕西的董敏堂，江西的潘凤湘，安徽的蔡澄清，四川的黎见明，湖南的邓日、吴稷曾、吴良俅，都是一颗颗耀眼的改革明星。进入90 年代，这批名师相继退休，语文教坛逐渐安静下来了。

　　（摘自 1998 年第 18 期《湖南教育》"打开中国语文教育这扇窗"一文，作者张良田）

　　凡是年长一点的语文老师，对特级教师、湖南师大附中副校长邓日这个名字不会陌生。他于 1991 年参加了全国高考命题，当时全国只有两位中学教师获此资格。他主持的"中学自能作文分项训练"，作为中学语文教学科研一项收效显著的成果，成为当时国内中学作文训练体系重要流派之一，受到普遍关注和重视。

　　"自能作文"的本质是对"人"的关注，它以心理能力训练（主要为思维能力训练）为前提，以写作技能训练为基础，以文体运用训练为主体，来划分训练项目，安排训练序列，以求培养和生成学生自能作文的能力，达到写作中"人"的成长。　　　　一

　　（摘自《当代教育论坛》2007 年第 9 期《奠基与飞度》一文，作者程达、程翟、李小琼）

　　改革开放 30 年来，湖南也涌现了相当一批在全国有地位的特级教师及其教改经验，如湖南师大附中邓日老师的"自能作文"、长沙市一中吴稷曾老师在作文教学中的"创造性思维培养"等等。总之，不管是从湖南这片土地上走出的语文学者还是名优教师、特级教师，我们从他们的学术成果与教学探索中，都能感觉到湖南人特有的执着精神、创造意识与务实品格。

　　（摘自《湖南教育》2009 年 1 月中旬刊《培植"湖湘语文"》一文，作者黄耀红）

　　湖南特级教师邓日在"游记作文如何夹叙夹议"作文教学中，选评了两篇好的习作：《瞻仰岳王庙》和《麓山红枫》。第一篇，在瞻仰过程中作者穿插议论，写所思所感，如联想到于山"戚公祠"说明"只要是于人民有功的人，人民都将永远纪念他们"。望着坟头的绿草、坟后的青山引出对岳飞的精神的赞美："岳飞虽死犹生。""岳飞的英名和业绩已与日月同辉，和天地共存了。"第二篇，作者由红枫想到古代诗人和革命领袖赞美红枫的诗句，进而把对红枫的赞美，转到对烈士的赞美从而歌颂烈士为革命献身的精神，这两篇夹叙夹议的游记，都渗透着作者深厚的感情。可见，文学创作的过程，实际上也是作者净化思想、陶冶情操、塑造人格的过程。

　　（2008 年 10 月从网上下载：《中学语文美育五法》，作者赵廷青，原文载《眉山报》）

　　当今的语文教育领域里，并不乏献身于中国教育事业的极为优秀的语文教师：比如上海的于漪、过传忠，天津的及树南，湖北的章文斌，陕西的强育林，山西的董焕金、杨恩选，北京的时雁行、

吴昌顺，湖南的邓日，浙江的冯中杰，黑龙江的宋立志，等等。但是，他们在整个数百万的教师队伍中毕竟仍只占着凤毛麟角的比例，以至于对数亿学子的求学需要来说，对"科教兴国"的民族要求的宏伟目标而言，仍是捉襟见肘、杯水车薪的。

（2012 年 5 月从腾讯网下载：《仓颉的悲哀·亟待提高的教师素质》）

语文教研组承受邓日、吴良侏等上辈名师风范影响，传递周望城、郑定子、吴雁驰等专家的教学思想、教学风格，坚持语文教学为学生的全面发展、终身发展、可持续发展服务，坚持提升课堂常规教学艺术，在减轻学生负担的前提下，全面提升学生的语文素质。

（2012 年 5 月从湖南师大附中网下载：《和谐严谨求实创新的集体——湖南师大附中语文教研组》）

新老传承

郑老师、周老师、汤老师、欧阳老师谈到，他们当年来附中时，语文组有王俨思、王曼云、吴良侏、邓日等"五大老虎"，他们非常勤奋，博览群书，博学多才，各有其长。其中古典文学功底最深的是王俨思老师，出口成章。吴良侏老师参编教参，是较早提出人文教育思想的人，他的研究能力最强。而王曼云老师则最全面，课上得最好。邓日老师是当时高考命题者之一，所构建的"自能作文"体系在全国产生了很大的影响。他们治学严谨，回答则必定切中肯綮，给人以深刻的启示。他们对年轻老师奖掖提携，无私帮助。凡是和他们共事的年轻教师，无不感受到他们无私的关爱，感受到他们师德的美好，并受其引领和感召。欧阳老师深情地回忆道："他们对青年老师的关爱出自内心，毫无做作。前辈们达到的境界也是我应该达到的境界。从此以后我也是这样做的。"

（2012 年 5 月从湖南师大附中网下载：《固本达道 和而不同——语文组名师采访录》，执笔人 厉行威）

在教材改革方面，上海育才中学的"读《西游记》，写东游记"教改实验；北师大实验中学初中语文基本过关及其富有特色的教材体系；华东师大一附中陆继椿的"双分"教材（分类集中分阶段进行语言训练）；湖南师大附中以邓日老师为首的阅读作文分科教学实验等，都是当代较有影响力的教材改革实验。

（摘自《大连市教育科学规划》）

湖南师大附中以特级教师邓日为首的语文分科教学实验，将语文分为阅读课和作文课两种，力求探索提高语文教学效率的途径和规律，克服语文教学中少慢差费现象，全面迅速地提高学生听说读写能力。实验改革教材，合理安排训练重点和序列，注重阅读知识与能力训练的结合。实验在初高中都安排了听说训练的单元。如说话训练，初一，以朗读、复述和讲故事为主。初二，以概述、说明为主。初三，以论辩为主。

（摘自《初中语文课前五分钟口语训练的实践与研究》）

湖南师范大学附中特级教师邓日关于《中学语文分科教学六年的实验报告》值得一读。他把语文教学改革实验分两科进行：一是阅读课，二是作文课。语文基础知识放在阅读课内，集中时间教学。按照"分科独进，各成体系，相互照应，注重自学，提高能力，发展智力"的原则改革教材教法。其实验的总目标是探索提高语文教学效率的途径和规律，克服语文教学中少慢差费的现象，比较全面迅速地提高学生听说读写能力，以适应社会主义现代化对人才培养的要求。教学改革实验不能是短期内的事情，也不能是出自某个小目标的需要，而应该高瞻远瞩、高屋建瓴，把它放在时代的需要这个大角度上来考虑。才能有远大的方向，深刻的目标。教学改革实验也不能是在某一个小范围内的小打小唱，而应当从根本的方面来着手，例如改革教材、教法，建立教材体系、改革教法体系。当然，这样的实验要考虑条件允许，不能建在"海市蜃楼"上。

（摘自新浪博客 yangfan）

徐斐尔

邓日老师这次没来，其夫人李求秀老师告诉我，他的腿患病，行走不方便。邓老师是第一届实验班 114 班的语文老师。他的作文教学全国有名。他是湖南省很早的语文特级教师，事业上成绩显著，但他待人厚道，为人坦诚，在教师中威信很高。后来任主管教学的副校长，仍坚持教学。在工作上我是他的直接下属，向他请示工作，他总是先肯定我的想法，再态度平等地提出他的意见。作为下属既愉悦，更心悦诚服。共事的几年，他从人品到管理给我影响都很深，他经常对我工作上的信任和肯定至今不忘。邓校长，祝您好好休息，健康长寿。

（摘自徐斐尔老师《我与附中的浓浓情结》，徐斐尔，我校原教导处副主任）

教改路上辛勤的探索者

——《邓日教育文选》跋

李求秀

邓日从教 40 多年，著述 250 多万字，其中发表论文 60 多篇，这本《邓日教育文选》主要选编了论文的一部分，约 20 多万字，可说是他的文章集锦。

40 多年间，他教语文、做班主任、当语文教研组长、当副校长、当湖南省中语会副理事长等等，他都能全身心投入，坚持不懈，所以他各项工作都很出色。

他当班主任的班级，都是优秀集体。1963 年，他当初 75 班班主任，这个年级 6 个班，该班连续 6 个学期被评为年级唯一优秀班集体。直到现在近半个世纪了，他与这个班学生来往仍很密切，2010 年 9 月 8 日，该班学生在浏阳凤凰岛集体做六十大寿，他们出了一本纪念册——《我们同学一辈子》，同学们都说邓老师是他们一辈子的班主任，可见师生情谊之深。

他教初高中连贯的整体实验班 114 班语文 6 年，至今 20 多年了，他仍然保存着学生们的一些作文。当年的中学生，现在已到中年，当看到老师给他们保存的中学时代的文章时，都很惊奇、很意外、也很高兴，拿去给他们现在读中学的儿女们看，并且还选了 100 篇作文编成一本作文集，取名《岁月留声》，同学们人手一册，作为他们珍贵的纪念。由此可见邓日是一个多么用心工作的人。

他担任语文教研组长 17 年。语文教研组是一个团结凝聚、和谐奋进、开拓创新的集体，是一支"特别能战斗的"、"个性鲜明"的队伍。语文老师研究的课题、著作、论文、开展的大型教研活动，在省内外产生了很大的影响。曾多次被评为学校、湖南师范大学和长沙市的优秀教研组。

他教语文，潜心教改，不懈地探索民族化、科学化教育教学规律，是教改路上一位辛勤的探索者。他勤于学习，那时尽管家里经济不宽裕，但是他自订报刊杂志多种，还到阅览室、图书馆阅读；他经常听本校和外校老师的课，到别的学校取经，年年参加全国或省内的教研活动，吸取先进的教育理论和先进的教学经验。所以，他能站在教改前线，敢于创新，敢于开拓。如他进行的"阅读、作文的分科教学"，"在语文教学中开发学生的右脑"，"自能作文分项训练法"，都是他卓有成效的语文教改实验，这些成绩对全省、乃至全国的语文教学改革都起了很好的作用。而且，他勤学善思，总是边工作边总结经验，探索规律，写出了不少有实践有理论的好文章，发表在各种报刊杂志上。因为他的文章来源于实践，具有鲜活的生命力，所以，几十年了，很多网站都挂有他许多文章。"教育论文"的第二部分，记录了他语文教改方面的成绩。文集附录部分，选编了一些教育界学者、教授等对他语文教改的评介文章，从不同角度深入阐述了他教改的特点和意义。

他当主管教学的副校长8年，这时的他，在教学教改方面，已有丰富的经验和理论知识，他领导全校的教学教改，取得了丰硕的成果，"教育论文"的第一部分，就是有关这方面的记录。

他退休后，仍然关注教育界的事情，还订了《中学语文教学》杂志，并经常上网阅读有关资料，了解当前教改状况，对当前的教育界片面追求升学率、学生负担过重等等，也颇为忧虑。他真可谓是一个心系国家教育的有识之士。

邓日对人宽厚、待人诚恳。在这本文选中，选编了他的一些诗、散文、杂记，其中有一部分是给他的老师、亲友、家人的，表达了他的真情，读来很感人。

《邓日教育文选》记录了邓日从教40多年坚持不懈的追求和奋斗，是他教改实践、学习思考、探索教书育人规律的总结，凝聚了他的智慧、汗水和心血，也充分说明了他对教育事业的忠诚和奉献。

我与邓日是夫妻、是同事、是挚友，我们甘苦共尝，白头偕老，我已足矣！故在此特附一笔。

2010 年 12 月

几位朋友对《邓日教育文选》
初稿的点评

欧阳代娜：

谢谢您惠赠的大作（初稿）。这是一本记录新中国中学语文教育史的重要著作，很珍贵。

（欧阳代娜，辽宁省鞍山市十五中学著名特级教师，曾任国家教育部中小学教材审查委员会委员，全国中语会学术委员会副主任、顾问）

徐有标：

您这本文选（初稿）我初初拜读了一遍，深受感动和教育！您的一生把自己毕生精力奉献给中学教育事业，取得了巨大成果，可敬可尊。您在语文教学实践中的不少研究成果，既有继承，更有创新，丰富了我国教育学的具体内容，这些成果十分珍贵。您遵循德、智、体的全面发展，培养了一大批人才，值得广大教师学习。

我们认识时间不长，是为《中国超常教育的理论与实践》聚集在一起的，经过5年的共同努力，形成了上述这本书的成果，为中国教育史补了一个缺。我们在一起工作是十分愉快的，也是终生难忘的。尤其您谦逊平和留给人印象深刻。

从该书我看到您有一个完整幸福的家庭，这也是我们老年同志最大的快乐。

（徐有标，研究员，原北京教育科学研究所基础教育研究室主任）

刘磊：

您的大作《邓日教育文选》（初稿）送给我和罗老师，十分感谢！我俩已先后拜读，初步有以下五点体会，请批评指正。

一、李求秀老师写的"跋"客观真实，言简意赅，字里行间既充满了同事友谊，又洋溢着夫妻感情，可喜。

二、"简介"内容全面，重点突出，朴实无华。你从教 41 年，桃李满天下，著述 250 万字，从中学高级教师和特级教师、省市优秀教师到全国优秀教师和新中国课堂教学的开拓者，贡献大，荣誉多，可敬！

三、论文、总结，读了一些，专业性过强的恕我们消化不了。就我们所知，基本上反映了附中 20 世纪 70 年代末至 90 年代初的改革实际。你不愧"教改路上辛勤的探索者"，可佩！

四、浏览其他如"附录"、"散记"、"诗歌"、"对联"等，丰富多彩，有特色，有价值，有教育意义，有利于更全面地认识你，可歌！

五、"后记"短而精，涉及方方面面，感恩学校不忘本，充满谦虚美德。全家人齐支持，夫人更出力，说明你家和万事兴，也令同仁皆知你有幸福的好家庭。可羡！

（刘磊，中学高级教师，湖南师大附中原教导主任、办公室主任，退休后曾任校友理事会副理事长）

欧阳舒：

承蒙惠寄大作（初稿）一本，既高兴又感激。这是你为之奉献了一辈子的教育事业的结晶，也为我们树立了一块不朽的丰碑！在这之上、之后的一代代的学生，承蒙您的恩泽，更是莫大的贡献与慰藉。

你不愧名师的称号，点评学生的作文，自己的记叙文、议论文、乃至诗词、对联都见功力。尤其在作文教学上的创新，成就斐然，令人羡慕。

鉴于雷湘杰的女儿雷琼，长期从事教育管理工作，在少年和初中教育上尤有成就，在不同地区播出，电视台开设讲座，颇受欢迎。我想你这本书对她一定很有启发、示范作用，是否请你直接寄她一本。

（欧阳舒中国科学院南京地质古生物研究所研究员，国务院特殊津贴专家）

陈鹏飞：

读《邓日教育文选》（初稿）

登高望远立麓山，笔耕心耕种杏田。

喜看新苗绿四野，我们依然是青年。

（陈鹏飞，湖南师大中文系同窗，祁阳县一中语文高级教师）

顾之川：

邓老师：您好！

我要的文稿应为大著中《十三次参加全国语文研讨会》，照片有3张，一是"1980年参加全国中语会北戴河座谈会留影"，二是"全国普通高中语文课程标准研讨会代表合影"，三是"参加在成都召开的全国中语会第六届年会上与会长刘国正等合影"。这些资料很有史料价值，值得我们珍惜并永久保存。多谢！

请多保重！

（顾之川，人民教育出版社编审，教育部课程教材研究所研究员，全国中语会会长）

后　记

　　《邓日教育文选》得以列入学校110周年校庆贺礼专著，并于今年4月在湖南师范大学出版社出版，我很高兴，感谢附中领导对我的重视和爱护。我的教学教研，教育探索，都是在附中进行的，具有深厚文化底蕴的湖南师大附中哺育了我，我衷心感谢我深爱的附中，真诚祝贺附中110周岁生日快乐，越办越好，明日更加辉煌！感谢关心、支持、帮助过我的人。

　　我献身中小学教育事业40多年，殚精竭虑，尽智尽力；我的同行们，不管过去的还是现在的，大都是这样献身我们的教育事业的。我们都在为国家教育事业传递正能量。原湖南师范大学出版社老社长曹爱莲老师，一个寒假为我耐心仔细审稿，她在"湖南师范大学出版社审稿意见"表中说：

　　"邓日老师是位从教40多年的颇具名师名校长风范的长者。

　　本稿较全面真实地记录了他一生的工作状态和精神面貌，是他工作的经验总结，理论升华，也是他人生品格的记录。师大附中之所以趁校庆之机，为邓老师出此书，就因为既是对邓老师一辈子献身教育事业的精神给予肯定，鼓励，同时也是附中的荣耀，是在为附中乃至整个教育界师生传递一种正能量。故此书颇具出版价值。"

　　谢谢曹社长的鼓励和肯定。我现在已是80岁的人了，我的《邓日教育文选》一书出版，果能为"附中乃至整个教育界师生"传递一点正能量，那我真是倍感荣幸。

　　周庆元教授、原师大附中赵尚志校长，为我作序，湖南师大出版社综合事务部副主任莫华为我出书多方联系沟通，审稿校对。在此我一并衷心感谢。

　　这本书，教育论文是主体，主要选辑我搞教育科研方面的文章，原载于 20 多种书刊中；"散记"部分，大多数篇章是回忆录；诗歌对联部分，都是感怀之作；选自 30 多种书刊的专家学者对我的语文教改的评介评点文字，家人、学生、大学同窗给我的生日贺词，一并编辑在"附录"内，以作留念并示谢意。

　　本书不足之处，尚祈批评指正。

2015 年 3 月 10 日